独裁者のためのハンドブック

The Dictator's Handbook: Why Bad Behavior is Almost Always Good Politics

ブルース・ブエノ・デ・メスキータ＆アラスター・スミス 著
Bruce Bueno de Mesquita & Alastair Smith

四本健二＆浅野宜之 訳
Kenji Yotsumoto & Noriyuki Asano

亜紀書房

日本語版へのはしがき

政治の論理は、多くの人が思っているほどに難しいものではない。実際、政治の世界で何が起こっているかは、落ち着いて考えれば、驚くほど簡単に理解できる。読者は、指導者が何に自分の生き残りを賭けているのかを考えなければならない。そうすることで、私たちは日本の政治、ビジネスそして将来の展望をより良く理解することができる。私たちがこのような言い方をするのは、一方で、少々の自信があるからであり、他方で、何と言っても私たちが日本研究の専門家ではないからである。『独裁者のためのハンドブック』は、政治についての新しい――皮肉っぽいが、日本にも当てはまり、そして私たちが正しいと信じる――考え方を示している。私たちが多少の自信を込めてそう言うのは、この本がある程度は、緻密な論理的思考と検証を踏まえ、ある程度は、この本がノーベル賞受賞者や政府関係者から、そして何より重要なことに実に数多くの読者から絶大な賞賛を受けているからである。私たちは、世界有数の企業や世界銀行がこの本が示したアイデアを考慮に入れているということを、日本の読者に誇りをもってお知らせしたい。そして、このたび日本語版が出版されることで、日本の政府と企業が向上する一助になることを切に願っている。

指導者がどのような行動をとるかは、結局のところ、その指導者が権力を維持するためにどれくらいの数の支持者を必要とし、そのようなかけがえのない支持者がどれくらいの人々（著者の言うところの権力支持基盤）から選り抜かれたのかということに尽きる。政府の権力支持基盤の大きさに応じて、課税や歳出、すなわち指導者が展開するのが腐りきった政策か、それとも国民全般の福祉の向上を目指す政策かが決定づけられ、自由や権利がどの程度制約されるかが決まる。このことは、政府の指導者であれ、企業の経営者であれ、あらゆる組織のリーダーに当てはまる。

日本の民主主義の特徴について考えてみてほしい。日本では自由で公正な選挙が定期的に行われてきたにもかかわらず、一九五五年以来、ごく短い期間を除いて自民党が一貫して戦後政治の歴史を支配してきた。それは、自民党が、しかるべき時にしかるべき政策を実行してきたからか？　確かにそうかもしれないが、自民党が、とりわけ戦後の早い時期に国会で過度に議席を配分された保守的な農山漁村の選挙区で圧倒的な支持を獲得したからに他ならない。一九八〇年代には、得票は、三対一の割合で農山漁村の選挙区に偏在していた。こうした偏りは、起草に関与したアメリカ人によって日本の憲法に盛り込まれ、また、憲法に基づいて選挙された日本の指導者によって維持されてきた。冷戦の終結と政治的・経済的成熟に伴って、日本はさらに一層、代表制民主主義を推し進めた。このことは、確かに未来を予見させるものだった。しかし、楽観する前に、私たちは、政治家は際限なく自分たちの利益を見つける策を編み出すということも理解しておかなければならない。

民主的な社会は、報道の自由、言論の自由、市民としての諸権利や集会の自由が支持されるという基本的な特徴を具《そな》えている。こうした様々な自由は、国民が政府を統制することができ、政治家がものごとを好き勝手に歪曲《わいきょく》するのを防ぐのを確かなものにする根本である。日本の社会は、世界の他の国に比べれば、民主的な社会の特徴をよく具えているものの、さきに挙げた自由を守る実践という点では最高のレベルにははるかに及ばない。たとえば、ある推定によれば、日本における報道の自由と市民としての諸権利は、同様に繁栄する民主的な社会のほとんどと比べて後《おく》れを取っている。というのも、政府が報道機関への情報の流れのほとんどを巧みに操作しているからである。その結果、日本の市民は、誤った政治に対する自分たちの不満を明らかにする機会を奪われている。これによって、政治家たちは、たとえ国民が望んでいないことでも好きなことをできてしまうのである。

それでは日本のビジネスの世界はどうだろうか？　日本の企業経営者は、アメリカやヨーロッパの企業と大して変わりなく、株主に対する最小限の信頼を保ちながら効果的に会社を経営してきた。そして最近になって、アメリカの多くの企業と同様に、より高い透明性と株主に対する説明責任を求める圧力に直面している。本書で示す違った見解は、読者が、日本の企業が歩むべき道のりの長さを理解する一助になるだろう。シンプルであるが比較するには有効な、日本の三大自動車メーカーとアメリカの三大自動車メーカーの取締役会の規模と構成を例に考えてみよう。

二〇一三年六月末の時点で、トヨタの取締役は一六人で、そのうちの一二人が社内出身、すなわち元幹部従業員である。これに対してホンダの取締役は一二人で、そのうち一〇人が社内出身である。日産も同様に九人の取締役のうち五人が社内出身である。これは、ゼネラル・モーターズ（GM）、フォード、クライスラーとは著しく違っていることがわかる。GMの一四人の取締役のうち、社内出身は二人であり、フォードでは一六人の取締役のうち社内出身は三人に過ぎず、クライスラーには九人の取締役がいるが、社内出身は二人に過ぎない。つまり、日本の三大自動車メーカーでは平均して取締役の六七パーセントを社内出身者が占め、アメリカの三大自動車メーカーでは取締役に占める社内出身者の割合がたったの一八パーセントということである。なぜ、このような違いが生じるのか？

企業の説明責任と経営の透明性は、会社が上手くいっていると報告することで大きな利得を得ることがない独立した取締役によって構成される、大きな取締役会に依るところが大きい。しかし、日本の企業は、この規範に従わない傾向がある。この本が示す見解に従えば、この規範に従わないことは、良い結果も悪い結果も招く恐れがある。説明責任を全うすることで、企業の活動の幅が限定されそうな、株価の値上がり期待が削がれること――悪い結果――も、値下がりのリスクも抑えられること――良い結果――も表明され得る。日本の企業のように小さな取締役会が、とりわけ取締役のほとんどを社内出身者で占めている場合には、株主の利益や関心と会社を遮蔽《しゃへい》してしまう役割を果たす。このことは、経営陣には雇用の安定性が増し、おそらくは驚くべきことに、経営陣はスキャンダルに塗《まみ》れない限りは職を失うリスクがほとんどないと認識するので、不正が起こるリスクは低減する。ビジネスが会社の所有者――つまりは株主――に対して説明責任を果たすようになればなるほど、一般的には投資は、より安全になり、もちろんそのことは企業の成長と繁栄に寄与する。

目を向ける先が日本であれ、我々を取り巻く世界であれ、我々は、読者のお一人おひとりが政治を新たにより深く理解されることを望んでいる。政府によってであれ、企業によってであれ、慈善団体によってであれ、我々のような普通の一般市民によってであれ、悪しき振る舞いは、良き振る舞いとして容易に説明される。なぜなら、指導者というものは、権力を握り、権力者の地位を守るという目的を達成するためなら何でもする。目的を達成するためには、手段は二の次なのである。

ブルース・ブエノ・デ・メスキータ
アラスター・スミス

訳者まえがき

本書は、ブルース・ブエノ・デ・メスキータとアラスター・スミスの二人が二〇一一年に著した*The Dictator's Handbook: Why Bad Behavior Is Almost Always Good Politics* の邦訳である。

本書をより楽しんでいただくために、読者が本文を読みすすむ前に本書の通奏低音ともいうべきセレクトレート・セオリー（Selectorate Theory 権力支持基盤理論）のアイデアとキー・ワードを簡単に解説しておきたい。

著者は、政治の本質は一言でいえば、ある者が権力の座を目指し、そして手に入れた権力を長く維持することだと言い切る。その上で、独りで国家や組織を支配できる独裁者はいないという前提に立って、独裁者の支配を支える人々を三つの層に分類する。

そのうち最も底辺に位置するのが「名目的有権者」で、これは、独裁者となる支配者を選出する制度上・理念上の権利が認められている人々である。しかし、その権利や身分は名目的に過ぎず、独裁者の目から見れば無視しても脅威とならないが、支持基盤に取り込むこともできる「取り替えのきく者」である。したがって、彼らが、独裁者の権力掌握と権力掌握後の意思決定に直接的で重大な影響を及ぼすことはない。具体的には、一般の国民、選挙で落選した候補者に投票した有権者、小口の株主、会社の一般従業員などである。

その上位には、独裁者の権力掌握とその後の支配に実質的な「影響力のある者」が位置する。彼らは、独裁者による権力掌握に貢献し、その後の支配にも影響力がある。そのため独裁者は、自ずと彼らに配慮し、彼らが好む政策を選択せざるを得ない。選挙で当選した候補者に投票した有権者、与党の党員・有力支持団体、大口機関投資家、軍、独裁者の出身部族、会社の幹部社員などがこのカテゴリーに含まれる。

さらにその上位に位置するのが、独裁者の盟友である。彼らの支持なくしては独裁者による支配は成り立たない。したがって、独裁者がもっとも大切にしなければならない「かけがえのない盟友集団」である。彼らは、独裁者を失脚させる力を持っているが、逆に独裁者に取って代わる恐れのある政治的ライバルだと目されたら、その地位や命さえも奪われる可能性のある少数の人々である。具体的には与党や軍の幹部、閣僚、部族集団や地域社会の長《おさ》、企業の取締役である。

この上位二つの層に属する人々が「勝ち組集団」を形成する。そして、彼らは、私的な見返りや特権と引き換えに独裁者の支配を支える汚い仕事も引き受ける。逆に、私的な見返りや特権を与えられなくなった独裁者は、彼らに見放されてその地位を失う、というのが基本的な構造である。

これら三つの層に属する人々の地位は固定的ではなく、独裁者が必要ないとみなせば、盟友集団の一員としての地位を失い、権力の維持に必要であると考えられれば、「取り替えのきく者」から盟友集団に取り立てられることもある。その地位の不安定さの故に盟友集団と独裁者は互いに絆《きずな》を強めようとし、逆に独裁者自身が盟友集団から見放されることも起こる。

独裁者の権力を支える盟友集団が小さければ、独裁者は、彼らに私的な見返りを与えることで自らの権力基盤を安定させることができ、多数者の犠牲の上に少数者の利益を優先する専制的な支配を確立することができる。逆に、独裁者の権力を支える盟友集団が大きければ、私的な見返りや特権と交換に支持を繋《つな》ぎ止めるにはコストがかかるために、彼らの望む政策を実現することで支持を繋ぎ止める途《みち》を選択しなければならない。したがって、小さな盟友集団を頼みとする支配者はより専制的な支配に、大きな盟友集団を頼みとする支配者はより民主的な支配に傾く傾向がある。もっとも底辺に位置する名目的有権者集団と、その上位に位置する、支配者に影響力のある者の集団が、実質的に重なれば重なるほど民主的な体制が実現されるのである。

本書は、『独裁者のためのハンドブック』というタイトルからして著者の皮肉が込められている。著者の意図は、いかにして読者が独裁者になるか、あるいは盟友集団に加わって私的な見返りや特権の恩恵にあずかるかではなく、独裁によって多くの人々が被る苦難をいかに終わらせるかという点にある。「支配者が支配されるルール」に習熟すれば、私たちにも勝ち目があるというのが著者からのメッセージである。

四本健二《よつもとけんじ》
浅野宜之《あさののりゆき》

ダ，大統領 ㉑ハイレ・セラシエ，エチオピア帝国，皇帝 ㉒メンギスツ・ハイレ・マリアム，エチオピア人民民主共和国，大統領 ㉓ロバート・ムガベ，ジンバブエ，大統領 ㉔ハーフィズ・アル・アサド，シリア・アラブ共和国，大統領 ㉕サダム・フセイン，イラク共和国，大統領 ㉖ムハンマド・レザー・パーレビ，イラン・イスラム共和国，皇帝 ㉗ホメイニ，イラン・イスラム共和国，最高指導者 ㉘ヌルスルタン・ナザルバエフ，カザフスタン共和国，大統領 ㉙ニコライ2世，ロシア帝国，皇帝 ㉚ウラジミール・レーニン，ソビエト連邦，議長 ㉛ヨシフ・スターリン，ソビエト連邦，書記長 ㉜ニキータ・フルシチョフ，ソビエト連邦，首相 ㉝ウラジミール・プーチン，ロシア連邦，大統領 ㉞毛沢東，中華人民共和国，主席 ㉟タン・シュエ，ミャンマー連邦共和国，議長 ㊱リー・クワン・ユー，シンガポール，首相 ㊲フェルディナンド・マルコス，フィリピン共和国，大統領 ㊳スハルト，インドネシア共和国，大統領 ㊴金正日，朝鮮民主主義人民共和国，総書記

独裁者マップ

❶カーリー・フィオリーナ，アメリカ合衆国，CEO ❷ロバート・リッツォ，アメリカ合衆国，市首席行政官 ❸アナスタシオ・ソモサ・ガルシア，ニカラグア共和国，大統領 ❹ポール・カステラーノ，アメリカ合衆国，NY マフィアのボス ❺フィデル・カストロ，キューバ共和国，議長 ❻サミュエル・ドウ，リベリア共和国，大統領 ❼チャールズ・テイラー，リベリア共和国，大統領 ❽ジェリー・ジョン・ローリングス，ガーナ共和国，大統領 ❾ベン・ベラ，アルジェリア，大統領 ❿ルイ１４世，フランス王国，国王 ⓫エドワード４世，イングランド，国王 ⓬アドルフ・ヒトラー，ドイツ第三帝国，総統 ⓭エーリッヒ・ホーネッカー，ドイツ民主共和国（旧東ドイツ），議長 ⓮ユリウス・カエサル，共和政ローマ，皇帝 ⓯ムアンマル・カダフィ，リビア，大佐 ⓰ホスニ・ムバラク，エジプト・アラブ共和国，大統領 ⓱メフメト２世，オスマン帝国，スルタン ⓲メフメト３世，オスマン帝国，スルタン ⓳レオニード・クチマ，ウクライナ，大統領 ⓴イディ・アミン，ウガン

目次——独裁者のためのハンドブック

第2章　権力の掌握　破綻・死・混乱というチャンスを逃すな

第3章　権力の維持　味方も敵も利用せよ

第6章　**賄賂と腐敗**　見返りをバラ撒いて立場を強化せよ

第10章　民主化への決断　リーダーは何をなすべきか

独裁者のためのハンドブック

To our dictators, who have treated us so well
——Arlene and Fiona

The Dictator's Handbook
by
Bruce Bueno de Mesquita and Alastair Smith

Japanese translation rights arranged with Bruce Bueno de Mesquita & Alastair Smith
c/o William Morris Endeavor Entertainment LLC., New York
through Tuttle-Mori Agency, Inc., Tokyo

ここで大切なのは、現金である。指導者には数多の城を守り、一〇〇〇人の女を養い、何百万人もの媚《こ》び諂《へつら》う奴らに自動車を買い与え、忠誠を誓う国軍に費やし、そしてスイスの銀行口座にも幾ばくかを残すためのカネ、金、ダイヤモンドが要る。

——ザイール大統領　モブツ・セセ・セコ

二〇〇五年一〇月八日付『アルーシャ・タイムズ』二三〇号

「私がアルーシャ協定をどれほど嘆いたか」

（＊訳注——おそらくは捏造発言）

人間、時にとっては、おのが運命をも支配する。とすれば、ブルータス、罪は星にあるのではない。われわれ自身にあるのだ。人の下風に立つも立たぬもな。

——ウィリアム・シェイクスピア

『ジュリアス・シーザー』（福田恆存訳、新潮社）

序　章

支配者を支配するルール

Rules to Rule By

一般市民の困惑

政治は、まったくわけのわからないことばかりだ。私たちは、日々トップ・ニュースにショックを受け、驚かされる。毎日のそんなニュースに登場するのは、詐欺をはたらき、不正を犯し、二枚舌を使う企業経営者や、嘘を重ねて他人の物を掠《かす》め盗り、残虐行為のあげくに人まで殺す為政者の姿である。私たちは、どんな文化や信仰や躾《しつけ》に欠け、逆にどんな歴史的環境が整えば、悪辣《あくらつ》な独裁者、欲深いウォール街の銀行家、汚い石油王の台頭を説明できるのか、首を傾《かし》げざるを得ない。シェイクスピアの悲劇『ジュリアス・シーザー』に登場するカシウスは、「罪を犯すのは宿命のせいではなくて、人のせいだ」と言ったが、本当にそうだろうか。つまり、罪を犯すのは他ならない私たちのリーダーなのだろうか？　私たちの多くは、大概はそう信じている。しかし、真実はまったく違う。

私たちは、もっぱら歴史家やジャーナリストや学者や詩人の解説を信じ込んで、罪を犯すのは宿命のせいではないし、人のせいでもないという深い真実を突き止めようともしない。実は政治の世界は、政治のルールによって支配《ルール》されている。だから、このルールに従わない愚かな支配者は、短命に終わる。

ジャーナリストや作家や研究者は、まことしやかな言葉で政治を解説しようとしてきた。なぜ、あのリーダー、このリーダーが権力の座についたのか、広大な領土を誇る彼《か》の国で、いかに国民が政府に抗《あらが》うようになったのか、なぜ、昨年導入されたばかりのあの政策が、何百万という人々の人生を暗転させたのか、云々《うんぬん》。こうしたケースの解説を通じて、ジャーナリストや歴史家は、何が、誰に、ときにはなぜ起こったのかまでは教えてくれるだろう。しかし、個々の政治の解説や歴史の話のウラにある、核心をつく、あるいは一見つまらない疑問――それでいて私たちの頭から離れない疑問――が残る。どうやって暴君は長く権力を握り続けるのか？　逆に、なぜ、よくできた民主的リーダーは短命に終わるのか？　どうすれば間違いだらけで腐りきった経済政策で国が長らく破綻しないのか？　なぜ、天災の起こりやすい国なのに、いざ起こってみればいつも準備不足なのか？　そしてなぜ、肥《ひ》沃《よく》な大地で人々が援助の手が差し延べられるのを待っているのか？

同じような疑問は、まだまだある。なぜ、銀行の重役たちは世界経済が落ち込んでいるときに何十億ドルものボーナスを受け取るほど世間の常識をわきまえないのか？　なぜ、責任が肩に重くのしかかるような会社の経営を、ごく一握りの人たちが牛耳っているのか？　なぜ、株主を無一文にするようなダメな経営者が、クビにもならずに高い給料をもらい続けるのか？

どんなものであれ、このような責任は果たさずに甘い汁だけは吸い続けるという政治的な態度に対する疑問は、次から次へと湧き上がってくる。間違いを犯したリーダーと彼や彼女が下した誤った決断や失敗の言い訳や事情は様々あるが、これらとて責任は果たさずに甘い汁だけは吸い続けるという政治的な態度としては特別なことではない。

政治家や経営者がやってのけた酷《ひど》い行為の数々では、手法の醜悪さがひときわ目を引く。なぜなら、もしも私たちが同じような立場にあったとしても、彼らとは違ったふうに振る舞うだろうと思うからである。そして私たちは、たまたまそのとき酷い行為に及ぶとてつもない決断――とてつもなく愚かな決断――を下す権限を持っていた人物を非難する。私たちは、リビアのカダフィ大佐のように自分の権力を守るために自国民を空爆するような真似は決してしない自信がある。私たちは、ケネス・レイのリーダーシップの下でアメリカのエネルギー・IT大手エンロンの従業員やOBや株主を苦しめた膨大な損失を目の当たりにして、自分はケネス・レイのような人物ではないと思う。私たちは、こうした個々のケースを見るにつけ、彼らは自分たちとは違う人種の人間だと結論づける。しかし彼らは、政治の論理、すなわち支配者を支配するルールに従っているに過ぎない。

政治評論家やニュースに出てくる金持ちキャスターたちは、こうしたルールを教えてはくれない。彼らは、悪事の張本人を非難こそすれ、政治やビジネスの世界が悪党の肩を持ち、善人がならず者になることを助けていることを明らかにはしない。だから、私たちは、先ほど来の言い古された疑問を今も問い続けている。私たちは、三五〇〇年前にファラオが穀物をどうやって蓄えようかと骨を折ったアフリカで、干ばつによる食糧不足が頻発していることに未だに驚かされる。私たちは、ハイチ、イラン、スリランカ、ミャンマーといったようなところで起こる地震や津波のすさまじい被害と、こうした天災の被害は北米やヨーロッパの方が少ないだろうことに今もショックを受ける。私たちは、民主的に選ばれたリーダーが独裁者の権力を正当化でもするように、握手やウインクを交わすのを見るたびに困惑する。

本書において、著者は、政府であれ、企業であれ、多くの――おそらくほとんどの――リーダーの特徴である恥ずべき行動を理解する方法を示そうと思う。著者の目的は、個人攻撃に陥らないように気をつけながら、良い振る舞いと悪い振る舞いの双方を説明することである。本書の目的の核心は、こうした説明を通じて、私たちがどのように統治され、どのように組織の一員となっているかということのウラにある事情や理由を明らかにすることにある。

著者が描く絵は、美しくはない。人類の博愛主義や利他主義に希望を与えるものでもない。しかし著者は、それが真実ならば、明るい未来を示すことになると信じている。結局のところ、たとえ政治というものがリーダーたちのゲームに過ぎないとしても、そのルールがわかりさえすれば、私たちにも勝ち目はある。

世界をよくするには、ひとまず昔からの知恵を大切にする気持ちを脇に置かなければいけない。論理と証拠に照らせば、なぜ、政治というものがそのように動いているのかという理由も見えてくるだろう。ものごとがどのように、そしてなぜ、そうなっているのかを知ることが、ものごとを良くする方法を知るための大切な第一歩なのである。

ベル市の底知れない憂鬱《ベル・ボトムレス・ブルース》

人生と同じように政治では、私たちはほしいものを手に入れ、それを邪魔する障害は取り除こうとする。たとえば、政府の規制や法律は、私たちにできることを制約する。権力者は、自分たちの都合に合わせてルールを作り、自分のほしいものを手に入れやすくするという点で、私たちと違う。なぜ権力者がしばしば悪事に手を染めるのかを理解する近道は、人が何を求め、それをどうやって手に入れるかということを理解することである。「悪しき振る舞いこそ良き政治」という格言は、片田舎の首長にも、家族経営の小《こ》商《あきな》いにも、大企業にも、世界を席巻する一大帝国にも当てはまる。

ではまず、一見貪欲《どんよく》な守銭奴に見える片田舎の人々の話から、リーダーの目に世界はどのように映るのかをみてみよう。これが特定の人を指す話ではなく、政治の話だということを忘れないでほしい。話に登場するのが腐りきった恥知らずな一味であろうがなかろうが、大切なことは、権力に価値を見いだし、それをいかに摑《つか》み、いかに保持するかをわかっている人々がいるということである。まもなく読者は、この恥知らずな振る舞いをめぐる小さな逸話が、政治とコーポレート・ガバナンスの様々なレベルで繰り返されていて、カリフォルニア州ベル市で起こった驚くべき事件は、実は何も特別なことではないことに気づくだろう。

　ロバート・リッツォはカリフォルニア州ベル市（人口約三万六六〇〇人）の前首席行政官《シティ・マネージャー》（＊訳注—住民に選挙された市議会が任命する行政の執行責任者。選挙によって選ばれない点で市長と異なる）である。ベル市は、ロサンゼルス郊外にあるラテン系とヒスパニック系の住民が多数を占める貧しい町である。人口一人あたりの年収は推計で約一万ドルから二万五〇〇〇ドルと、どちらにしてもカリフォルニア州と全国の平均双方を下回っている。町の労働者の四分の一以上は、貧困ラインを下回る生活を強いられている。つまり、ベル市の暮らし向きは楽ではない。

　それでもベル市は、その歴史、住民、そして将来性を誇りに思っているコミュニティである。様々な問題を抱えながらも、凶悪犯罪も軽犯罪も、その発生率は、いつもカリフォルニア州のどこよりも抜きん出て低い。市の公式サイトを見れば、夏期市民講座、図書館主催の行事、水辺のレジャー、楽しさ一杯の家族旅行など、幸せな片田舎の生活が映し出される。ベル市は、住民に優しい町なのだろう。たとえば、市住宅都市開発局は、一定の居住・年収基準を満たせば、一戸建て住宅の修繕に補助金を出してくれる。

　リッツォが首席行政官としての一七年を誇らしげに振り返ることは、たぶん間違いないだろう。二〇一〇年、当時のベル市長オスカー・ヘルナンデス（のちに汚職の罪で服役）は、リッツォを雇った一九九三年当時、ベル市の財政は破綻寸前だったと振り返っている。リッツォが活躍したのち二〇一〇年に退職するまでの一五年間、市の収支は安定していた。市長は、リッツォが財政の再建と維持に成功したと信じている。そのことは、もちろん立派なことである。確かにリッツォと彼とともに働いた市のリーダーたちは市民のために尽力したと賞賛され、顕彰されるに値する。

しかし、この美談の裏側に、政治が本当はどう動いたかを物語るスキャンダルがある。リッツォは、一九九三年に年俸七万二〇〇〇ドルで市に雇われ、二〇一〇年に解雇されるまで一七年間働いたが、彼が最後に手にした年俸は、何と七八万七〇〇〇ドルだった。

この金額をほかと比較してみよう。彼の年俸がインフレとともに上昇し続けたとしたら、二〇一〇年には一〇万八〇〇〇ドルになっていたはずである。彼は、その七倍も稼いだことになる。長い低インフレの時代に彼の給料は、複利計算で毎年一五パーセント以上も上がっていった。この数字は、出資金詐欺の親玉バーナード・マドフが哀れな出資者に約束した利益率と変わりない。

では、リッツォの首席行政官としての給料を他の政府要職の給料と比べてみるとどうだろうか？アメリカ大統領の年俸は、四〇万ドルである。カリフォルニア州知事の年俸は、二〇万ドルを少し上回るくらい。ベル市から目と鼻の先のロサンゼルス市長の年俸も二〇万ドル少々である。念のためにいっておくと、リッツォの給料は、カリフォルニアでもっとも高給の公務員に迫る金額だった。多くの州で栄《は》えある最高給公務員は、大学のアメフトコーチで、カリフォルニア大学バークレー校のコーチは二〇一〇年に一八五万ドルを稼いだが、彼はリッツォよりもはるかに高額な歳入を州にもたらしただろう。リッツォは、確かにベル市のためにいい仕事をしたと賞賛に値する。彼は（少なくとも、ベル市のスキャンダルのような別の事件が明るみに出ないかぎりは）アメリカ全土で最も高給の首席行政官だったようだが、それほどいい仕事をしたのか？

リッツォがどうかして金を盗んでいたのか、他人の財布に手を突っ込んでいたのか、私権上も法律上も彼のものではない公金に手を付けたのか、何にせよ人倫に反し、法に背くことに手を染めたに違いないと考えるのは、当然のことである。ベル市スキャンダルが明るみに出た二〇一〇年の夏、カリフォルニア州司法長官（おまけに民主党の知事候補）だったジェリー・ブラウンは、何らかの違法行為がなかったか捜査すると発表した。この発表に込められたメッセージは、はっきりしている。つまり、ちっぽけな町の首席行政官に八〇万ドル近い大金を払うなんて、あり得ない！　しかし、真相は少々込み入った話だった。

　ことの真相は、市民と市民の代表である市会議員を巻き込んだ、ある種のずる賢い――そして不埒《ふらち》な――政治的策略で、これに加えてケチな盗みに手を染めたというものだった。

　ベル市くらいの規模の自治体は、市会議員に年平均四八〇〇ドルの歳費を払っている。ただ一人ロレンツォ・ヴェレス議員だけは、哀れにも何のオマケももらえずに、毎年、同僚議員の月収に等しい議員歳費八〇七六ドルだけを受け取っていたが、五人いるベル市会議員のうち四人は、（最低限の）議員歳費に加えて市の公営機関《シティ・エージェンシー》の役員報酬として月に八〇〇〇ドルを受け取って、年に総額一〇万ドル近い金を稼いでいた。それだけならまだしも、言語道断な額の給料は、リッツォばかりか首席行政官補《アシスタント・シティ・マネージャー》や警察署長（ともに汚職の罪で服役）にも払われていたという不釣り合いをどうやって説明できるというのか？

　仕掛けは、選挙のタイミングを巧妙に細工したことにあった。そして、市のリーダーたちは、わずかな有権者の支持で権力を握り、まんまと大金を手にすることに成功した。貧しい市がどうすればリーダーたちに気前のいい額の給料を払うことができたか知るには、ベル市が一般自治体から憲章自治体に転換するきっかけとなった二〇〇五年の特別選挙の話から始めなければならない。アメリカの一般自治体の行政は、州政府あるいは連邦法に縛られ、憲章自治体の行政は――読んで字のごとく――市自らが定める自治憲章に拘束される。

二〇〇五年、カリフォルニア州議会は、一般自治体の市会議員歳費を制限することを決めた。州議会が制限を導入するより早く、ベル市のやり手政治家たちは――リッツォが何かしらの入れ知恵をしたのだろうが――州都サクラメントに送り込まれた州会議員の「気まぐれ」に左右されない方法を見つけた。つまり、五人の市会議員全員一致で、ベル市を憲章自治体に転換するための特別選挙を告示したのである。憲章自治体に転換する表向きのセールス・ポイントは、遠く離れた州政府からベル市の自治を拡大することだった。市役所の方が、少なくとも地元のリーダーの方が、遠くにいて地域の事情に疎《うと》い政治家よりも、地域社会にとって何がベストか知っているのだと市会議員候補たちは訴えた。

しかし、技術的な争点――憲章自治体になるか、一般自治体のままでいるか――は、有権者一般の関心を引かなかった。もちろん、全国規模、少なくとも全州規模の投票で趨勢《すうせい》が決まるなら、選挙の争点を吟味した有権者はたくさんいただろう。しかし、実際の特別選挙は――政治的な目論見《もくろみ》の通り――ほかに争点を掲げることなく、人口三万六〇〇〇人の町でわずか四〇〇人をも下回る（賛成三三六票、反対五四票）有権者の関心しか引かなかった。そして自治憲章は承認され、一握りの人々が密室で市の歳入を配分し、予算を編成する権限を握った。自治憲章は、課税や歳出を決定する幅広い裁量権を、みての通り、自分たちの給料をお手盛りで決める一握りの人々に与えたほかは、ベル市政に何の実質的な変化をもたらさなかったとは、よく言ったものである。

市会議員が堕落していたばかりか愚かだったと考える読者がいるといけないので、彼らが自分たちのしたことを隠蔽《いんぺい》するのにどれほど長《た》けていたか、お話ししておこう。

もしも誰かが、非常勤公務員である市会議員の歳費がいくらか尋ねてみることに気がついていたら、議員たちは大っぴらに、かつ真顔で仕事の割には少ない月額数百ドルですとは言えなかっただろう。すでに述べた通り、彼ら——ロレンツォ・ヴェレスを除いて——は高額な市の役員報酬を受け取っていた。この事実が明るみに出たことが、おそらく彼らの致命的なアキレス腱となったのだろう。

この本を執筆している時点で、ベル市スキャンダルの主な登場人物は、みんな服役しているが、それは彼らに払われた気前のいい給料のせいではない。金額自体は非難されるべきことのように思われるが、手続きは完璧に合法的だった。彼らは開かれたことのない会議の出席手当を受け取った廉《かど》で服役している。つまりは、大金を手にしながら会議に出席する義務を甘く見たということなのだろう。いうならば、高給取りの市幹部が法律専門知識を弄《ろう》するあまり、ついには自らその罠《わな》にはまったということかもしれない。破格の給料は、それはそれでいいとしよう。しかし、ありもしない会議に出たといって金を受け取ることは許されない。私たちには、どれほど多くの公務員がこうした基準をわきまえているのかわからない。たとえば、どれほど多くの上院議員や下院議員が議会を欠席して資金集めに奔走し、スピーチをし、くだらない仕事をしているのだろうか?

読者は、ベル市のような小さな町がどうやってこれほど高い人件費を払いながら収支の帳尻を合わせていた——リッツォのすばらしい業績なのだが——のか、かなり訝《いぶか》しく思っていることだろう（事実、ベル市政の大掃除が終わった暁には、市の財政は収支バランスのとれたものから高い確率で赤字財政に転落すると予測されていた）。そこで、ベル市のリーダーたちが予算をいかに使うかのみならず、いくら課税するかを選択できる立場にあったことを思い出してほしい。彼らは自分たちの選挙民にかつてないほどの税金をかけた。ベル市の固定資産税について『ロサンゼルス・タイムズ』紙が何と報じたかみてもらいたい。

本紙が入手した郡会計監査事務所の記録によれば、ベル市の固定資産税率は一・五五パーセント——ビバリー・ヒルズやパロス・ヴェルデス・エステートあるいはマンハッタン・ビーチといった高級住宅街の約一・五倍でロサンゼルス郡のどこよりも著しく高い。つまりベル市の四〇万ドル相当の住宅の所有者は、年に六二〇〇ドルの固定資産税を払う計算になる。マリブに同じような住宅を持つ所有者が支払う税額は、固定資産税率一・一〇パーセントなので、四四〇〇ドルである。（二〇一〇年七月二一日付）

平たく言えば、ベル市の固定資産税は、近隣の自治体よりも五割ほど高かった。この高い税金のおかげで、首席行政官と市会議員たちは高額な人件費を賄って私腹を肥やし、仲間《クローニー》にも分け前を与えながら、収支の帳尻を合わせることができたのである。

イデオロギーでもなく、文化でもなく

ベル市スキャンダルをみたところで、そこに隠された意味を考えてみよう。市会議員は選挙で選ばれるが、ベル市では二〇〇七年以前は長いこと無風選挙だった。つまり、市会議員の命運は有権者に

握られ、少なくとも任期を延ばすためには有権者の支持が必要だった。二〇〇七年以前は無風選挙だったから、誰にとっても当選するのは難しいことではなかった。二〇〇七年以後の選挙で候補者同士が戦うようになってからも、わずかな得票で当選することができた。たとえば、二〇〇九年のベル市の有権者総数は九四〇〇人で実際に投票に行くのは二二八五人――全有権者の二四・三パーセント――だった。有権者は、六人の候補者の中から二人の名前を連記する。当選者のうちの二人、ルイス・アルティガとテレーザ・ハコボは、投票総数二二八五票のうちそれぞれ一二〇一票と一三三二票を得たが、当選するためにこれほど多くの票は必要ではなかった。気前のいいことに、選挙には有権者総数の一三パーセントの支持が得られれば、当選できる。

「気前がいい」というのは、二〇〇九年の市会議員選挙で当選するためにどうしても必要なのは、全候補者のうちで第三位の候補者の得票よりも一票多く得票することであったからだ。有権者は二名の候補者に連記で投票することを思い出してほしい。第三位の候補者の得票は、四七二票だった。だから四七三票――全有権者の五パーセント、市の全人口のちょうど一パーセント強、実際に投票に行く有権者の五分の一――の票さえ取れたら、選挙に勝つことができる。理由は何にせよ、票は多くの候補者に割れるのだから、ベル市の成人のわずかな割合の支持さえあれば、当選できた。これこそが、ベル市の税収浪費政策のきっかけである。

一つ確かなことは、市会議員候補たちは（ヴェレス議員さえも）、高い給料にまつわる真実を言いふらして激しく競い合うような真似はしなかった。リッツォは、仕事を続けるために市会議員の秘密を守り、議員たちは保身のためにリッツォと馴れ合った。リッツォは、議員たちが人々の額に汗して稼いだ金をどれほど掬《すく》い取っているかを暴露して、（今まさにそうなっているように）彼らを豚箱に入れてしまうことができたはずである。こうしたもたれ合いが、ベル市政と政治一般の根柢にある。リッツォは市長と市会議員に媚《こ》びて働き、逆に彼らは、ベル市の相当に大きく将来有望な有権者集団のうちの非常に小さなグループに媚びて働いた。リッツォは、今まさにそうであるように、市会のサポートがなければ、あっという間に――推定年六五万ドルという法外な年金のもらえる仕事を――クビになっただろう。

それでは、市会議員の忠誠を保ち続けるには、どうすれば一番良かったのだろうか？　それは簡単至極、議員への巨額の見返りを気前のいい報酬に化けさせる錬金術を使い続ければ良かったのである。

もしも、すべてが公開されていたか、ベル市が一般自治体のままで人件費が州政府の管理下にあったら、リッツォが市会議員たちと持ちつ持たれつの関係を堅くする手段を手にすることはできなかったはずである。リーダーによる権力の掌握――すなわち彼か彼女の政治的生き残り――が、小さな盟友集団（市会議員選挙に実際に当選するには、わずかなパーセンテージの票しか必要なかったことを思い出してほしい）を頼みとする場合、彼らに見返りを提供することが、リッツォが一七年も首席行政官の職にあったように、長く権力の座に居座るための近道である。さらに言えば、その小さな盟友集団が比較的大きな母集団から引き抜かれている場合――九三九五人の有権者（二〇〇九年）のうち三五四人によって承認された自治憲章の下で選挙された、たった五人の市会議員――は、統治を効率的にするために小さな盟友集団に渡す見返りだけではなく、支配層の人々が高額な報酬を受け取り、市の頂点に立つ者が搾取し損ねることがないように、あのような予算と課税に対する相応の裁量権が定められる。

ベル市スキャンダルは、私たちに支配者が支配されるルールについて多くの教訓を与えてくれる。

第一に、政治とは、政治権力を握り、それを保持することである。政治とは「我ら、人民」一般の福祉に関することではない。

第二に、政治的に生き残るとは、少数の人々を頼みにして地位に就き、その地位にあり続けることを最大限に確実にすることである。少数の盟友を頼みとする独裁者の身分は、何十年もその地位を保って安らかに死ぬことも珍しくないほど、民主主義者の身分よりもはるかにいい身分である。

第三に、権力の中枢にある者たちは、大きな母集団がサイド・ラインの外側でひしめき合いながら、この盟友の小さなグループに取って代わりたいと控え《プール》で待ち構えていることを知っているときは、歳入をどう使うか、税をどれほどかけるかということについてとても幅広い裁量権を行使できる。税収と裁量にまつわるすべてが、多くのリーダーにとっては、公共のための施策から盗人政治《クレプトクラシー》に道を開くまたとない機会となる。これこそが、権力を持つということである。

第四に、小さな支持者集団を頼みとすることで、ベル市でそうだったようにリーダーは高い税率をかけることができる。

高い税率は、人々が反発する恐れを招くかもしれない。人々には言論の自由と集会の自由という代えがたい権利があるのだから、もちろんベル市でも市民が立ち上がり、リッツォの支配を終わらせることは簡単だった。私たちは、政府の仕組みがどうなっているか、また経済がどのように動いているかによって、こうした人々の権利に多くのバリエーションがあることを目の当たりにするだろう。これは実際には、最近、中東のあちこちで目にしたように人々が抗議のデモを行い、大変革を成し遂げることができるか、あるいはそれ以外の地域でそうであるように、弾圧されっぱなしかどうか、ということである。

ベル市スキャンダルは、とりわけ多くの人々から選ばれたごく少数の人々を頼みとするときに、どのような統治を行うかというほぼ完璧な台本だろう。ベル市の政治家たちは、この政治のルールを生まれながらに理解していた。このようなルールに忠実に従うリーダーは、人々のために「正しいこと」をすることなしに、まさに頂点に君臨することができる。ベル市の為政者たちは、外部からの調査によって彼らの地位を保つ方法が白日の下に晒《さら》されるまで、とても長い間、権力にしがみついた。頂点に立つ者のためになることは、大概は庶民のためにはならないから、私たちは、本当に多くの偉い人たちが悪事を働くのをトップ・ニュースで見るにつけ、ショックを受け、驚きを隠せないのだろう。ベル市のようなところを統治した方法（それは、ほとんどどんなところでも、どんなビジネスでも使われる方法）は、名づけるとすれば「ベル・ボトム・ブルース」（＊訳注―『ベル・ボトム・ブルース』は、エリック・クラプトンの楽曲）というところだろうか。

私たちが得るだろうひとつの大切な教訓は、政治について考える際にイデオロギーや国籍、文化といったものはすべて、まったく取るに足らないということである。「アメリカがすべきことは……」とか「アメリカ国民が求めているのは……」とか「中国政府がしなければいけないことは……」といった台詞を考えたり、口に出したりしないことをさっさと身につければ、政府や企業やその他あらゆる組織のことをもっと理解できるようになるだろう。私たちは、政治について論じるときは国益とか公共財とか国民一般の福祉といったファジーな概念について考えたり話したりするよりも、特定のリーダーを名指しして、その行動や利害について考えたり、話したりする習慣を身につけなければならない。

偉大な思想家の思い違い

リッツォの事例は、政治が手に負えないほど複雑ではないことを浮き彫りにしている。そうかと言って、歴史上、もっとも尊敬されている政治思想家が優れた説明をしてきたわけでもない。ニッコロ・マキャヴェリ、トマス・ホッブズ、ジェームズ・マディソンそしてシャルル＝ルイ・ド・スゴンダ（つまり、モンテスキュー）のほか、忘れてならないプラトンやアリストテレスも、ほとんどは彼らの時代における狭義の政府について考察していたというのが、紛れもない事実である。

ホッブズは、政府の最高の形態とは何かを探求した。しかし、彼の思想は、イングランド内乱、クロムウェルの台頭、そして大衆による支配への恐れに目を奪われていた。大衆を恐れるホッブズは、君主制こそが秩序と良い統治《グッド・ガバナンス》に通じる道だと見なしていた。絶対的なリーダーに不可欠な徳を信じて、その著書『リヴァイアサン』では「どんな王も、その臣民たちが、貧しかったり、軽蔑すべき者であったり、あるいは、欠乏や異議のために、かれらの敵とのたたかいを遂行しえないほど弱かったりすれば、その王は富裕でも光栄ある者でも安全でもありえない」（水田洋訳『リヴァイアサン』岩波文庫）と言いきった。ホッブズの繊細な哲学を引き合いに出すのもおこがましいが、私たちは、リッツォの臣民すなわちベル市民はとても貧しかったのに、彼だけはどれだけのし上がれたことか訝しく思う。

メディチ家に仕えることを望みながら叶わなかった政治家で役人――たぶん、リッツォと同じように――のマキャヴェリは、自分のアドバイザーとしての価値を見せつけようとして『君主論』を書いたのだが、メディチ家の目にはとまらず、仕官することはできなかった。著者が思うに、彼は、五〇〇年後にベル市が経験したように、いかに政治が自己増殖するかをホッブズよりも良く理解していた。マキャヴェリは、『ディスコルシ』において、「王国または君主国をつくろうとすれば、平等な社会のなかから、野望をいだき事を好む多くの連中を抜擢《ばってき》して、名目だけではなしに、実際に貴族の仲間に加えて、城や領地、さらには金の力や供の者までも与えてやらない限り、やはりその実現は不可能だ。こういう手を打っておいて、自分はこれらの連中にとり巻かれて、その権力を保持し、連中は連中で〔君の〕権力によって自分達の野心を満足させる」（永井三明訳『ディスコルシ「ローマ史」論』ちくま学芸文庫）ことでもしない限り、自由で平等な政府を樹立しようと考える者は失敗するだろうと考察している。

リッツォは、大っぴらな非難から我が身を守る術《すべ》として、マキャヴェリの思想をよく会得したのかもしれない。彼は、ベル市議会で彼に忠誠を誓う議員たちの富と地位に対する野心を満足させることで、長年にわたって権力を保持した。そして、リッツォがサポートを受けなければならなかったのは、まさに議員たちだけだった。

自分の考える政治を政権に取り入れようとしていた革命家のジェームズ・マディソンは、ホッブズ同様に革命について考察したが、ホッブズとは違って実際は自分の目に映ることを好んだ。マディソンは、『ザ・フェデラリスト』第一〇編において、二五〇年後にベル市民が苦しめられる問題を予言して「小さな共和国と大きな共和国のいずれが公共の福祉の適当な保護者を選出するのに有利であるということであるが、二つの明白な理由からして大きな共和国のほうが有利なことが明らかである」（斉藤真訳「派閥の弊害とその匡正策」『世界の名著　第四〇巻』中央公論社）と述べている。多数派による暴政を恐れていた彼にとって容易に導き出すことができなかった結論は、常に悪魔は細部に宿るもので、著者は、良い統治の細部については不充分ながら、著者の議論にも近いし、正しいと思う。

共和国の大小を論じるにあたってマディソンは、リーダーを選ぶ際にどれだけの人が言いたいことを言えるのかということと、どれだけの人がリーダーの地位を維持するのに必要不可欠かということを峻別《しゅんべつ》し損なった。これら二つは、これから見る通り、大きく違い得る。

マディソンの思想は、モンテスキューのそれとは相容れない。「大きな共和国においては、公共の善が無数の考慮の犠牲にされ、例外に服し、偶然に依存する。小さな共和国においては、公共の善はより良く感じられ、より良く知られ、各公民のより近くにある。ここでは濫用がはびこることがより少なく、したがって、濫用がかばわれることもより少ない」（野田良之ほか訳『法の精神〈上〉』岩波文庫）。ベル市はそうあるように信頼されたが、あいにくそうはならなかった。

啓蒙思想、デカルトを祖とする合理主義哲学そしてイギリスにおける立憲君主制の成立のすべてが、モンテスキューの、政治における抑制と均衡という洞察に富んだアイデアに刺激を与えた。モンテスキューは、こうした政治における抑制と均衡を通じて、まさにベル市の憲章自治体特別選挙が市民に押しつけたような、公共の福祉の腐敗を防止することを望んだ。

もちろん、理論的には、カリフォルニア州議会の権威に対して、まさに均衡と抑制を求めることが、憲章自治体に転換するという選択を誘発した。しかし、憲章自治体特別選挙に足を運んだ有権者は三九〇人で、スキャンダルが露見する前でも選挙に投票したのは有権者の四分の一以下、投票の労を厭わなかったのは、住民のたった四分の一だった。これではモンテスキューが避けることを望んだ腐敗の防止には足りようはずもない。

注目すべきはリーダーの利害と行動

モンテスキュー、マディソン、ホッブズ、そしてマキャヴェリが賢明で洞察に富んだ（そして著者よりも聡明な）思想家であることに今や疑いの余地はない。しかし、ただ彼らは束《つか》の間の環境に立ち向かっていたせいで、政治を恐ろしく間違って捉えてしまった。彼らは、少ないサンプル数のデータ、自分の周りのみで起こっているできごと、大昔の歴史の断片しか見ていない。さらに、彼らには最新の分析ツール（幸い、著者には好きなように使える）も持っていなかった。

詰まるところ、彼らの言うことにも一理あるが、とんでもない間違いも少なくない。彼ら、過去の偉人たちのために公正を期すなら、彼らの欠点は、当時の文脈に囚《とら》われ、また「壮大な論題」――人は人としてどうあるべきか、とか、本当に「正しい」政府とは何か、とか、政治において「正義」とは本当は何を意味するのか、といった――に囚われていたことにも由来する。この欠点は、政治思想史に名を残す伝説的人物《ルミナリエ》たちのみならず、ユルゲン・ハーバーマス、ミシェル・フーコー、そしてジョン・ロールズといった現代の思想家たち――いつの日にか彼らも過去の偉人とみなされるかもしれないが――にも見受けられる。

世界はいかにあるべきかといった壮大な論題は、実は重要である。しかしそれらは著者が焦点を当てようとする論題ではない。これから先のページで示す政治についての見解では、これら――哲学的な価値と比喩的抽象論をめぐる論題――には触れない。著者は、何を考えなければならないかという欲求から議論を進めない。著者を含めて、誰にだって私たちはいかにあるべきかということに思いをめぐらすのは難しい。他人に今よりもまっとうな人間になるように説くこともしない。著者の見解に沿って世界がよくなる方法を見つけたいという希望がないわけではないが、まずは世界がなぜ、どのように動いているのかを知ることなしに、世界を良くすることができるとは思えない。政治の世界で、何が人にある行動をとらせたかを突き止めることは、人に良い行いをさせる動機を突き止める土台となる。

力の均衡やヘゲモニー、党派性や国益といった政治と国際関係の現代用語は、高校の社会科の授業か夜のニュースで耳にする用語である。それらは、ほとんど現実の政治に関わりがない。喜ぶべきか――悲しむべきか――政治について論じる本書ではこれらの用語のいずれにも触れない。著者の政治に関する説明は、「何を」、「なぜ」、である。本書で、著者は、政治に関するもっとも基本的で厄介な疑問に答えようと思っている。そしてその過程でなぜ、支配する者とされる者、権威と権利、戦争と平和そして少なからず生と死の世界がそのように動いているのかを考察するより良い方法を示す。そして、もしかしたら、本当にもしかしたら、世界を良くする道が見つかるかもしれない。

この本を書くきっかけとなったのは、とても基本的な疑問だった。もしも戦争に負けたら、リーダーとその国の政権の行く末はどうなるのだろう？　奇妙なことに、数多《あまた》の国際問題の研究の中でこの疑問はあまり触れられてこなかったし、リーダーにしてみれば、戦争という危ない橋を渡る前から、その戦争に負けたら自分の身に何が起こるかなど知りたくもないだろう。つまり、この疑問が取り上げられてこなかったのは、戦争と平和についての標準的な考え方が、国家という概念にこだわるあまり、リーダーの利害に目を向けてこなかったからである。

利害を持っているのは、「国家」ではなくて「人」である。たとえば、国益をめぐる議論のさなかで対アフガニスタン政策を練りながら、オバマ大統領を苛立《いらだ》たせていたのは何だっただろうか？　もしもアフガン撤退のスケジュールを明言しなかったら、彼は選挙の地盤である民主党の——国民のではなく——支持を失っていたはずである。国益は、大統領の胸の内にあっただろうが、彼にとってもっとも大切なことは、政治的に生き残ることだった。

リーダーの胸算用と行動によって、どのように支配するかが決まる。それでは、リーダーにとって「最善の」支配とはどんなものだろうか？　答えは、まずは権力を握り、次に権力の座に居座り続け、そして、その間はできるだけ多く国（や会社）の金を恣《ほしいまま》にすることである。

著者は、この最善の支配を出発点として、政治や公的な政策の選択、そして戦争と平和にまつわる決断を世間並みな文化や歴史をめぐる発想の枠に囚われず考察する。それはつまり、リーダーが「何を」「なぜ」したのかを理解するために中心に据えられてきた、市民としての美徳という発想や精神病理学的な考察を、一旦脇に置くということである。その代わりに、政治家を自分の欲に凝り固まった、夕食に招きたくもないが、招かざるを得ないような輩《やから》と見なす。

本書の構成は、シンプルである。第一章では、人を支配するのに不可欠な事項を概説し、それに続く各章では、政治の特徴的な点をいくつか選んで説明する。そこでは、なぜ貧しい国では豊かな国よりも税金が高いのか、あるいは、なぜ国防の役にも立たない弱い軍隊に大金を費やすのかといった点を吟味する。同時に、支配する者と支配される者の間の力学についての理解を深めるために、各章では政治的に生き残る——支配者が支配されるルール《ルール》——という政治的な論理がいかに政治的な帰結の点と繋がっているかを、想像できる限り大きなキャンバスの上に描き出して詳述する。というのも、この論理と帰結の関係を「点で繋ぐ」ことこそが、著者の教え子たちが「万物の理論」と呼んだ、支配のためのルールの一覧だからである。著者は、これらをシンプルに整理して『独裁者のためのハンドブック』としてまとめた。

著者の政治に対する見解が、抜け出すことのできない習慣的な思考や決まりきったレッテル貼りや曖昧《あいまい》な一般性から抜けだして、もっとはっきりとした自己本位な思考の世界に踏み込むことを求めるものであるといえば、その通りである。著者は、従来よりもシンプルで、心惹《ひ》かれるような政府についての考え方を模索している。著者の視点は、落胆する向きもあるかもしれないが、政府のみならず、それ以外の生活の局面を説明する方法を提唱している。著者の視点からビジネスだって、慈善活動だって、家族だって、ありとあらゆる組織を簡単に説明することができる（著者は、自分の会社がまさに独裁体制のように運営されていることを確認して慰められる読者がたくさんいると信じている）。こうしたことをすべてけしからんと思う人がいるかもしれないが、結局のところ、これこそが政治の世界を理解する最善の方法――そして、より良い支配のために、いかに支配のためのルールが使われているかを考え始めることができる唯一の方法――だと信じている。もしも私たちが政治というゲームに参加するつもりなら、そして私たちは誰しも往々にして参加しなければならないのだが、どうやってゲームに勝つかを学ばなければならない。この本から学ぶことがあるとすれば、どうやって政治のゲームに勝つか、あとは少しはそう望んでいる通り、世界を良くすることができる方法である。そう願っている。

第1章

政治の原理

「金」と「仲間」をコントロールせよ

The Rules of Politics

ルイ一四世を支えたもの

政治の論理は、複雑なものではない。自分たちの思考をこれまでにないほど謙虚にめぐらせれば、政治の世界で起こることがらのほとんどを、驚くほど簡潔に理解することができる。政治を的確に理解するには、とりわけひとつの思い込み――リーダーは、独りで国家や組織を率いることができる――をあらためなければならない。

どんなリーダーも単体で存在するものではない。権力がどのように作用するのか理解したいなら、朝鮮民主主義人民共和国の金正日《キムジョンイル》は何でもしたいことができると考えるのはやめなければならない。ヒトラーであれ、スターリンであれ、チンギス・ハーンであれ、誰であれ自分の国家を独りで支配していると信じるのはやめなければならない。エンロンのケネス・レイやイギリスの大手石油会社BPのトニー・ヘイワードが、自分の会社で何が起きているかを知り尽くしているとか、重要な決定をすべて自ら下しているなどという考えは、やめなければならない。こうした考えは、まったくの見当外れである。どんな皇帝も、国王も、シャイフも、専制君主も、CEO（最高経営責任者）も、名家の当主も、どんなリーダーであれ、独りで統治することなどできはしない。

フランスの〝太陽王〟ルイ一四世を例に挙げれば、彼は七〇年以上も王座に君臨し、フランスの領土を拡張し、近代的な政治体制を確立した。この国王の下で、フランスはヨーロッパ大陸の支配的な勢力になり、アメリカ大陸の植民地化に強い競争力を発揮した。国王と側近たちはナポレオン法典の元となった法典を編纂《へんさん》し、今日に至るフランス法の基礎を築いた。彼は、軍制の近代化にも着手し、職業軍人で編成される常備軍は、ヨーロッパ諸国どころか、世界のモデルにもなった。彼がいつの時代においても秀でた支配者の一人であったことは疑う余地がない。しかし、すべてを独りで成し遂げたわけではない。

君主制（monarchy）の語源は、「独りで支配する」だったかもしれない。しかし、そんな支配は存在しないし、してこなかったし、できない。ルイ一四世が、「朕《ちん》は、国家なり」と宣言したことがおそらくは誤解の元となったのだろう。この宣言は、ルイ一四世のような絶対君主、さらには、独裁者の政治生活を想像して語る際に、よく引き合いに出される。しかし、絶対主義の宣言は、けっして真実ではない。どれほど威厳があろうが、崇拝されていようが、残虐だろうが、執念深かろうが、どんなリーダーも独りで君臨したことはない。事実、見せかけだけは絶対君主のルイ一四世は、独りでリーダーシップを発揮するという誤った考えの好例である。

父君ルイ一三世の没後、彼は四歳で王位を継いだ。当初、実権は摂政――母親――が握った。彼女の側近たちは助け合ってフランスに富をもたらし、その富を剝《は》ぎ取りもした。ルイ一四世が二三歳になって政治の実権を握るまでに彼の王国は、破綻状態に陥っていた。

私たちの多くは、国家破綻を財政危機と見なしがちだが、他方で、政治的生き残りというプリズムを通して見ると、それはまさに政治危機に等しいことがわかる。負債が支払い能力を超えたとき、順調な公共事業を削減しなければならないのは、リーダーにとって大した問題ではない。むしろ、権力の座にある者が、後ろ盾になってくれる大切な人々の忠誠を買う金がないというのは、問題である。民主国家において経済の低迷期というのは、政治的な人気を買うための公共事業に回す資金が、少な過ぎることを意味する。盗人《ぬすっと》政治家にとってのそれは、大金をつかみ損ね、薄給で働く側近の忠誠さえも秘密口座の残高とともに減っていくことを意味する。

フランスの財政破綻の可能性は、将軍や士官を務める保守派の貴族たちに、金と特権の源が枯れてゆくのを見せつけ、ルイ一四世による権力掌握は危機に瀕《ひん》した。彼らのような、政治的には大切だが移り気な友人たちが、富と特権を保障してくれるもっといい誰かを探し始める機は、熟した。そこで、ルイ一四世は、このような危機に直面して変革を起こす必要に迫られた。さもなければさらにもうひとつ、王制崩壊という危機が待ち受けていた。

この類稀《たぐいまれ》な状況の下で、国王の側近の代わりが務まる可能性のある人々――国王としての体面維持を保障する手助けをしてくれる人々――が必要になった。国王は、法服貴族と呼ばれる、新しい貴族にチャンスを（わずかばかりの人々には、実権も）拡大した。国王は、司法大臣ミシェル・ル・テリエとともに、どちらかといえば寄せ集めで規律に欠ける常備軍の創設に素早く動いた。周辺諸国の王たちが成り行きを見守る中で、ルイ一四世は、これまでの慣行をガラリと変革して、法服貴族が士官に――最高位にさえ――なれるように門戸を開放し、帯剣貴族と呼ばれた保守派の伝統的な貴族たちよりも、はるかに多くのチャンスを与えた。こうしてルイ一四世は、軍を使い勝手が良く、政治的にも軍事的にも競争力のある組織に作り変えた。

同時に、ルイ一四世は、旧態依然とした貴族制を何とかしなければならなかった。彼は、戴冠《たいかん》初期の摂政時代に早々と王に背いたフロンドの乱（内戦と革命が融合した）を煽動《せんどう》し、支援した貴族たちの不忠を思い知っていた。そこで、王は、旧来の貴族たちの潜在的な脅威を無力化するために、彼らを――文字通り――宮廷に配し、長いことヴェルサイユにとどまるように命じた。このことは、彼らが国王から頂戴する褒美の見込みが、どれだけ国王の寵愛《ちょうあい》を受けたかにかかっていることを意味した。もちろん、彼らがどれだけ国王に尽くすかということだった。

ルイ一四世は、とても多くの新参者を取り立てることで、国王が掌握する新しい階級を創りあげた。彼はその過程で国王自身の権威をより集権化し、宮廷に仕える旧来の貴族に下賜する褒美と引き換えに、自分の考えを実行に移す能力を高めた。そうして国王は、成否の鍵が軍と新しい貴族の忠誠と、旧来の貴族の締めつけにかかっていて、彼らの幸福が直《じか》に国王の幸福に転化する「絶対的な」システムを打ち立てた。

全体として、誰に金をかけるかというルイ一四世の胸算用に、フランスの庶民のことはそれほど入っていなかった——庶民は、国王にとって差し迫った脅威ではなかった。たとえそうだったとしても、彼の絶対主義は、けっして絶対でないことは明らかだった。彼は支持者を必要とし、どうやってその忠誠を保たせるかわかっていた。庶民は、他の誰かを支持するよりも国王を支持する方が得になる限り、彼を支持するはずだった。

ルイ一四世の戦略は、彼が受け継いだ、かけがえのない支持者たち、すなわち盟友集団（次節で詳述）を彼がもっと気楽に当てにできる人々と挿《す》げ替えることだった。そこで、保守派の貴族に代えて、法服貴族ばかりか、官僚機構、とりわけ軍や平民階級からも人材を側近に取り立てた。側近に加わることができる層を厚くして、側近に政治的生き残りを競わせた。すでに勝ち組集団に加わる特権を得ていた者たちは、彼らに取って代わる候補者が控えて待ち構えていて、充分に信頼に足りて、自身が国王に忠誠を尽くすことを示さなければ、いとも簡単に誰かに取って代わられるかもしれないと、思い知らされていた。それはつまり、富と権力と特権を得るチャンスを失うということだった。

ルイ一四世は、あらゆるリーダーと同じように、側近たちと持ちつ持たれつの関係を取り結んだ。

国王は、彼らの手助けなしには権力を握って栄えることは望めなかったし、側近たちにしても、国王に忠誠を尽くさなければ、褒美を手にすることは望めなかった。ルイ一四世は、老いて安らかに亡くなる一七一五年まで、七二年間にわたって王座に君臨した。

ルイ一四世の例は、政治生命の基本を示している。誰も独りでは支配できない。誰も独りで絶対的権威を持ち得ない。リーダーによって違いがあるとすれば、それはどれだけの後ろ盾をかき集めなければならないかであり、後ろ盾をかき集めるのにどれだけの金をつぎ込めるかである。

あらゆる政治の土台となる三つの集団

リーダーが政治の世界に目をやれば、名目的な有権者集団、実質的な有権者集団、そして盟友集団の三種類の人々を見渡すことができる。

「名目的な有権者集団」には、少なくともリーダーを選ぶための何らかの法的な立場を持つ者がすべて含まれる。たとえば、アメリカでは誰にでも選挙権は与えられるから、「名目的な有権者集団」は、一八歳以上の国民すべてということになる。

もちろん、アメリカ国民すべてが、選挙権は大切な権利だとわかっているに違いないとしても、誰が国を導くのにふさわしいのか、思案の末でも、有権者の立場は様々である。普遍的参政権を保障する民主主義の下では、「名目的な有権者」は、政治の世界に片足を突っ込んではいるけれど、それ以上というわけではない。そういう事情から、アメリカ、イギリス、フランスの「名目的な有権者」の力は、かつて対立していたソビエト連邦の「有権者」と大して違いはなかった。ソ連でも、成人市民はみんな投票権を持っていたが、彼らの選択肢は、一般的には複数の候補者から誰かを選ぶというよりは、共産党がノミネートした候補者に「ダー（はい）」と言うか「ニェット（いいえ）」と言うかに過ぎなかった。つまり投票が義務だったソ連の成人市民も、名目的な有権者だった。

政治における第二の階級は、「実質的な有権者集団」である。これは、実際にリーダーを選ぶグループである。（かつてのソ連と同様の）今の中国でいえば、共産党内の有権者、王制のサウジアラビアでいえば、王家の中の有力者、イギリスでいえば、議会の与党議員に投票する有権者のことである。

そして、もっとも重要なのが第三のグループである盟友集団で、これを構成するのは、実質的な有権者の一部である。つまり、もしもリーダーが権力の座で生き残りたいのなら、支持してもらわなければならない人々のことである。

ソ連では、盟友集団は、選挙の候補者を選び、政策を左右する共産党内の少数の人々によって構成されていた。人民委員（大臣）や党書記長が権力を持ち続けるには、彼らの支持が不可欠だった。勝ち残るための盟友集団には自分たちのボスを倒す力があり、――ボスもそのことを承知していた。

アメリカでは、盟友集団の規模は、非常に大きい。すなわち、ある大統領候補（あるいは、議会選挙では州か郡の下院議員や上院議員の候補）を対立候補に対して優位に立たせるのに最低限必要な有権者によって構成される。

ルイ一四世にとって、盟友集団は、宮廷の側近、軍の幹部、高級官僚といった、彼らなしにはライバルが国王に取って代わることのできない、一握りの人々だった。

基本的に、「名目的な有権者集団」とはリーダーにとっての潜在的な支持者集団、「実質的な有権者集団」とは、その支持がリーダーに真に影響を及ぼす集団、盟友集団とは、彼らの支持なしにはリーダーの政治生命は終わってしまう、かけがえのない支持者集団である。一言で言えば、取り替えのきく者、影響力のある者、かけがえのない者、ということになる。

アメリカでは、投票権者は、名目的な有権者――取り替えのきく者――である。実質的な有権者――影響力のある者――は、実際に大統領を選ぶ選挙人団（ソ連当時の党書記長を選出する忠実な党員と同様）だが、選挙人は、最近はそれぞれの州の有権者の意向に沿うのが標準的なので、さほど独立して投票権を行使するわけではない。したがって、アメリカでは名目的な有権者集団と実質的な有権者集団が、しっかりと結びついているといえよう。だから、たとえあなたが数多《あまた》いる有権者の中でオンリー・ワンの存在だったとしても、他の有権者と取り替えがきく者とみなされ、自分の票には影響力があると感じていたとしても、一票として集計《カウント》されるだけである。

アメリカにおける盟友集団――かけがえのない者――は、州ごとに都合良く分布し、その支持が大統領選挙人団の選出で勝利に結びつくような、一握りの有権者である。盟友集団（かけがえのない者）が、「名目的な有権者集団（取り替えのきく者）」に占める割合が相当に高い限り、それがアメリカの総人口の過半数近くを占める必要はない。事実、アメリカの連邦制の下での選挙制度では、有権者が効率的に分布していたら、五分の一程度の少ない得票でも、行政府と立法府を支配することが可能である（エイブラハム・リンカーンはこの手の操作に長《た》けていた）。

アメリカの盟友集団は、絶対数においても有権者に占める比率においても世界最大の水準にあることは、注目に値する。しかし、世界最大ではない。イギリスの議会制度では、首相が二大政党制の議会選挙において二五パーセントを少々上回る支持を獲得する必要がある。一般に、首相が所属政党から選出されるには、過半数の議員の支持を要し、それぞれの議員は、二大政党制の選挙で当選するために過半数の有権者の支持を要する。すなわち、過半数の過半数、有権者の四分の一以上の支持を要するということである。フランスの決選投票方式の選挙はもっと過酷である。フランスの大統領選挙では、最後まで勝ち残った二人の候補者が決選投票で勝ち残るには、有権者の過半数の票を制することが求められる。

他の国をみてみると、名目的な有権者集団、実質的な有権者集団、盟友集団の規模には、かなりの幅があることがわかる。誰でも投票することができる（もちろん、冗談だが）北朝鮮のようなところでは、大きな「名目的な有権者集団」と、実際にリーダーを選ぶ極めて小さな「実質的な有権者集団」がいて、そして、二〇〇〇人を上回らないかもしれない程度の盟友集団——北朝鮮の初代国家主席金日成《キムイルソン》も彼らがいなければ戦争に敗れて国は灰燼《かいじん》に帰していた——がいる。

サウジアラビアのような国々では、王族、有力な商人、宗教指導者が極めて小さな名目的な有権者集団、実質的な有権者集団を構成している。おそらく、サウジアラビアの盟友集団は、北朝鮮のそれよりも少人数だろう。

序章でとりあげたベル市は、北朝鮮やサウジアラビアよりもはるかにましに見える——そうあってほしい。しかし、ほとんどインチキな選挙で支配を確立した点で、革命前のエジプト、ベネズエラ、カンボジア、そしておそらくはロシアともとても似ている。

名の通った大企業も同じような構造を持ち合わせている。何百万人もの株主という取り替えがきく者（名目的な有権者集団）がいる。大手機関投資家をはじめとする大株主は、影響力のある者（実質的な有権者集団）である。そして、実際に役員や重役を選ぶ人々が、かけがえのない者（かけがえのない盟友集団）ということになる。

　あなたが働いている会社を思い浮かべてみてほしい。誰があなたのリーダーだろうか？　支持を取りつけないといけないかけがえのない人は誰だろうか？　あなたの会社のCEOにとって不可欠とは言わないまでも、企業統治《ガバナンス》に影響を及ぼしているのは、どんな人たちだろうか？　そしてもちろん、毎日、出勤して――一生懸命働いて（いるかどうかは別として）、めざましい仕事をしたいとか、もっと大きな仕事をさせてもらえるように出世したいと願っているのは誰だろうか？

　この三つのグループは、本書の内容全体の基礎であり、もっと重要なことは、大きかろうが小さかろうが、あらゆる組織で政治が作用する際の根本にある土台である。三つのグループのサイズの違いには様々なバリエーションがあって、それが政治を立体的（３Ｄ）にして、込み入った政治生活をはっきりとさせてくれる。この三つの要素がどのように交わっているか――つまり、それぞれの組織で取り替えのきく者の集団、影響力のある者の集団、かけがえのない者の集団のサイズが違うこと――を理解することで、読者はそれまで謎だった政治をしっかりと理解できるようになる。国家であれ、企業であれ、それ以外の組織であれ、この三つのグループのサイズの違いが、政治で起きるほぼすべてのことがら――リーダーには何ができ、何から逃れることができ、できないか、リーダーは誰の役に立っているか、彼らの下で庶民がどの程度の生活を送る《エンジョイ》のか（あるいは、それは楽《エンジョイ》ではない）――を決定づけていることがわかるだろう。

独裁と民主主義の間に境界はない

読者の中には、こうした三種類の人々が、世界中の様々なリーダーシップのシステムを牛耳っているとは、にわかに信じがたいという人がいるかもしれない。結局のところ、私たちは、政治の一端には、独裁者や専制主義者――恐ろしく、利己的で、ときとしてサイコパスの邪道に堕《お》ちた悪党――がいて、その対極に民主主義者――情に厚い自由の守護者として選挙された議員、大統領、首相――がいると考えがちである。私たちは、これら二つの世界のリーダーたちが、世界を二分している！と確信している。

都合のいい作り話だと言われればその通りだが、政府というものに種類の違いはない。違うとすれば、それは有権者集団と盟友集団をめぐる違いである。リーダーが権力を維持するために何ができ何をすべきかを、制限したり許したりするのは、彼らである。リーダーがどれだけ制約されるか自由であるかは、有権者集団と盟友集団の相互作用による。

民主国家と独裁国家について、同じような「民主国家」は二つとなく、同じような「独裁国家」も二つとないのに、それらがあたかも体制の違いを説明するのに充分な言葉であるかのように語る習慣をやめるのが難しいのは承知している。事実、本書全体を通じて、著者がこの二つの言葉を使い続ける習慣をやめるのは難しい。しかし強調しておきたいのは、「独裁制」という言葉の本当の意味は、「とても大きな取り替えのきく者の集団と、通常は比較的小さな影響力のある者の集団から引き抜かれた、とりわけ少人数のかけがえのない者の集団に依拠しているということ」である。他方で、民主主義について言うならば、それは「政府が、とても大きなかけがえのない盟友集団と大きな影響力のある者の集団と結びついた、とても大きな取り替えのきく者の集団に真に基礎づけられていること」を意味する。君主制や軍事政権について言えば、取り替えのきく者、影響力のある者、かけがえのない盟友の人数は、いずれも少ない。
かけがえのない盟友、影響力のある者、そして取り替えのきく者によって組織を語ることの利点は、こうした分類が、統治の形態について歴史上のこれまで政治哲学者が語ってきた、政治についての一面的な見解によって、あるものは「民主的」で、別のあるものは「独裁的」だ、あるいは、あるものは「大きな共和制」で、別のものは「小さな共和制」だというような、恣意《しい》的な線引きを差し控えるのを可能にすることである。

政府や組織が、厳密にみると互いに似ていないというのは、その通りである。民主国家同士も似ていない。現実に、民主国家としての条件は完璧に具《そな》えているとしても、その姿は大きく異なっている。もっと大きな、そして一見してわかる政府や組織の態度の違いは、取り替えのきく者、影響力のある者、かけがえのない盟友の絶対的、相対的なサイズの違いによる。いうなれば、フランス政府とイギリス政府、あるいはカナダとアメリカの上辺《うわべ》の微妙な違いは、重要ではない。しかし、彼らの政策の違いは、独自の比率で混在する取り替えのきく者、影響力のある者、かけがえのない者との間でリーダーが直面する駆け引きによって生じる誘因の産物である。

政治システムに信じられないほど様々なバラエティがあるのは、おもに、人々が政治を自分たちの都合のいいように作用するように驚くほど巧妙に操作するからである。リーダーは、すべての市民に投票権を与えるように――新しい、取り替えのきく者を作るように――選挙制度を整備しておいて、それからかけがえのない有権者に有利なように、そして、彼らの贔屓《ひいき》の候補者が確実に当選するように選挙方式に手を加える。枚挙に暇《いとま》のないほど多くの選挙方式によって、著しく違った選挙結果を招くことができる――そして実際に招く――にもかかわらず、これらはすべて私たちが民主主義だと信じる範囲に収まっている。

「民主主義」とか「独裁制」といったレッテルは、便宜的《コンビニエンス》なものであるが――実に便利《コンビニエンス》なものであることを忘れてはならない。

カギを握るのは「３Ｄ」のサイズ

取り替えのきく者、影響力のある者、かけがえのない盟友集団の相対的なサイズを変えることで、政治的帰結に抜本的な違いをもたらすことができる。例として、一見ありきたりなサンフランシスコ市議会選挙を挙げてみよう。

サンフランシスコは、全市が一つの選挙区という選挙方式を採っていた。つまり、有権者は市のすべての投票権者で、かけがえのない者は、市会議員に当選するための最低限の人数である。

一九七七年にこの大選挙区制は、小選挙区制に変更された。旧制度の下で、市会議員は一つの大選挙区である全市から、全市民の代表として選出されていた。新しい制度では、市会議員は、とても小さな選挙区から、その選挙区すなわち隣人の代表として選出されるようになった。サンフランシスコ市民の考え方と候補者好みは、一九七五年と一九七七年の間に変化している。一九七五年の選挙では、ハーヴェイ・ミルクという候補は落選したにもかかわらず、一九七七年の選挙では当選した（そしてまもなく、暗殺されるという悲劇に見舞われた）。後日、『タイム』誌が報じたところでは、彼は「カミング・アウトしたゲイとして、世界で初めて実質的な政治的地位に就いた男」だった。

一九七五年の選挙と一九七七年の選挙の間でミルクへの支持にどんな変化があったかは、至極単純なことである。彼には、一九七五年の選挙では、サンフランシスコの市会議員選挙で影響力のある者の広範な支持が必要だった。彼は、五万二九九六票を獲得し、定数五人の選挙で七位に終わった。つまりミルク候補は、充分な支持を得られずに落選した。一九七七年の選挙で、彼は、有権者のうちで選挙地盤であった有力なゲイ・コミュニティ、カストロ地区の支持だけが必要だった。彼は顔が売れていて、選挙区での知名度は高かった。彼は、五九二五票を得票し、第五選挙区で二九・四二パーセントの支持を受け、トップ当選を果たした。

一度、三種類の人々の集団に即して考えることを身につけてしまえば、政治というもっとも根気のいるパズルのいくつかは解けるようになる。そのためには、どんなリーダーも握れるだけの権力を握り、そしてできるだけ長く権力を保持し続けたがることを理解するのが、先決である。取り替えのきく者、影響力のある者、かけがえのない盟友という三種類の集団をとことんまで操ることが、支配の所業であり、技巧であり、体系である。

支持者は金でつなぎとめる

よく言われることだが、金は、諸悪の根源である。それはその通りだとして、しかし、うまくすれば、金は良い統治の根源として寄与することもできる。

それは、リーダーが、その金を使って何を推し進めるかにかかっている。リーダーは、金を万人の利益のために使うかもしれないし、それですべての市民の福祉と財産を守るために支出されれば、その通りとなる。公共政策の多くは、庶民の福祉のために投資する努力だと捉えることもできる。しかし、政府の歳入は、福祉全般を犠牲にしてキーを握る少数の仲間《クローニー》の忠誠を買うために投じることもできる。政府の歳入は、汚職を蔓延《はびこ》らせ、闇市場に流れ、あまりうれしくもない政策のために使うことだってできる。

政治が、本当はどのように動いているかを理解するための第一歩は、リーダーがどのような政策に金を投じているかを問うことである。彼らは、万人の利益になる公共財《パブリック・グッド》に資金を投じているだろうか？　それともほとんど一握りの人々が私腹《プライベート・グッド》を肥やすためだけに金を費やしているのだろうか？　抜け目のない政治家にとって正解は、リーダーが忠誠を保つ必要がある、頼みとする人々――これこそが、かけがえのない盟友集団――は、どれほどの人数かということである。

民主主義にせよ、その他のシステムにせよ、リーダーにとって重要な盟友集団が非常に大きなところでは、見返りによって忠誠を求めるのには金がかかる。金はあまりに薄く広くバラ撒《ま》かれることになるからである。ジェームズ・マディソンが示唆した通り、政府のタイプが民主的であればあるほど、政府は大きな盟友集団を頼みとし、福祉全般をもっと向上させる政策を効果的に実施するために、歳出を増やす傾向がある。

これとは対照的に、独裁者、君主、軍事政権のリーダー、そしてCEOのほとんどは、もっと少人数のかけがえのない盟友集団を頼みとしている。

マキャヴェリが暗示したように、彼らにとっては、多額の歳入を見返りとして盟友集団に投じて統治する方が、たとえこうした見返り資金が税金を払っている多くの庶民や何百万人という小口株主の利益を犠牲にしたとしても、はるかに効率的である。だから、小さな盟友集団は、体制の安定、腐敗、私的な見返り志向を助長する。社会福祉を強化するか、少数の特権階級だけを豊かにするかという選択は、リーダーがどれほど慈悲深いかという問題ではない。立派な動機は大切なのかもしれないが、そんなものは自分の支持者を幸せにするというニーズの前には比べものにならないし、支持者の幸せを守る手は、どれだけの金を見返りとしてつぎ込むかにかかっている。

搾り取った税金の使い道

支持者を幸せにし続けるためには、金がかかる。人を支配したいと思うなら、まずは自分の選出母体――それが国民であれ、会社の株主であれ――からどれだけの金を搾り取れるか問うことである。引き出し方にはいくらでも方法――所得税、財産税、輸入関税、免許取得税、公的手数料――はあるが、議論が散漫にならないように、ここではそれらを総称して税金と呼ぶことにしよう。

すでにみてきた通り、大きな盟友集団を頼みとするリーダーは、私的な見返りを使って効率的に権力を維持することはできない。見返りをバラ撒くにしても、かけがえのない盟友が多すぎるからである。そこで彼らは、私的な見返りよりも、公共財を重視して権力維持を図らなければならないので、どちらかと言えば、税率を低く抑えなければならない。庶民は、金を自分では賄えない何か価値のあることに使うのに蓄えられるのでなければ、自分のために貯《た》めておいた方がマシだと思っている。

私たちは、防火、防犯、国防といった目に見える益のある施策には、喜んで税金を払うかもしれないが、大統領や首相――あるいは、カリフォルニア州ベル市を引き合いに出せば、地方公務員――に眼の飛び出るような給料が支給されるのを目の当たりにするために、喜んで税金を納めたりはしないだろう。だから、大きな盟友集団を頼みとする政府首脳は、世界長者番付に仲間入りできない。

大きな盟友集団を頼みとする体制において納得のいく税金の使い途《みち》――歳出は、まさに庶民が自前で賄うことができる以上の福祉に費やされると考えられている――が限られているのは、盟友集団が大きいところでは税金は安い傾向にあるからである。しかし、かけがえのない後ろ盾の人数が少なく、私的な見返りを提供することが権力維持に効率的な場合は、ホッブズの見解に反して、広範な庶民の福祉は脇に置かれることとなる。この場合にはリーダーは重税を課して取れるだけの富を哀れな取り替えのきく者やよそ者から取り、盟友集団に分け与え、その結果彼らは太り、富み、忠誠を誓う。たとえば、アメリカでは夫婦の所得が累計一万七〇〇〇ドルに達するまで所得税は免除される。中国で同額の所得を得る夫婦には、最低税率四五パーセントの所得税が課される。これはアメリカの最高所得税率をはるかに上回っていて、どれほど所得が多くても、そんな大金を連邦政府に払っている者はいない。首席行政官と小さな盟友集団が市政を牛耳っていたベル市の場合、リッツォの支持者たちは、驚くほど高水準の所得税に文句をつけなかった。というのも、少数の大切な仲間《クローニー》は、誰もが払う高い税金よりも多い額を市役所から払い戻されていたからである。

こうした一次方程式では、明らかに私利私欲というものが、大きな役割を果たしている。だとすれば、どうしてリーダーたちは歳入をすべて引き出して自分の口座に貯め込まないのか不思議になる。このことは、政治の二次方程式を説明する第二のステップが、リーダーがどれくらい貯め込むことができ、もしも権力の座に居座り続けたいならどれくらいを盟友集団や庶民に費やさなければならないかという計算だということを意味している。

裏切られる前に切り捨てる

権力の座にとどまるためには、おわかりの通り、他人の支持が欠かせない。こうした支持は、リーダーが、別のリーダーや別の政権の下で彼らが期待できる利益よりも多くの利益を提供するときだけ、もたらされる。かけがえのない盟友たちが、誰か別のライバルの傘下に入った方が期待が持てるとなれば、彼らはリーダーを見放す。

リーダーの仕事は、厄介である。彼らは、常に支持者に対してライバル以上の旨みをオファーし続けなければならない。そしてこのことが、とりわけリーダーが比較的少人数の盟友集団を頼みとし、彼らに取って代わろうとする者が多いときに、現職のリーダーがライバルに対して非常に有利だという政治の論理をややこしくする理由かもしれない。革命を経てこうした政治システムを緻密に構築したのが、レーニンである。この政治システムを理解すれば、一九一七年一一月の革命から一九八〇年代のゴルバチョフによる改革までの間にクーデタによってあっさりと解任されたリーダーが、フルシチョフただ一人だった理由にも説明がつく。ちなみに、彼以外の旧ソ連のリーダーたちは老衰か病気で亡くなっている。フルシチョフは、仲間《クローニー》に約束したことを果たさなかったからである。現職のリーダーの強みを活かすなら、当てにしている人々にした政治的な口約束を成功裡《り》に、確実に果たすことである。

多くのかけがえのない盟友を頼みとする政治情勢において、リーダーには違いがあるが、リーダーの生き残りについては大した違いはない。のんびりと選挙運動を眺めていてもわかる通り、権力の座を目指す政治家が公約することと、実際に権力の座に就いたときにすることの間には大きな不一致がある。一旦、権力の座に就いてしまえば、新しいリーダーは、もっと忠誠を尽くしてくれそうな者を取り立てて、彼らが権力の頂点を極めるのを手助けした人々をあっさりと切り捨てるかもしれない。

そればかりか、かけがえのない盟友たちは、権力の座に就いたリーダーが現時点でオファーしてくれる見返りと、ライバルがオファーしてくれる見返りを天秤《てんびん》にかけることもできない。権力の座に就いたリーダーの見返りは少ないかもしれないが長続きし、いずれ側近に仲間入りさせてくれることも期待できる。実際、ライバルは現時点ではより大きな見返りをオファーしてくれるかもしれないが、将来の見返りは、何の裏付けもない政治的な口約束に過ぎない。そこで、かけがえのない盟友たちは、将来得られる見返りの合計はどちらが大きいか、どちらが得かを天秤にかけるに違いない。

リーダーは、もっとも忠誠を尽くすだろう人たちを、将来リーダーを権力の座から引きずり下ろそうとする日和見《ひよりみ》主義者の中から選《え》り抜く膨大な努力を払ってきたので、権力の座に就いた後もリーダーが支持者を盟友とするかどうかは、引き続きその支持者を頼みとし、見返りを与え続けるかをはかる恰好《かっこう》の尺度である。ライバルも支持者たちを繋ぎ止めるためにこうした約束はするだろうが、たとえ権力の高みに達したとしても政治的な口約束を長いこと信用するわけにはいかないだろう。

キューバ革命でカストロの盟友の末路にまつわる典型中の典型のケースを思い起こすにつけ、権力を目指す危険を分かち合った者が、ときとして同志を排除することが——あるいは最悪の場合も——あることにはまったく疑いの余地がない。革命が成功した直後の一九五九年一月、二一人の大臣がカストロに任命されたが、その年の末までに一二人が辞任したか、罷免された。カストロがさらに権力基盤を固めた一九六〇年には、さらに四人が罷免された。かつてはカストロにもっとも近い同志のうちでも、もっとも親密だった彼らは、究極的に二つの政治的退場を強いられた。幸運だった者たちは、国外追放という形でカストロと袂《たもと》を分かち、それ以外の者たちは処刑された。この中にはもっとも有名な革命同志のチェ・ゲバラも含まれている。

ゲバラは、カストロ自身に次いで党内序列第二位だった。実際、そのことが彼の最大の失敗だった。ゲバラを潜在的なライバルに押し上げていた人気のせいもあって、一九六五年、カストロはゲバラにキューバを出るように命じた。カストロは、ゲバラをボリビアに派遣したが、一九六七年三月末頃にあっさりと支援を打ち切り、ゲバラを窮地に追い込んだ。ゲバラを捕らえたボリビア軍の将校サルモン大尉は、ボリビアに来たのは自分の決心によってではなく、カストロの決定によるものだとゲバラが語ったことを確認している。

政治的移行期には、リーダーが権力を握るのを手助けした挙げ句に排除される支持者層の例は、枚挙に暇がない。政府や地方行政、企業、ヤクザの一家などどんな組織でも、このことは当てはまる。自分に取って代わる者たちが舞台の袖で待ち構えていることを知っている盟友集団のメンバーなら、権力の座にいる者に排除の口実を与えないように注意を払わなければならない。

この点は、ルイ一四世が巧みに操った関係である。もしも少人数の後ろ盾が必要で、彼らを大きな潜在的な支持層から選ぶことが可能なら（ジンバブエ、北朝鮮、アフガニスタンのようなところで少人数の盟友集団が必要になったときのように）権力の座にある者は、彼らの忠誠を買うために歳入のうち高い割合を費やす必要はない。他方で、もしも、盟友集団のメンバーを交代できるのが比較的少人数に限られているときには、彼らの忠誠を繋ぎ止めるためにもっと金を費やす必要がある。これは二種類の環境、すなわち（君主制や軍事政権のように）盟友集団と有権者集団がともに小さい場合、あるいは（民主政のように）盟友集団と有権者集団がともに大きい場合の双方において当てはまる。この二つの環境の下では、権力の座にある者が盟友のクビを挿げ替える能力は、著しく制約される。そこで、かけがえのない盟友たちは忠誠を尽くすための見返りを吊《つ》り上げることができる。その結果、ライバルによるもっともらしいオファーを蹴らせて盟友集団の忠誠を買うために必要な出費がさらにかさむので、権力の座にある者が自由に使える歳入は減ってしまう。

取り替えのきく者たちに対してかけがえのない盟友の割合が小さい場合（インチキ選挙専制主義や有名企業のように）には、盟友集団の忠誠は安く買うことができ、権力の座にある者は、多額の自由に使える金を手にする。そして、彼らは手元の資金を自分たちのために使うか、お気に入りの公共事業に使うかを選択することができるようになる。もちろん、盗人政治家は、金を秘密口座に貯め込むか、課税免除の海外投資につぎ込んで、地位を追われるようなまさかのときのために取っておく。公共心を持ち合わせている数少ない独裁者は、少々の金を秘密口座に振り込んだ後、残りは自由裁量積立金として（残った税収を盟友の忠誠を買うのに使わずに）、公共事業に投じて反乱の脅威を払拭する方を選ぶ。こうした公共事業は、シンガポールのリー・クワン・ユーあるいは中国の鄧小平《とうしょうへい》がやったような大成功を収めるかもしれないし、公共心溢《あふ》れる工業化政策を推し進めたガーナのエンクルマや、中国にとっては大後退におわった大躍進政策を推し進めた毛沢東《もうたくとう》がしでかしたような惨めな大失敗に終わるかもしれない。

独裁者のための五つのルール

これまでのところ、権力を握り続けていたいという欲望から、キーとなる歳入増加の決断、キーとなる資金配分の決断の数々と、権力の座にある者が好き勝手に使える貯金箱についてみてきた。税率が高いにせよ低いにせよ、多くの金が公共のために使われるにせよ私腹を肥やすのに費やされるにせよ、どれほどの金が何に使われようが、権力の座にある者が欲しいのは、受け継いだにせよ自分で築き上げたにせよ、統治構造の制約の中で、政治的成功を思いのままにすることである。どんなシステムでも、成功するためにリーダーが使える五つの基本的ルールを、政治的生き残りを賭けた支配についての考察から導き出した。

●ルール1　盟友集団は、できるだけ小さくせよ

小さな盟友集団は、リーダーが権力を維持するのに、少人数の人々にしか頼まないことを意味する。必要不可欠な者が少なければ少ないほど、歳出は管理しやすく、自由に使える裁量が増すことになる。

小さな盟友集団を頼みとすることにかけては、現代の巨匠である北朝鮮の金正日《キムジョンイル》将軍に、万歳《マンセー》！

●ルール2　名目上の集団は、できるだけ大きくせよ

大きな取り替えのきく者の集団を維持しておけば、盟友集団にいるトラブル・メーカーのクビを簡

単に挿《す》げ替えられる。影響力のある者、かけがえのない盟友も同様である。結局のところ、大きな支持者集団は、盟友に取って代われる者たちを供給することになり、かけがえのない盟友集団に忠誠を尽くし、態度が良くない者は、クビを挿げ替えるという警告を与えることになる。

ロシアの古くさいインチキ選挙制度に成人普通投票制を導入して、巨大な取り替えがきく者の層を作り出すという芸術にかけては、完璧であったウラジミール・イリイチ・レーニン同志に、万歳《ウラー》！

●ルール3　歳入をコントロールせよ

誰に大きな分け前を与えるかは、いつも支配者が決定するに越したことはない。リーダーにとってもっとも効率的なキャッシュ・フローは、多くの人々を貧しくしておいて選ばれた人々――盟友たち――を裕福にし続けるようなフローである。

一人あたりの年間所得が世界最低に近い国で四〇億ドル近い財産を築いたパキスタン大統領、アシフ・アリ・ザルダーリ閣下に、拍手！

●ルール4　盟友には、忠誠を保つに足る分だけ見返りを与えよ

あなたの後ろ盾となっている人々は、あなたの部下でいるよりもあなたの地位に就きたがっていることを忘れるな。あなたは金のありかを知っているが彼らはそれを知らないというのが、あなたの大きなアドバンテージである。盟友には誰かあなたに取って代わる者を探し回らないだけの見返りを与え、それ以上はビタ一文与えるな。

いつも軍事クーデタの恐れがありながら、見返りを与えてうまく軍を手なずけ、どんな強敵も寄せ

つけない忠誠を尽くさせた、ジンバブエのロバート・ムガベ大統領閣下に、喝采《かっさい》！

●ルール5　庶民の暮らしを良くするために、盟友の分け前をピンハネするな

ルール4と表裏をなすのは、後ろ盾となってくれる盟友たちに与えるものが少なすぎてはいけないということである。あなたが盟友を犠牲にして庶民の味方になったら、あなたはあっという間に盟友集団に倒されるだろう。民衆のためになる政策は、必ずしもかけがえのない支持者たちの忠誠を生み出さないし、忌々しいほど金がかかる。腹を空かせた民衆は、あなたを打倒するほどのエネルギーは持ち合わせていないから、棄てておけ。その反面、盟友をがっかりさせると亀裂を生じるかもしれないし、厄介なことになる。

二〇〇八年に巨大サイクロン「ナルギス」の被害を受けたとき、救援物資を民衆に与える代わりに軍の盟友たちに管理させて闇市場に流した——少なく見積もっても一三万八〇〇〇人、多く見て五〇万人の犠牲者を出した——ミャンマー軍事政権のタン・シュエ議長閣下に、敬礼！

民主国家にもルールは通用する

この点について、読者は、「ちょっと待ってくれ！」と言うかもしれない。もしも選挙で選ばれたリーダーがこのルールに従ったら、彼はあっという間にクビになるはずだろう。そう、読者は間違ってはいない——だいたいは。

本章に続く各章でみてゆく通り、民主的なリーダーは、祖国で略奪を働いて資金を吸い上げながら

自分の地位を保つという、じつに難しい仕事をしている。リーダーは法に縛られ、法は、権力の座に就くのに必要な盟友集団のサイズも——選挙手続きを介して——定める。盟友集団の規模は比較的大きく、リーダーは、彼らに報いなければならないから、ルール1と衝突する。しかし、できるだけルール1（他のすべてのルールにも）に近づこうとするということであって、ルール1にまったく従わないという意味ではない。

たとえば、なぜ、議会は選挙区割りを操作《ゲリマンダー》するのか？　明らかにルール1のせい、すなわち盟友集団をできるだけ小規模にするためである。

なぜ、移民を擁護する政党があるのか？　ルール2のせい、すなわち取り替えのきく層を大規模にするためである。

なぜ、税法をめぐって激しい論争が起こるのか？　ルール3のせい、すなわち歳入源をコントロールするためである。

なぜ、アメリカの民主党は、税収の多くを福祉や社会事業に費やすのか？　ルール4のせい、すなわちどんな犠牲を払っても、かけがえのない盟友集団に報いるためである。

なぜ、アメリカの共和党は、最高税率を引き下げたがり、医療制度改革のアイデアには欠陥が多いのか？　それはルール5のせい、すなわち支持者から取った金を対立政党に渡さないためである。

まさに独裁者や暴君と同じように、民主国家のリーダーもこのルールに従うのは、彼らが他のすべてのリーダーと同じように、権力を握り、維持したいがためである。アメリカの民主党でさえ、追い込まれなければ、政権を手放したことは皆目ない。民主党が抱える問題は、彼らが独自の制約に直面し、専制的な対立政党よりも少しばかりクリエイティブにならなければいけないことである。そして、民主党は暴君が提供する以上の生活水準を市民に提供しているにもかかわらず、クリエイティブになれたためしは、ほとんどなく、その結果、政権を担った期間はおおむね短い。

政治的な差異を生じさせるのは、まさに組織がいかに運営されるかを支配する、三つのグループの間のとめどない相互作用である。歴史に名を残す「王」たちは、実際に選挙され、「民主主義者」たちは、絶対主義で国を治めた。言い換えれば、独裁者と民主主義者の間の差異は、紋切り型では見極めがつかない。

著者の新しい政治理論を下敷きにし、そこから導き出されたリーダーシップの五つのルールを明らかにした上で、いよいよ本書の核心を占める疑問に取りかかりたいと思う。本書全体を通して、「独裁者」と「民主主義者」という用語を、リーダーシップをめぐるゲームがどのように変化するかをご覧に入れるために使う。しかし覚えておいていただきたいのは、取り上げる国や組織に関係なく、いつもこれら二つの世界が少々入り交じることである。この両極端から導き出される教訓は――サダム・フセインについて語ろうが、ジョージ・ワシントンについて語ろうが――双方に当てはまる。結局のところ、古い格言は今も真理を突いている――政治家なんてみんな同じさ。

第２章

権力の掌握

破綻・死・混乱というチャンスを逃すな

Coming to Power

独裁者の理想のスローガン

長い間、ジョン・ドウという名前は、英語でどこの誰ともわからない「名無しの権兵衛」という意味で使われてきた。リベリアのサミュエル・ドウ曹長も、一九八〇年四月一二日まではまったく無名の男だった。リベリア内陸部の村に生まれたドウは、ろくに読み書きもできないまま、同じ境遇の何十万という若者と同様、仕事を求めて西アフリカのジャングルを出た。彼は、首都モンロビアを目指し、そこで手に何の職もない彼のような男でも、軍に入隊すればチャンスがあることを知った。一九八〇年四月一二日、トルバート大統領の寝室に忍び込んだときに、彼はそうしたチャンスがめぐってきたことを実感した。彼は眠っていた大統領に、ここぞとばかりに銃剣を突き立て、はらわたを番犬に投げ与え、そして自分が新しい大統領だと宣言した。こうしてサミュエル・ドウは、まったく無名の境遇から身を起こして国家の最高権力者にのし上がった。

大統領と対決することを志願した一六人の下士官とともに官邸の塀を乗り越えたとき、ドウは、自分たちにはなぜ給料が支払われてこなかったのかわかった。目の前にチャンスがぶら下がっているのを悟ったドウは、一八四七年にアメリカから帰ってきた解放奴隷たちが築き上げた政治体制、真正ホイッグ党の支配に終止符を打った。彼は、ただちに一三人の大臣を捕らえ、群衆が歓声を上げる中、浜辺で公開処刑した。彼らに続いて多くの者が粛清された。ドウは、人民救済評議会の議長に就任し、憲法を停止してすべての政治活動を禁止した。

ドウには、いかに国を統治するかなど皆目見当がつかず、まして大統領の仕事のなんたるかを理解する由もなかった。のちに彼が体得したことは、いかに権力を握り、いかにそれを維持するか――先の権力者を排除し、金のありかを見つけ、少人数の盟友を頼みとして彼らには忠誠に見合うだけの見返りを与えること――だった。彼は敏速に政府と軍のあらゆるポストを、人口の四パーセントを占めるに過ぎない自分の出身部族、クラン族に入れ替えていった。彼は軍人の月給を八五ドルから二五〇ドルに引き上げ、信用のおけない者は誰であれ粛清することにし、非公開の裁判によってクーデタを起こした当初の盟友も五〇人以上、処刑した。

ドウは、前任者と同じように耐火石材の採掘、広大なゴム農園用地のリース、リベリア鉱山公社による鉄鉱石の輸出、安全審査のない外航船二五〇〇隻の船籍登録料で政府の歳入を賄った。さらにドウは、アメリカ政府からも金を受け取った。アメリカは、米軍基地を設ける権利を与えられリベリアを諜報活動と政治宣伝の拠点とする見返りに、一〇年間にわたって五億ドルを支払った。そのおかげでドウとその仲間《クローニー》たちは、何と三億ドルもの金を手にしたといわれている。

ドウの政策についていうなら、いずれも成功したとはいいがたい。いや、ドウはどんな政策も実行しなかった。彼は怠け者で、日がな一日、大統領警護隊員の妻たちとダラダラと過ごした。経済は破綻し、対外債務は累積し、リベリアでうまくいっている企業といえば、じつに違法なビジネスばかりで、国立銀行の主な業務はマネー・ロンダリングになった。リベリアの国民が、ドウに愛想を尽かすのも不思議はなかった。それでも彼は、金のありかと見返りを払う相手は心得ていて、権力の座で生き残ることに腐心した。

良い統治《グッド・ガバナンス》の理想はぶち壊し、国民や有権者の関心には見向きもするな――これぞまさしく、独裁者になろうとする者にとってはすばらしいスローガンである。こうすれば、どこのどいつ《ジョン・ドウ》だって――サミュエル・ドウだって――権力を握り、それを維持することができる。

現リーダーを排除する三つの方法

挑戦者が権力を握るために必要なことは、三つだけである。第一に、すでに権力の座にある者を排除しなければならない。第二に、挑戦者は、統治機構を掌握する必要がある。第三に、挑戦者は、権力を維持するのに充分な盟友集団をつくる必要がある。これら三つの行動には、それぞれに固有の限界があり、これらを比較的容易に成し遂げることができるかどうかは、民主国家か独裁国家かで違ってくる。

現職のリーダーを排除する方法は、三通りある。第一の、そしてもっともシンプルな方法は、リーダーを殺すことである。もしもこれが簡単でなかったら、第二の方法として、挑戦者は、権力の座にある者の盟友に、挑戦者の意図に阿《おもね》って寝返るに足る魅力的な提案を持ちかけることである。第三の方法として、軍事的打倒によってか、外国勢力によってか、あるいは民衆が蜂起して、権力の座にある者を引きずり下ろして既存の制度を破壊する革命や謀反によってか、現システムを外から打倒することができる。

謀反を起こすには技術と調整が必要だから、成功の鍵は、盟友の忠誠か、もっとはっきりと言ってしまえば、旧体制に対する忠誠の欠如に依るところが大きい。エジプトで民衆蜂起によってムバラク政権が崩壊したのは、この好例である。二〇一一年二月のムバラク失脚のウラにあったもっとも重要なファクターは、軍事的弾圧の恐れなしにデモ参加者が街頭で抗議行動をするのを許した、エジプト軍首脳の決断だった。どうしてそんなことになったのか？　二〇一〇年五月五日の談話で説明された通り、また、そこで用いられた理屈の通り、アメリカによる援助の削減は、深刻な経済不振とも相まってたくさんの失業者を出す結果となったこと、そのことはムバラクの盟友たちには見返りが減るだろうこと、民衆には蜂起に要するリスクとコストが通常よりも小さくて済むだろうと信じるに足ることを意味した。つまり、謀反のおおざっぱな共通ルールは、既存の体制を守っていた人々が、自分たちの面倒を見てくれる誰か新しいリーダーを探したくなるくらいに、不満が溜まることである。他方で、蜂起は、人々を弾圧すること――いつの世も不快な任務――によって鎮圧されるので、盟友たちは、とても厄介な仕事を喜んで引き受ける、既存の体制の存続を確保する見返りを受け取る必要がある。もしも、彼らが既存の体制から充分な見返りを受け取れないとなれば、彼らは体制に叛逆《はんぎゃく》して蜂起した民衆を押しとどめたりはしない。

「善」は急げ

旧支配者がいなくなったら、国庫などの権力機関をできるだけ速やかに掌握することが必要不可欠である。このことは、とりわけ少人数の盟友を頼みとする統治体制において重要である。誰であれモタモタしている者は、権力闘争の敗者になってしまうだろう。

スピードが肝要である。大概の政治体制において支配者の盟友集団の人数は、有権者集団の過半数よりもはるかに少ない。さらに、あるリーダーには充分な数の有権者や支持者がいるが、その潜在的な政治的ライバルには充分な支持者がいない、と考えがちだが、その考えは間違っている。多くのグループが現体制を打倒しようと同時に組織作りを進めているかもしれないし、それぞれのグループには権力掌握を手助けするかもしれない——あるいは、見返りに得心すれば、簡単に他の陣営に寝返るような——相当な数の消極的な、あるいは二股を掛けている支持者がいるかもしれない。だから、他の誰かではなく、自分のグループが統治機構をしっかりと支配するためには、速やかに権力の手綱を握ることが絶対に必要不可欠なのである。

ドウ一派の支配は、武力によるものだった。彼らは国民の過半数の支持を要しなかった。彼が必要としたのは、軍を支配し、国民を弾圧するのに充分な数の徒党だけだった。彼らの他にもいくつもグループがあっただろうが、ドウ一派がいち早く権力を握り、他を圧倒した。これこそが、権力掌握の極意なのである。

一〇〇人の人間が居合わせた広間を想像してごらんなさい。誰かが五人の仲間と一緒に自動小銃を突きつければ、残りの人々を完全に支配することができるだろう。そして、五人の仲間を従えている限りは、彼は権力を維持することができるだろう。しかし、彼らが最初に銃を抜いたこと以外には取り立てて特別なことは何もない。ほかの誰かがその銃を奪って自分の仲間五人に与えれば、今度はその誰かがみんなを支配することになる。

ライバルに後れを取ったら、我が身が危うい。二着に銀メダルは与えられないのである。

金の切れ目が縁の切れ目

支持者に見返りを与えることは、ろくでもない統治をするにしても、一般大衆の意向を反映するにしても、支配の要である。しかも、支持者の忠誠を買うことは、初めて権力の座に就いたリーダーにとってはとりわけ難儀なことである。分別のある者なら、新しいリーダーを支持するかどうかを決断する際に、今日いくらもらえるかばかりを考えないで、将来にわたってどれくらいの見返りが期待できるかを慎重に皮算用するに違いない。

新しく権力を握って成り上がった層は、いつ自分たちが入れ替えられ、その地位が長続きしない可能性があることを肝に銘じなければならない。ドウの場合、リベリアで政権を握った後に軍人の給料を大幅に増額した。このことはドウを支える軍人たちを大いに喜ばせたが、彼らはこんなことが永久に続くわけはないかもしれないとも感じていた。そう、ドウが決起したときの盟友のうち五〇人は刑場の露と消えたことを忘れないでほしい。

いつかは捨てられるかもしれないという支持者の懸念を払拭することは、権力を握るための鍵となる要素の一つである。もちろん支持者は、盟友集団の中で自分の占める地位が約束されているという政治的な約束を信じるほど無邪気ではない。しかしこうした約束は、うっかりと手の内を見せてしまうよりは、はるかにましである。一旦、盟友を更迭するつもりだと口にしようものなら、彼らはリーダーに対して敵対的になるだろう。

リーダーたる者は、手下にどれだけのコストをかけられるかという条件を理解しているものである。だからリーダーたちは、かけがえのない盟友が本当に忠誠を尽くし続けたくなるのに充分な、できる限りの見返りを与えるのである。これで誰か新参者が、権力の座に取って代わろうとするのは難しくなる。それでもときとして、新しい支配者に道を開く謀反を企むような環境は生まれるものである。

リーダーの死は絶好のチャンス

もっとも避けがたく、したがって権力者がその地位を失うリスクのトップに挙げられるのは、誰も死から逃れられないという分かり切った事実である。リーダーも死んでしまえば、盟友に見返りをバラ撒《ま》くことはできない。死にかけているリーダーは、このどうしようもなく厄介な問題に直面する。もしも、かけがえのない盟友が、自分たちのリーダーが死にかけていることを知ったら、私腹を肥やし続けさせてくれる、誰か新しいリーダーを見つけなければならないと思うだろう。リーダーが死の床にあることを隠すのは、重篤な病が盟友やよそ者にとって権力の座に割り込み、支配者の地位を横取りするために謀反を起こす絶好の機会になるからである。

イランの最高指導者ホメイニ師とフィリピン大統領コラソン・アキノは、この絶好のタイミングに権力を掌握したといえるだろう。まずは、ホメイニのケースを取り上げてみよう。ホメイニは、イランにおけるイスラーム教シーア派の最高実力者の一人で、皇帝《シャー》パーレビが率いる世俗体制の強硬な反対者だった。一九六〇年代、彼は、体制を批判する発言を繰り返し、反体制派を組織した。そうした反体制活動の結果、彼はたびたび逮捕された。彼は、一九六四年にトルコに逃れ、次いでイラクを経て遂にはフランスに亡命したが、いずれの地でも反体制を主張し続け、彼の説教の録音テープはイランの国中に出回った。

一九七七年、皇帝《シャー》の政敵だったアリ・シャリアティが死んだことで、ホメイニは反体制派の中でもっとも影響力のあるリーダーとなった。真の変革の機会を見て取った人々は、変革を実行できる唯一の選択肢、ホメイニの支持に回った。皇帝《シャー》がイランを脱出した後、およそ六〇〇万人の人々がホメイニの帰国を喝采《かっさい》で迎えた。帰国後に彼がしたことから判断して、人々が喝采を贈るのはあまりに時期尚早だったかもしれない。

ホメイニは、帰国後直ちに帝政の前首相が率いる暫定政府に挑戦した。ホメイニは政権に忠誠を誓う兵士に対する聖戦《ジハード》を宣言したので、軍の大半はホメイニ側に寝返って旧政権の抵抗は、瓦解した。次いでホメイニは、国民に旧体制の帝政か、イスラーム共和制かを選択する国民投票を実施することを命じた。その結果は、国民の九八パーセントがイスラーム共和制を支持するものだったことから、ホメイニはイスラーム法学者による統治の根拠となる新憲法を制定した。いくぶん怪しげな選挙を経てこの憲法は承認され、ホメイニは非イスラーム法と非イスラーム教徒を除いた監督者評議会を率いる、国の最高指導者となった。街頭でホメイニ支持を叫び、彼が権力を掌握するのに必要な援助の手を差し延べた世俗の人々や穏健な宗教者グループは捨て去られ、新体制の運営から排除された。

ホメイニがリーダーになれたわけは、彼が反体制派に運動の焦点を示したからであり、民衆が立ち上がるのを軍が押しとどめなかったからである。ホメイニは、皇帝《シャー》が失脚するや素早く、リーダーは暫定政府ではなく、様々な利害を代表する議会でもなく、自分だと主張した。民衆は、より民主的な政府の樹立を願って旧体制を打倒したにもかかわらず、ホメイニは、真の権力を少人数のイスラーム法学者グループ——監督者評議会——が握る体制を確立した。その結果、議会は、監督者評議会を支持し、監督者評議会によって支持される議員によってのみ構成された。

ホメイニの成功の裏には何ら特別な、あるいはユニークな点はない。何百万人もの人々が帝政の崩壊を望んだことも驚くに当たらない。皇帝《シャー》は、何千人もの人々を誘拐し、投獄し、拷問し、いたるところで死に至らしめるような、残忍で抑圧的な政府を率いてきたからである。しかし、一四年前に亡命したときに、ホメイニが、皇帝《シャー》の政府には太刀打ちできないだろうと考えていたこともまた真実である。一九七〇年代末にホメイニが収めた成功の鍵は、軍が、街頭で抗議運動をした何百万人という不遇な人々を鎮圧するのを拒否したことだった。このように軍が命令に反抗することは、以前には許されないことだった。何が変わったのか？　軍は、皇帝《シャー》が死にかけていることを知っていて、もはや帝政を守るために戦うつもりはなかったのだった。

生きていることが最大のアドバンテージ

フィリピンにおける民主主義の勃興の筋書きもイランのイスラーム革命の筋書きと大して代わり映えしない。ベニグノ・アキノ・ジュニアは、傑出した人物で、一八歳で朝鮮戦争報道の功績を認められてフィリピン名誉勲章を授与され、その後、反政府武装勢力フク団との和平交渉に参画した。二二歳でコンセプシオン市長、二九歳でタルラック州知事を務め、三四歳の若さで上院議員に当選し、大統領フェルディナンド・マルコスを批判する先頭に立った。一九八三年、亡命先のアメリカから帰国する飛行機の中で、報道陣にあっという間に決着がつくかもしれないと語り、実際その通りになった。彼は、飛行機から降りるや否や、空港の滑走路上で暗殺された。彼は、ホメイニの例に倣うべきだったのに、これが最期となった。

彼の妻、コラソン・アキノには夫のような政治的手腕も経験もなかったが、彼女には決定的に優位な点がひとつあった——生きていたことだ。一九八五年末、大統領マルコスは、予定を一年繰り上げて、ただちに大統領選挙を実施すると宣言した。彼女は亡き夫の身代わりとして立候補し、野党の看板候補になった。一九八六年二月七日に行われた選挙では不正が横行したので、一週間後に選挙管理委員会がマルコス候補の勝利を宣言しても、驚くには当たらなかった。しかし、アメリカ大統領レーガンが選挙結果に懸念を表明し、影響力の強いカトリック教会の指導者、シン枢機卿《すうききょう》が批判を始めると、マルコス支持派の勢いは、あっという間に衰えた。アキノが民衆に抗議を呼びかけると、軍幹部や有名政治家が公職を辞任してデモに加わった。鎮圧部隊のいないところで、デモは数十万人規模に膨れあがり、その結果、さらに多くの軍幹部がマルコス側から寝返った。

流血の惨事を避けるためと称して、マルコス一族はアメリカに亡命した。彼らは、フィリピンを離れてハワイに落ち着いたが、取り巻きたち、そして他の多くの人たちも、マルコスの寿命はもう長くないことを知っていた。事実、そのことがマルコスにとっては、はなから問題であり続けた。彼は末期のループス（全身性エリテマトーデス）を患っており、主な取り巻きたちはそのことを知っていた。大統領といえども、あの世から見返りをバラ撒くことはできないので、彼の支持者たちは、取り入れば自分たちに見返りをくれる相手は誰かいないものかと探した。そして、コラソン・アキノは、行政経験はまったくなかったが、それでも彼女よりも経験豊富な夫でさえ逃した勝利を収めた。彼女がマルコスに挑んだのは、マルコス時代が終焉を迎えようとしていることを彼の支持者たちが理解しているタイミングだった。彼らは、ちょうど見返りと引き換えに守るべきパートナーを探していた。コラソン・アキノは、一九八六年に正式に大統領に就任し、『タイム』誌が選ぶその年の「ウーマン・オブ・ザ・イヤー」に輝いた。

北朝鮮の金正日《キムジョンイル》とキューバのカストロの健康問題は、互いに似通った、強烈な政治的思惑を生み出した。二人は、かけがえのない盟友集団の中から離反者が出るのを食い止めようと、それぞれの後継者を選定した。金正日は一番下の息子、金正恩《キムジョンウン》を様々なポストに就け、従軍経験がないのに大将の階級まで与えた。カストロも同じように、大手術の後の存命が危ぶまれたときに、弟のラウルを大統領に就けた。大した離反者を出していない、既存の盟友集団をそのまま維持することが期待される後継者を示すことで、二人のリーダーは、政治的約束をする能力が危うくなるにつれて現職者の優位が失われることを防ごうとしたのである。

リーダーが急死することは、しばしば政治的終焉を誘発する。もしも、独裁国家で権力の座に就きたいなら、国の苦境を何とかしようと考えるよりも、リーダーの診療カルテをこっそり入手しておく方がはるかに良い方法だというのは、悲しい真実である。

オスマン帝国の「兄弟殺害法」

健康なリーダーが、自身に厄介なことを抱えていないとも限らない。権力の座にある者が金を使い果たしてしまったら、盟友に見返りをバラ撒くことはできなくなってしまう。なぜ、金を使い果たすようなことが起こるのか？　課税を重くして庶民の金を搾り取れば、人々は働くよりも昼寝を決め込む方を選び、その先、国庫に入る金の流れは行き詰まってしまう。もっと悪いことに、庶民は、今こそリーダーを倒すために行動を起こさなければ、この先、事態は悪化の一途をたどるという実感に背中を押されて、昼寝をする代わりに革命を起こすことだってあり得る。盟友集団の力学と革命分子の扱いを誤ると、現体制を打倒し、新しいリーダーを権力の座に就かせるような体制の変革をもたらすかもしれない。

通常、挑戦者が直面するもっとも困難な仕事は、現に権力の座にある者を排除することである。しかし、これはリーダーが死ぬか、リベリア大統領トルバートのように殺害されれば、あっさりと実現する。権力の座にある者を葬った後には、権力の座を狙うライバルを排除するという問題が残っている。野心的な挑戦者には、統治機構を掌握し、盟友に見返りを与え、ライバルを駆逐するという仕事が残っている。こうした問題を解決するために、一二九九年から一九二三年まで現在のトルコを支配したオスマン帝国は、実際に「兄弟殺害法」を導入した。

皇帝《スルタン》が亡くなると、皇位の継承は、誰が国を治め、配下の者に見返りを与えることができるかに依った。これは、現実には国庫を掌握し、軍人に給料を支払うということである。皇位の継承は、どの皇子が次の皇帝《スルタン》になるのにもっともふさわしいかを競う骨肉の争いとなった。皇子たちはそれぞれに自分の州を治めているので、皇帝《スルタン》が亡くなったと聞くや、国庫を掌握して軍人に金を与えるべく、先を争って首都コンスタンティノープルに馳《は》せ戻った。その結果、ときには皇子の配下の軍勢同士が国の支配権を争う内戦が生じた。皇帝《スルタン》がすでに皇子のうちの一人に首都近くの州を治めさせることで後継者にしたいという意向を示していた場合でも、その皇子が皇位を継ぐのは容易ならないことだった。

オスマン帝国の皇位継承は血みどろの争いだったのだろう。通常、皇位を継ぐことができなかった皇子たちは、殺害された。メフメト二世（一四三二～一四八一年）は、この慣行を制度化して「兄弟殺害法」を導入し、皇位を継承できなかった後継候補の男子は、絹糸を編んだ紐《ひも》で絞殺された。一〇〇年後、メフメト三世は、一九人の兄弟、二人の息子、彼自身の父親の子どもを宿した一五人の女奴隷を殺害することで、現に、そして将来にライバルになる恐れのある者をすべて抹殺した。一七世紀の半ばまでにこの慣行は、一族の男子を全員トプカプ宮殿の後宮——黄金の鳥かごとはよく言ったものである——に幽閉するという幾ばくか思いやりのある、穏当な方法に代えられた。

財政破綻を逆手にとったロシア革命

往々にして、急場しのぎの策には、大抵ほかにも妙案がある。もしも、支配者が盟友に与える金を使い果たしたら、ほかの誰かが盟友集団の誰かに魅力的な誘いを、はるかに掛け易くなる。財政危機は、支配者に打撃を与えるには絶好の機会である。

ロシア革命は、しばしばマルクス主義と階級闘争が屈折したものとして描かれる。しかし、現実はもっと単純である。一九一七年二月、ケレンスキーらの革命派が冬宮に押しかけることができたのは、軍が彼らを止めなかったからに他ならない。そして、軍が彼らを止めなかったのは、皇帝《ツァー》が軍人に給料をきちんと支払っていなかったからに他ならない。さらに、皇帝《ツァー》が軍人に給料をきちんと支払うことができなかったのは、彼が愚かにも、政府の主要な歳入源だったウォトカ税を削減して収入を減らしながら、同時に第一次世界大戦に参戦したからに他ならない。

皇帝《ツァー》ニコライ二世は、良さそうに見える政策とまずい政治的意思決定を取り違えていた。彼は、素面《しらふ》の《の》軍人は呑んだくれの軍人よりも、もっとましな働きをするという、馬鹿げた考えを持っていた。そしておそらく、ニコライ二世はウォトカを禁止すれば、第一次世界大戦に参戦したロシア軍の働きは良くなるだろうと考えた。それなのに、彼は明白な戦力低下に陥った。そもそもウォトカは、一般庶民に抜群の人気があり、軍人の間でも人気は確かなものだった。人気が高く、幅広く飲まれていたウォトカがもたらす税収は、政府の歳入のおよそ三分の一を占めていた。ウォトカを禁止することによって、政府の歳入は急速に減る一方、歳出は戦費によって増え続けた。

ほどなく、ニコライ二世は臣下の忠誠を買うことができなくなった。その結果、軍はストライキとデモ隊を鎮圧するのを拒んだ。帝政を打倒した後、ケレンスキーは短期間、民主的な政権を担ったが、長期間にわたって政権を維持することはできなかった。彼の失敗は、大規模な盟友集団を必要とする民主的な政府が、不人気な政策——皇帝《ツァー》が始めた戦争——を継続したことであり、その結果、政権発足当初から正しい選択をしなかったということだった。そして、レーニンとボルシェヴィキはそのような過ちは犯さなかった。皇帝《ツァー》も、かつては誰も革命を食い止めることができないと思っただろう。フランス革命に際して、ルイ一四世もおよそ同じ運命をたどった。成功するリーダーは、こうした例から教訓を学ばなければいけないし、歳入を増やし、なかんずく支持者には見返りを与えなければならない。

沈黙は金である

私たちはみんな、沈黙は金という格言を聞きながら育った。結論から言えば、この基本原則を破ることは、今なお権力の座にある者が、政治的ライバルに屈するもうひとつのきっかけとなる。見返りを与えることで生じる現職者の優位というものは、盟友が長い期間にわたって見返りをもらい続けることができなくなるのではないかと疑い始めた瞬間、たちどころになくなってしまう。権力の座にある者が、面倒を見続ける盟友集団を安心させておくのに失敗するということは、ライバルに権力を握るまたとない機会を与えることになる。たとえば、一九六五年にアルジェリア大統領ベン・ベラが愚かにも口を滑らせたことで、ブーメディエンは大統領の座を奪うことにまんまと成功した。沈黙は、彼の方に味方したのである。

ベン・ベラは、サッカー選手として、また戦争のヒーローとして高い名声を得た。彼はマルセイユでプロのサッカー選手として活躍し、一九三六年にフランス軍に入隊した。第二次大戦中の勇敢な戦いぶりが認められて、戦功十字章をはじめとする勲章を受章した。戦後、彼はアルジェリア解放闘争に加わり、独立運動で人気を博して一九六三年に大統領に選出された。しかし、彼は才能に恵まれたにもかかわらず、深刻な失敗をしでかした。一九六五年六月一二日、彼は「一週間後に閣議を招集し、その議題は内閣改造、軍幹部の人事刷新、軍部内の反対派の一掃とする」という声明を発表し、オマーン外遊に旅立った。

この声明は、彼のかけがえのない盟友にとっては、お前らのうち何人かをクビにするといったに等しかった。しかも、大統領が誰をクビにするかを明言しなかったために、盟友集団全体としては、むしろ彼をクビにするという共通の利益を生じさせた。

ベン・ベラの愚かな声明は、ブーメディエンにとってはもっけの幸いだった。誰がクビになるか誰にもわからないが、ベン・ベラの声明は、明らかに何人もの盟友がクビになることを示唆していた。このオウン・ゴールによって、ベン・ベラは権力の座にある者の優位を失い、ブーメディエンにはクーデタ計画を練る一週間の余裕が与えられた。大統領は閣議の前日に帰国し、盟友に銃を突きつけられて初めて失敗に気づいた。一方、ブーメディエンは、チャンスと寝返った盟友集団をがっちりと摑《つか》んでいた。ベン・ベラが悟るには遅きに失した沈黙は、まさに金なのである。必要に迫られるまで決して手の内を明かさない、これがうっかりと秘密の意図を覚《さと》られない方法である。

ゴルバチョフが陥ったジレンマ

政治家は、自らを権力の座に就けたルールは変えないという広く知られた格言があるが、これは間違いである。政治家は、盟友集団の人数を少なくすることを望み、いつでもそのような機会を見計らっている。他方で、政治家が渇望することと言えば、自分らが支配する人間を増やすように制度を変えることである。それればかりか、彼らはできる限り制度を変えようとし、制度がもっと多くの人々を取り込むに違いない環境が整うことを望んでいる。これは、彼らが創り上げた盟友集団と彼らが支払ってきた見返りが、もはや権力を維持するには充分ではなくなるということだから、独裁者の力を削ぐことになるかもしれない。

ソ連の旧制度の下では、エリツィンに権力を握るチャンスはなかった。彼が政治の主役に躍り出るためにした最初の試みは、どこから見ても皇帝《ツァーリ》ニコライ二世がウォトカの販売を禁止した命令と同じくらい馬鹿げた提案だった。彼は、共産党員が専用の商店で買い物をし、最高の大学に進学できるといった、ソ連の労働者一般にはない特権を廃止しようとした。確かに、これは庶民に好評を博したが、庶民は、ソ連を誰に託すかについては口出しできず、それは共産党員がすることだった。それを見たゴルバチョフは、エリツィンを危険人物と見なして、遠ざけてしまった。この政治的後退の後、エリツィンは直面する環境の変化を、ただ己の立ち直りの早さと豊かな発想力だけで凌《しの》いだ。

一九八〇年代末、ソ連経済は行き詰まり、新たに党書記長となったゴルバチョフを深刻なジレンマに陥《おとしい》れた。彼が何とかして経済を立て直すことができなければ、彼は金が尽きた責任を取らされる。これまでみてきた通り、こういった状況はリーダーにとってかなり深刻な問題である。他方で、充分な金を手に入れるために、押さえ込んできた、人民の潜在的な経済力を発揮させて経済を上向きにしようとすれば、もはや人民をコントロールすることはできなくなってしまう。

経済の自由化は、ソ連にとっては容易ではなかった。それは、必然的にソ連人民にもっと多くの市民的、政治的自由を与えることを意味した。これには人々の間のコミュニケーション、調整、交流を図ることが経済成長に役立つかもしれないという長所があり、他方で人々の間のコミュニケーション、調整、交流を図ることは政治的抵抗をしやすくするという短所があることを意味した。ゴルバチョフは賢明にも、自由化はおそらく自分に厄介なことになるとわかっていた。彼にとって不運だったのは、彼がにっちもさっちもいかない状況に陥っていたことである。より力強い経済なしに、ソ連はアメリカに対抗して、超大国の地位を維持することは望めなかった。さらに重要なことは、彼が、共産党員にこれまで同様の見返りを与えることができなくなることだった。より力強い経済のために、彼は、経済的繁栄に繋がる早道を求める人民と、特権を失うことを恐れる身内の盟友集団の双方によって、自分の政治的支配を危険に晒さなければならなかった。そして、ゴルバチョフは勝負に打って出て、決定的な敗北を喫した。

まず、ゴルバチョフは、盟友集団の身内によるクーデタに見舞われた。一九九一年、改革に反対する党内強硬派が、自分たちの（かつてエリツィンが大っぴらに廃止を訴えた）特権を失うことを恐れてゴルバチョフを罷免し、政府の支配権を奪った。しかしそのとき、エリツィンは赤の広場で戦車の上に立って、ソ連軍は改革を求める市民に決して発砲しないと確約した。エリツィンが率いた改革運動は、ソ連が過去に行った抑圧的な政策に戻ることを求めた保守派クーデタを圧倒した。大衆運動は、しばしの間、ゴルバチョフを風前の灯火《ともしび》になったソ連の権力者に復帰させ、数ヵ月後に起こるソ連解体の地均《なら》しをした。

かつての特権をめぐる大失敗から立ち直ったエリツィンは、共産党の中枢に入らないで盟友集団を作れないことを思い知らされたが、それでも彼が党官僚に勝つことができたのは、ソ連の中で自らが治めるロシア共和国で大幅な財政的な自治拡大を推進したからである。ロシア共和国はかつてのソ連時代よりも豊かになり、力も増した。この過程でエリツィンは、ゴルバチョフの盟友集団からかけがえのないメンバーを引き抜き、勝者となった。エリツィンは、結果から言えば、どのように国を治めるかよりも、いかに権力を握るかに長《た》けていたのだが、その話は別の機会に話すとしよう。

民主国家で権力を握るには

本書で挙げてきた事例のほとんどは、独裁国家に関連するものだった。しかしながら、一般に大して暴力的ではないにしても、民主国家におけるリーダーも同じようなメカニズムを通じて交代する。独裁国家と同じように、民主国家においても挑戦者は前任者を排除し、国家の統治機構を掌握し、支持者集団に充分な見返りを与えれば、新たに権力の座に就いた民主的なリーダーとして支えられる。ただ、こうした達成目標は、国家によって少々異なっている。

リーダーが変わることは、独裁国家に比べれば、いくつかの点で民主国家の方が容易《たやす》い。たとえば、民主国家におけるリーダーは大規模な支持者集団を必要とするのだから、リーダー側から支持者を離反させるのは、大して難しいことではない。また、リーダーは、支持者に対する見返りをかなりの程度、公共財に依っているが、明らかに見返りの多くは万人に裨益《ひえき》する公共財なので、盟友集団内の人々が盟友集団外の人々よりもたいそう優遇されるというわけではない。さらに、個人的見返りは比較的控えめなので、一旦、かけがえのない盟友集団がとても大きくなると、忠誠心は希薄になってしまう。また、次のリーダーの盟友集団から除外されるリスクは、比較的低く——結局のところ、次のリーダーも多くの支持者を必要とするので——現職者の優位は、さらに弱まってしまう。

挑戦者は、政府よりも魅力的な提案をすれば勝利することができる。見返りを求める人々が多いということは、より良い、少なくともより人気のある政策が提案されることを意味する。不幸にして、現職者の支持者の支援を切り崩すことは非常に容易いので、逆に、挑戦者自らが支持者に対して見返りを与えることが難しくなる。

民主的リーダーも権力の座に就けば、政府の支配権を掌握するが、すでにみてきた独裁国家でのように、一斉に権力に群がるというわけではない。たとえば、アメリカでは一一月に選挙で選ばれた大統領は、翌年の一月まで就任の宣誓を行わない。この時間差は、新たな大統領の就任準備期間として、各省長官の人選や埋めるべきポストに適任者を任命するために充てられる。もともとは、この時間差（当初は、翌年の三月までだった）は、選任されたリーダーたちが地元の州から首都に向けて旅をするための時間だった。新たに独裁者や王になる者は決して、遠くに住んでいる親類縁者がはるばると長い道のりを旅してくるのを待ってくれるほど礼儀正しくはない。翻《ひるがえ》って、民主国家において権力の座に就く者が新体制の樹立を急がないのは、敗北を喫した現職者が、同時に支持者集団を組織するという民主的ルールのせいである。

民主国家における世襲

民主国家では、リーダーは大きな盟友集団に依拠しているので、大枚の見返りを気前よく支持者にバラ撒くことはできない。単に潤沢な資金がないだけである。その代わり、民主国家では、支持者が気に入るような効果的な政策を立案する必要があり、それによって支持者の忠誠に応える。しかし、このことは民主的な政治において私的な見返りがないと言っているわけではなく——ある。そして、このことが民主国家においてさえ、どこにでも政治家一族がいることの説明になる。たとえば、驚くことなかれアメリカの女性議員の三一・二パーセント（男性議員の八・四パーセント）には、政治に関わった近い先祖がいる。アメリカ大統領の二〇パーセントは互いに近い親戚で、チャンスと公平な競争を売り物にする民主主義には、いささか高い率だろう。

民主国家における政治家一族の存在はありふれたことで、その理由は、独裁国家や王制において広く見られる理由とまったく大差ない。一族のうちの誰かよりも、誰がうまく一族の財産と名声を守ることができるというのだろうか？　選挙で当選した公務員は、盟友に金を少しずつ分け与え、その見返りに権力と金を手にする。彼らとて、アウグスティヌスやガンビーノと同じように自分たちの子孫が同じ利益を享受する——そして自分が残した遺産が守られる——のを見ることを心から願っている。だからこそ、オハイオ州のタフト家は、世代から世代へと高位高官の地位に就いてきた。一九九九年から二〇〇七年まで州知事を務めたボブ・タフトは、華麗なる一族の出身である。彼の父親と祖父は、ともに上院議員で、その父親はアメリカ大統領で、さらにその父親は司法長官と陸軍長官を務めた。ケネディ家、ロックフェラー家、ルーズヴェルト家、ブッシュ家をはじめとする多くの一族には、政治に関わってきた長く輝かしい歴史がある。

もちろん、政治家一族は、民主主義以外ではもっとありふれている。仮にあなたが政治家一族に生まれるという幸運に恵まれなかったとしても、もしも、政策についての良いアイデア、少なくとも人気の取れるアイデアがあれば、権力を握ることができる。しかし、独裁国家においては人々の助けになるような良いアイデアが、権力に繋がることは滅多にない。

アトリーがチャーチルに勝利できた理由《わけ》

民主国家における競争は、知恵比べであって腕力勝負ではない。敵を殺すことは、独裁者にとっては功を奏するが、民主主義においてはかなり確実に政治の世界から忘れ去られてしまう方法である。もちろん、モラルという点からすればこれはいいことなのだが、民主主義者の視点からすれば、たとえいい政策であっても、それで人々の忠誠は買えないというのが当然の結論である。

権力の座にある者を支持しようがしまいが、誰もがその政策の恩恵にあずかっている。もしも、リーダーが環境を改善するか、地球温暖化問題を解決すれば、みんながその利益に浴する。しかしながら、こうしたことがらに対して、個人がどの程度の価値をおくかということは、まちまちである。そして、過去の実績で忠誠を買うことはできない。環境を改善する、より簡単な方法をひっさげてライバルが登場したとき、あるいは人々がもっと関心を寄せている何か他の問題に関する政策を思いついたときには、ライバルは投票箱を介して権力を握ることができる。独裁政治は、私的見返りの勝負である。民主政治は、いい政策をめぐるアイデア競争である。あなたが大規模な支持者集団を頼みとしている限り、もしも、あなたが独裁政治のように幅広い大衆の負担で自分の仲間《クローニー》に見返りを与えたりしたら、あっという間に失脚するだろう。

チャーチルは、イギリスでもっとも偉大な政治家の一人と言えるだろう。彼がその雄弁さによって名を馳せたのも当然のことである。それでも、愛国的なレトリックだけでは第二次大戦でヒトラー率いるナチス・ドイツを屈服させることはできなかった。チャーチルは、口先だけでなく政策においても結果を出した。彼は、第二次世界大戦末期には圧倒的多数のイギリス人から敬愛され、賞賛された。にもかかわらず、一九四五年七月の総選挙ではチャーチル率いる保守党は、アトリー率いる労働党に決定的な惨敗を喫した。勝利の貢献者としてクレジットされるべきは、他の誰のでもないチャーチルの戦争で、必ず勝つものと信じられていた第二次世界大戦は、未だ終わってはいなかった。しかし、イギリス国民は、すでにチャーチルを見限るつもりだった。

つまり、チャーチルは、再びイギリスを大国にしようと戦時中の耐乏政策の継続を提案していた。六年にわたる、配給に頼り、犠牲を強いられた辛《つら》い戦争の後で、こうした政策はほとんど相手にされなかった。一方、アトリーは、国民医療制度を推進し、国際的な支配を再び確立するよりも福祉国家を建設することを選び、アイデア競争に勝利した。チャーチルが偉業を成し遂げ、国民に敬愛されたことを否定するイギリス国民はほとんどいない。そしてそのイギリス国民こそが、アトリーを勝たせたのである。

盟友集団の力学

民主主義者が多くの支持者を必要とするということは、そこに弱点があるということである。もしも、権力の座にある者の支持者の間に意思の不統一を見つけたら、あなたが頂点に立つ日も遠くはないだろう。分断と支配は、民主主義において権力を掌握するためのすばらしい原則である。そしてこの戦略のもっとも優れた実践者が、一八六〇年の選挙で民主党の支持者を分断してアメリカ大統領になったリンカーンである。

一八五八年のイリノイ州の上院議員選挙の期間中、リンカーンは対立候補のスティーブン・ダグラスに、奴隷制に対する立場を明確にするように求めた。ダグラス候補は追い詰められた。もしも、奴隷制は廃止すべきだといえば、イリノイ州での選挙には勝つだろうが、党の根幹を揺るがしかねず、もしも、奴隷制は廃止できないといえば、自分は選挙に負け、一八六〇年の大統領選挙の民主党候補になる夢も潰《つい》えてしまう。ダグラス候補は、人民は奴隷制の廃止を選択できると切り抜けて選挙には勝ったが、もちろん彼の回答は、二年後の一八六〇年の大統領選挙において民主党を二分する事態をもたらし、リンカーンに大統領選出の道を譲ることになった。

リンカーンは、大統領選挙に当選した他の誰よりも、自分が大統領選挙において有権者の大多数の間で人気がないことを予見していた。彼は、分断と支配のおかげで一八六〇年の選挙が自分にとってもっとも都合が良く、且つたった一度のチャンスになるかもしれないこともよくわかっていた。対立候補のダグラスが奴隷制賛成の立場を取ったことで、上院議員選挙では敗色が決定的になった。そのことが、一八六〇年の選挙では民主党の団結を維持させたのかもしれないが、それによって人気に後押しされる現職の上院議員と同じようにリンカーンへの期待も押し上げた。リンカーンによれば、リンカーンの総得票数が少なかったとしても、ダグラスは大統領選挙において自らの党を二分することを確実にした。ブレッキンリッジとベルは争い、ダグラスは南部の票を獲得できずに――民主党の両候補者も――敗北する。リンカーンは、南部ではまったく得票できなかったものの、四〇パーセントに満たない得票率で民主党を打ち破った。

リンカーンは、再選を目指した一八六四年の大統領選挙においてもこの重要な原則を見失っていなかった。見込みが良くないとみるや、彼は、巧妙な手を使って取り替えのきく者と影響力のある者の集団を拡大し、前回の選挙では触れなかった人々による盟友集団を創り上げた。彼はどうしたのか？彼は不在者投票制を導入して、軍人が投票できるようにした。リンカーンは、政治のルールを自らに有利なように使いこなし、アメリカ人の多くに不人気ながら選挙に勝つことには長けていた。

民主国家において、政治はアイデア競争である。民主主義者が統治にあたって国民に責任を負わなければならないように、たとえ経済効果が見合わないとしても（その頃にはあなたはすでに退任している）、有権者が気に入り、予算を投入したいと思わせるような（予算減額に反対するような）政策を提案することが、権力の座を目指す助けになる。短期間のうちに支持者集団を満足させることである。民主的政治家が「子どもの未来にツケを残した」と嘆くのは、有権者が本当に望んでいた政策を自分たちが提案できなかった、という意味である。確かに、有権者は大規模な公共事業はいらないと感じたかもしれないが、彼らの実際の投票先はどうだったのか、ということである。

ドウ曹長の末路

いかにして権力を握るかをめぐる本章は、リベリアのドウ曹長の物語から始めたが、彼の末路も権力を目指す者には有益だろう。次章で述べる権力を維持することと権力を握るということは大きな違いがあることにご注目願いたい。

ドウ曹長は、リベリアの金のありかを知っていた。そしてそれを知っていて、その金を軍の忠誠を買うために使っている限り、彼は自分を排除しようとする数々の企みから生き延びることができた。問題は、一時は気にもしなかったことだったが、質問——金はどこだ？——を耳にしたのがドウの最期となった。

冷戦の終結に伴って、アメリカはもはやドウを必要としなくなり、一九八九年、援助を打ち切った。それぞれブルキナファソとコートジボワールを後ろ盾にしたチャールズ・テイラーとプリンス・ジョンソンは、これを好機とみて内乱を起こした。ドウはこれを迎え撃つために部隊を派遣したが、彼らはドウの助けになったかもしれない人々に親切にするどころか強姦、略奪、殺人の限りを尽くした。

おかげで民間人も群れをなして内乱に合流した。政治家としての自覚と判断力のなさを示すように、ドウは到着したばかりの西アフリカ平和維持軍のナイジェリア軍部隊を探し求めて車を飛ばし、身ひとつで逃走した。そして銃撃戦の末に護衛は皆殺しにされ、ドウはジョンソンに捕まった。ビデオテープに残されたその後の尋問では、ジョンソンがドウを拷問し、耳を削ぎ落として食べるまで、尋問者は「金はどこだ?」、「口座番号は何番だ?」と同じ質問を繰り返したが、ドウは答えなかった。おそらく、彼はいずれにせよ殺されることがわかっていて、少なくとも口を閉ざすことで家族が自分の労働の対価を使い、快適な亡命生活を送ることを思い描いたのかもしれない。

ドウは、国を託すのにふさわしい男ではなかった。彼は、すでに貧しい国をさらに貧しい内戦国にしてしまった。しかし、彼は、権力を握るのに何が必要不可欠かは心得ていた。権力に挑戦する者が様々な形態を取るにしても、成功する者は、この原則に従うものである。成功する挑戦者は、現に権力の座にある者のかけがえのない盟友に、今受け取っている以上の見返りで誘いをかけるものである。挑戦者にとって不幸なのは、現に権力の座にある者は、挑戦者に対して相当の優位を保っていることである。というのも、盟友集団に属する人々は、リーダーが自分たちに見返りを与え続けるか、自分たちがしてほしい政策を実行し続けることができるという確信を持っているからである。しかし、現に権力の座にある者が死にかけていると知られるか、自分の分け前を多く取り過ぎるか、政策の選択を誤るか、重要な支持者の忠誠が弱いとみられるかすれば、挑戦者が歩み入る権力への扉は大きく開かれ、権力の座にある者を排除することができる。

権力に到達するためには、好機を見逃さず、素早く動き、断固として行動しなければならない。さらにその上、権力を握るということは、民主主義においては比喩的に、独裁制においては物理的に、いかなる政敵も押さえ込まなければならない。権力を握るということは、臆病者にできることではない。

しかしながら、政治は、リーダーになることが目的ではない。権力者がその権力を恣《ほしいまま》にし、見返りを享受したとしても、取って代わる機会をうかがう者は現れるだろう。誰だって、権力者が死に物狂いになって求めた地位に就きたいのだ！　政治とは危ない橋を渡ることである。成功したリーダーはこのリスクを自分に忠誠を尽くす盟友集団をうかがいながら回避する。この最初の仕事にしくじる者が、自分を放逐する誰かのために扉を開けてやることになる。

第３章

権力の維持

味方も敵も利用せよ

Staying in Power

ヒューレット・パッカードの政治事情

長い戦いの末、最高権力の座を目指した者は、勝利を収めた。家督を相続したかクーデタか、選挙か革命か、前任者を葬ったか貶《おとし》めたかにせよ、権力を掌握した。そして次なる新たな挑戦――権力にしがみつく――が、始まる。

残忍な振る舞いに彩られたドウ曹長のキャリアからもわかる通り、権力の頂点にのし上がるために必要な能力と、それを維持するために必要な能力は、まったく違う。また、権力の座で生き残るための支配と「より良い」支配を行うための能力の間にさえ、共通点のないのが常である。

それでは、新たに登場したリーダーは、生き残るために何をしなければならないか？ まずすべきことは、盟友集団を作ることである。これは、案外と簡単なことに思われるかもしれない。何といっても、これまでみてきた通り、権力の高みは、ライバルに打ち勝つに足る強力な盟友集団の支援なしには、握ることはできない。しかしながら、賢明なリーダーは、権力掌握のために働いた盟友をそれほど顧慮しない。カストロの側近の多くがどんな末路を辿《たど》ったか思い出してほしい。先の権力者を排除した後、新しい権力者が同じようなことをできるようになるのは、単に時間の問題である。

新しいリーダーに分別があるなら、速やかに何人かを排除し、将来にわたってリーダーへの忠誠が自らの利害と強く結びついている誰かを取り立てるだろう。かけがえのない盟友を排除し、入れ替え、絞り込んだ末にこそリーダーの将来は、安泰になる。

このことは、独裁者に限ったことではない。こうした盟友を入れ替えて新しい集団を作る衝動が、さほど残忍ではないと考えられているビジネスの世界でどのように作用するか、ヒューレット・パッカード（以下、ＨＰ）のＣＥＯに上りつめ、そして失脚したカーリー・フィオリーナの例をみてみよう。

一国のリーダーと同じように、ＣＥＯのクビも挿《す》げ替えることができる。クーデタを避けたいなら、経営者は、社内の盟友集団（通常は、上級管理職と取締役）を入れ替え、忠誠に厚い者を取り立て、トラブル・メーカーになりそうな者を排除する。通常、経営者の手元には、取り立てるべき人材の候補者が多数おり、誰を選ぶかを決めるための経験もある。しかし、一国のリーダーと同じように、前任者から引き継いだ盟友集団の中には入れ替え人事に抵抗する者もいて、彼らとの対立は避けがたい。

株式を公開している企業のほとんどには、取り替えのきく者（株主）、少数の影響力のある者（大口個人投資家と機関投資家）、そして、大抵は一〇人から一五人程度のかけがえのない盟友集団がいる。この規模の集団では、比率に少々の違いがあっても、会社をどのように経営するかについては、相応の結論を得ることができる。これからみてゆく通り、ＨＰにおいてもまさにその通りだった。というのも、他の企業と同じように、盟友集団の比重の置き方を少し変えることで、結果的に、手にする見返りの期待値を大きく変えることになったのだから。

ＨＰの場合、実質的有権者集団のうちの比較的大きなグループがＣＥＯの盟友集団を占めていたのは、会社の所有権が限られた人間に集中していたからである。このことから、私たちは、社内の盟友集団の規模をその人数からみるのか、彼らが保有する株式数からみるのかを考える必要があるかもしれない。ＨＰの場合、有権者集団全体の人数からみれば、かけがえのない盟友と影響力のある者の数は、わずかな比率を占めるに過ぎなかった。というのも、フォード・モーターやホールマーク・カードといった老舗の数社と同じように、ＨＰの株式の相当部分を保有していたのは、創業者のヒューレット一族とパッカード一族だったからである。

他のあらゆる形態の政府と同じように、企業に関われば、利益を手にすることができる。こうした利益は、かけがえのない盟友だけに与えられる報酬と関係者全員に分配される利益という形をとる。企業が、個人に与える報酬は、給与、賞与、ストック・オプション（新株予約権）という形で手渡される。すべての関係者に分配される利益――経済学者が「公共財」と呼ぶ――は、（株数に応じた平等な）配当と株価の上昇である。盟友集団が、相当に大きく、ＣＥＯにとって、かけがえのない者の忠誠を買うために一人ひとりに見返りを与えることが非効率であるとき、公共財（配当と株価の上昇）が利益を与えるための選択肢となる傾向がある。通常、盟友集団は個人的な報酬を受け取りたいと望むものだが、盟友集団に入った大口株主は、個人的な報酬よりも配当と株価の上昇を好み、これによってすべての株主の中で彼らが最大の受益者になる。これは、まさにヒューレット一族とパッカード一族が相当の比率の株を所有するＨＰに当てはまる事情である。

企業においては、かけがえのない盟友集団を構成するのは誰か？　通常は、上級管理職の数人と取締役が含まれる。取締役には、上級管理職と大口機関投資家の代表、ＣＥＯの親戚や友人（彼らは、一般に市民代表といわれる）のほか、ＣＥＯ自身も含まれる。企業のことを研究している学者によれば、取締役は、社内のインサイダー（従業員）、グレー・ゾーン（関係者の親戚、友人）、社外のアウトサイダーに分類することができる。そして、取締役会の重要な仕事のひとつは、ＣＥＯを任命し、再任し、解任することである。

前任のＣＥＯの解任に関与した取締役が、後任のＣＥＯにとって潜在的な問題となるのは明らかだと言うべきだろう。一度クーデタに関わった者は、少なくとも支配者を支配するルールを適用する状況、とりわけ自分たちの利益を損なうような状況になれば、もう一度クーデタを起こす準備ができていると疑って差し支えない。

驚くに当たらないが、ＣＥＯの任期の長さについての研究成果によれば、ＣＥＯの任期が長いということは、すなわちＣＥＯと取締役とが個人的な絆《きずな》を深める時間が長いということでもある。独裁的で権力を恣《ほしいまま》にする親を息子や娘が喜ばせようとするように、ＣＥＯが権力を掌握した後は、友人や親戚や従業員が、より忠実な支持者としての期待に応えてくれるかもしれない。この考え方はＨＰで古株の従業員がＣＥＯに上りつめたことを説明できるだろう。アウトサイダーを取締役会に加えることは、株主、すなわち関係者全員の利益を増やすことになる。と同時に、ＣＥＯには、大きなリスクとなる。ＣＥＯの利害が、株主の利害と一致することはほとんどないから、ＣＥＯは、できることならアウトサイダーの取締役は避けたがる。

フィオリーナの改革と失墜

フィオリーナは、一九九九年にＨＰのＣＥＯに就任した。そして、六年にわたる波乱の年月の後、二〇〇五年初頭にＣＥＯと取締役会会長の座から引きずり下ろされた。辞任に追い込まれる前、彼女は、創業者の息子たち、ウォルター・ヒューレットとデイヴィッド・Ｗ・パッカードが仕掛けて失敗したプロキシ・ファイト（株主委任状争奪戦）の的になっていた。取締役会には創業者の娘であるスーザン・オアーもいて、インサイダーの発言力も強く、全員がHPと金銭的な利害関係者だった。さらに、大口株主のヒューレット、パッカード、オアーは、取締役として受け取る報酬よりも会社の株価を気にしていた。その株主にとって喜ばしい傾向は、CEOにとっては悲しむべきことだった。

フィオリーナをCEOに選任した取締役は一四人で、そのうち創業者一族から三人、現職あるいは元従業員が三人を占めていた。つまり、CEO就任時の取締役会は、CEOが選任したのではない、会社の株価に強い利害関係を持つインサイダーとグレー・ゾーンのグループがいたということである。フィオリーナが頼り甲斐《がい》のある、味方になってくれる取締役会にしようと変革を求めたことは想像に難くない。しかし、それは簡単なことではなかった——彼女を選んだ取締役は、彼女が選んだ盟友ではなかったから。

それにもかかわらず、彼女は変革をやってのけた。CEO就任一年後の株主向け報告書によれば、取締役は一一人、彼女を選任した取締役会よりも二〇パーセント減員し、創業者の息子を含む三人が会社を去った。フィオリーナが足場を固めるにつれて入れ替えはさらに進み、二〇〇一年には取締役は一〇人、就任時よりも三〇パーセント少なくなっている。そして、彼女の発言権が強化されたのだろうが、フィオリーナは会社にとっては利益になるが、自分の保身には深刻なリスクとなるような、コンパックとの合併の方針を打ち出した。

彼女がコンパックとの合併を真面目に望んでいたことに疑いの余地はないが、彼女のCEO就任とその後の方針が、マーケットではどのように受け止められたかみてみよう。フィオリーナCEOの就任が発表される前日のHPの株価は、五三・四三ドルだった。彼女のCEO就任をマーケットは不安視したのだろう。発表後直ちに株価は値下がりし始め、三ヵ月後の一九九九年の一〇月には三九ドルにまで下落した。もちろんマーケットは先を読んでいて、彼女の采配に期待し、投資家は、その動向を注視した。期待は、しばらくは続いて二〇〇〇年四月には株価は七八ドルにまで上昇した。しかし、マーケットの好感と好環境は長続きしなかった。四月七日以後、株価はきりもみ状態で下落し、二〇〇二年九月には一二ドルという最安値を付け、主要なマーケット指標も低迷し、フィオリーナが辞任する二〇〇五年二月まで二〇ドルまでしか値を戻さなかった。

コンパックとの合併についてマーケットの見方は悲観的だった。コンパックとの合併計画が発表された二〇〇一年九月三日、株価は上昇し、一二月に二三ドルを付けたが、フィオリーナのＣＥＯ就任以前に比べれば、相当の安値だった。一九九九年七月から二〇〇一年一二月までのダウ・ジョーンズ平均は、九・四パーセントの下落だったがＨＰの下落幅は四七パーセントに上った。

創業者一族を含めて、ＨＰの大口株主の目からみれば、フィオリーナは貧乏神だった。株式市場の全銘柄のうちでもＨＰは最悪の部類で、株主の資産価値もひどく損なわれた。一言で言えば、彼女は、厄介なＣＥＯだった。コンパックとの合併計画が楽観視されれば、一時的にせよ株価の高値は更新されただろうが、マーケットはお家騒動を嫌い、創業者の息子たちが合併計画への反対を表明すると株価の回復は、先送りされた。まもなく株価はさらに下落し、創業者一族が定期株主総会で経営陣の提案を否決するために、株主の支持を取り付けようとするプロキシ・ファイトに発展するのは明らかだった。フィオリーナは、合併計画の発表前から、合併を成功させたとしても、自分が窮地に陥りつつあることを実感していただろうし、創業者一族の考えは承知していただろう。著者からみれば、こうした事態は、大きな方針転換をめぐってあえて火中の栗を拾ったと言えるだろうし、見方を変えれば、それは、（かつて、そして現在の取締役である創業者一族のような）ＨＰの大口株主の利益を損なうものだったと言えるかもしれない。

ビジネスの正解が政治的失敗に

ＨＰとコンパックの合併騒動を政治的な視点からみれば、様々な重要なテーマが浮き彫りになる。フィオリーナは、株価が下がった時点ですでに窮地に立たされていた。彼女は、取締役会の人数を減らし、取締役を入れ替えるという、長く在任したいＣＥＯとしては賢明な選択に成功した。しかし、こうした行動にもかかわらず、社内中枢のかけがえのない盟友たちや影響力のある者たちから猛烈な反発を被った。つまり彼女は、取締役会の忠誠を勝ち得ていなかったのである。コンパックとの合併は、ビジネスとしては道理にかなっていて、株価にも良い影響を与え、彼女に対する反発を和らげたかもしれない。さらに、合併が成功するのを目の当たりにすれば、反対派も降参したかもしれない。しかし、そうはならなかった。ＨＰに多額の投資もしていて不満を抱いた取締役たちは、資産価値が下がった怒りを抑えることができなかったのである。

しかしながら、振り返ってみれば、いわば政治的に成功の見込みのない者が、〝政治的には〟優位に立っていた時間と言えるかもしれない。たとえば、数十億ドル規模の合併は、フィオリーナ率いる取締役会にどんな影響をもたらしただろうか？　一旦、合併に調印すれば、フィオリーナはコンパックの幹部数人をＨＰの取締役会に入れなければならなかっただろう。そのためにはコンパックの影響力のある者を受け入れるために取締役会を大きくするか、コンパックから選んだ誰かを受け入れるために、現在の取締役のクビを挿げ替えるしかない。フィオリーナは、明らかに合併が取締役会を再編するチャンスであり、反対派の力を削ぐ機会だとみていただろう。これこそが彼女がしたかったことかもしれない。

もちろん、彼女のライバルたちもおとなしく解任されるのを待っていたわけではなかった。こうした取締役の解任は、人目に触れずにできることではないのだし、影響力のある古参幹部にとっては、予定は既成事実として目に映るのだから、失敗するリスクは現実にある。実際に合併を契機に取締役が解任される場合には、証券取引委員会の規則は、解任予定を既成事実化するのを非常に難しくするような情報公開を求めている。

ＨＰの株価の低迷とコンパックとの合併をめぐって、フィオリーナが直面した反発に対しては、対応の仕方に二つの可能性がある。すなわち、ＣＥＯは、かけがえのない盟友を解任して残留した盟友集団に対する報酬を増額するか、盟友集団を拡大して、取り替えのきく者の集団（株主）全体に対する利益を増やすかである。二〇〇二年のプロキシ・ファイトの後、フィオリーナは、合併の一環としてコンパックから迎えた五人を含む一一人からなる取締役会と相対《あいたい》し、そのうちＨＰの旧経営陣は六人になっていた。フィオリーナは、コンパックとの合併の裏で動いていたので、新しい取締役が、自分の味方になってくれると信じるに足る理由はあった。そうこうするうちに、創業者一族の二人の取締役が会社を去った。このときまでにフィオリーナは取締役の定員を一人増やして一〇から一一とし、同時に旧経営陣の退任とコンパックからの五人の取締役の受け入れを実現していた。これで取締役会の過半数は、今やＣＥＯの側につくと信じていた。

おそらく、取締役会に残った旧経営陣を手懐《てなず》けようとするためか、取締役の報酬には明らかな変化がみられた。フィオリーナがＣＥＯに就任する直前、株主に対する報告書によれば、取締役たちは一〇万五七〇〇〜一一万七〇〇〇ドルの役員報酬を受け取っていた。フィオリーナがCEOに就任すると、取締役の定員を減らし、役員報酬も一〇万〜一〇万五〇〇〇ドルに少々減額され、二〇〇〇年から二〇〇三年までこの金額が維持された。しかし、二〇〇五年の報告書によれば、二〇〇四年に役員は、二〇万〜二二万ドルの報酬を受け取っている。しかし、同時期に、配当は一株あたり、〇・三二ドルに据え置かれて、株価は、目を見張るような安値に陥っていた。株価の低迷、配当の据え置き、役員報酬の倍増——明らかに何かが起こっていた。

フィオリーナによる取締役の刷新と役員報酬の増額は、彼女が生き残るのを助ける忠実な味方を得るためだったのだろう。しかしながらコンパックとの合併は、取締役を一〇人から一一人に増やす結果となり、特筆すべきことは、実質的な一人増員は、五人の新人が加わるのと同時に行われたということである（そのうちの一人は、就任した年の末に辞任している）。つまり、旧経営陣は取締役会の半数にとどまり、パワー・バランスはフィオリーナに傾いたということである。おそらく、そこが彼女の狙いだったのだろうが、事態はそうはいかなかった。

取締役の増員は、内部の脅威に対する最善の措置ではなかったし、一般的にも最善の策ではない。彼女の信用のために、政治の論理に従えば、彼女は、コンパックの株主をHPの株主に加えることで、取り替えのきく者の数を飛躍的に増やした。これは一般的には忠誠の強化を誘発するが、HP株の下落は、コンパック株に大金を投資し、今やその懐具合がHPの株価に左右される新任の取締役にとっては喜ばしいことではなかった。また、フィオリーナも、配当や株価の変動によって見返りが左右される大口株主の取締役を、取締役会での多数派工作によって宥《なだ》めることはできなかった。一一人という比較的小さな取締役会を構成するグレー・ゾーンの取締役たちは、実際には、株主総会で投票できる株式数においては、大きな割合を占めていたのである。

強烈な圧力に屈して、フィオリーナは辞任した。彼女に代わってパトリシア・ダンが取締役会会長に、元取締役でCFO（最高財務責任者）のロバート・ウェイマンが、CEO代行に就任したが、正式にCEOに就任することはできず、その気もなかったので一ヵ月余りで取締役には残留したが、CEO代行は辞任してしまい、後任のCEOには従業員のマーク・ハードが就任した。

フィオリーナの辞任後、直ちに取締役会は重要ポストを分割してCEOと取締役会会長をおき、モンテスキュー式に権力の分立を明確にした。敵対的なCEOの選任から自分たちの身を守ることが彼らの意図だったとしたら、大失敗だった。ハードはCEOに就任すると、まんまと二つのポストを一人の人間――つまり自分――が支配することに成功した。

フィオリーナを追い出した年のうちに、クーデタの主だった首謀者は、退任した。ハードは頂点に立ち、首を刎ねられるのを待つ日々を過ごした。四年後、HPがすばらしい業績を上げているときに、彼は、スキャンダルを起こして会社を追い出された。

アドバイザーを粛清して権力を固めたフセイン

ハードが最終的にHPから追い出されたことから学ぶべき教訓は、いい仕事をするだけでは、政治的に生き残るには充分ではないということである。この教訓は、ビジネスにも慈善事業にも政府にも当てはまる。リーダーの業績が、その地位にとどまるのにどれほど影響するかは、主観的な問題である。大事なことは、職責を果たしながらリーダーの考えを実行できる有能な支持者を盟友集団に加えることだろう。しかし、独裁政治は、良い統治《グッド・ガバナンス》を意味しない。独裁政治は、リーダーにとって何がいいかであり、下々にとって何がいいかということではない。事実、有能な人物を大臣や取締役に据えるのは、危険な過ちかもしれない。つまり、有能な人物は、（有能な）ライバルなのである。

盟友集団のもっとも大切な条件は、一に忠誠、二に忠誠、三に忠誠である。成功したリーダーは、信頼に足る盟友や一族に囲まれ、誰であれ野心を抱く者を遠ざけてきた。フィオリーナもこれを実現しようと躍起になったが、結果的には生き残ることができなかった。フィオリーナとは対照的に、カストロは（もちろん、フィオリーナよりも克服すべき障害が少なかったとはいえ）、これを上手くやってのけて、おおかた半世紀もの間、権力を保持した。

こうした政治的ロジックがある面で含意することは、とりわけ小さな盟友集団を頼みとする政府にとっては深い意味がある。イラクのフセイン、ウガンダのアミンその他大勢の悪漢から身を起こして実績を残した国家指導者たちには、士官学校出のアドバイザーは必要なかった。彼らは、賢明にも自分と同じ部族や派閥の出身者から信頼に足る者を取り巻きに選んで、枢要な――権勢をふるう――ポストに取り立て、誰であれライバルになりそうな者は殺した。

フセインは、前任者（で従兄弟）のアル＝バクルが大統領を辞任した一九七九年に権力を掌握した。しかしそれ以前から、彼は、権力掌握に向けた地均《なら》しをしていた。たとえば、一九七二年には、イラクにおける国際的な石油利権の国有化を主導した。言うまでもなく、当時も今も、石油は、金のなる木だから、権力を握るために必要不可欠な材料を手にした、すなわち彼は金のありかを知っていたということである。そして権力を握ったとたん、容赦なく自分の支持者を粛清した。

アル＝バクルが〝辞任〟した六日後、フセインは与党バース党幹部の全国会議（革命指導評議会）

を招集した。フセインが録画しておくように強く求めたこの会議では、革命指導評議会書記のアブドゥル＝フセインが反フセインの謀議を自白した調書を読み上げ、他に謀議に加わった六八人の「国家の敵」の名前を明かした。彼らは会場から連れ出され、うち二二人には即刻、銃殺刑が宣告され、バース党の各支部は死刑執行のための要員を出すよう命じられた。数日のうちにさらに数百人が処刑されたが、フセインは、自らとともに党内で頭角を現した人々の処刑について「革命である限り、反革命は起こる」と語り、それ以前にもリーダーに権力を与えた者は、リーダーから権力を奪うとも言い放っている。脅威になる者は抹殺し、忠実な者を残すのが最善ということである。

フセインが権力を固める一環として処刑した約四五〇人のバース党幹部は、どれくらい有能だったのだろうか？　粛清されたことから推し測るのは難しいが、彼らの中には大学教授、軍の将校、弁護士、裁判官、経済界の大物、ジャーナリスト、宗教指導者、その他大勢の高等教育を受け、傑出した人物が含まれていた。さらにフセインは、自分に取って代わろうと企むかもしれない対立政党のリーダーも粛清した。

粛清を免れた者には、フセインの従兄弟の〝ケミカル・アリ〟ことアリ・アル＝マジドも含まれていた。ケミカル・アリは、一九八八年にフセインの命令で反政府勢力のクルド人を大量殺害する作戦を成功させたことでフセインに対する忠誠を示した。それよりずっと以前から、マジドはフセインに傾倒し、さきに紹介したビデオにもフセインに向かって「これまでしてきたことは上出来です。これからしようとすることも結構でしょう。ただ一言言わせてもらうなら、閣下は寛大すぎ、慈悲深すぎる」と語りかける模様が映っている。党の会議の後に粛清された人々と違って、使い走りの小僧から身を起こしたマジドは、ろくに学校にも行っていなかったが、国防大臣、内務大臣、秘密警察の長官を歴任したことから察するに、彼は、人殺しにかけては有能だったのだろう。

フセインの人事のパターンは、いつも決まっている。彼の後任の首相、アル＝マリキは、前任者よりは寛大に、治安機関のスンニ派を一掃してシーア派の要員に入れ替えた。治安機関に配置換えされた人々は治安要員としての経験も訓練も受けたことがなかったが、フセインもマリキも有能なライバルよりは、無能であっても忠誠を尽くす者の方が良いことを知っていたのである。

現代においても、頂点に立つことができない者を身近なアドバイザーとして選ぶことは、重要なことである。イラク大統領としてフセインが、キリスト教徒のアジズをナンバー2の地位に就けたのは、決して偶然ではない。

盟友集団を不安定にしておく

私たちは、どのようにして暴君がみずからの盟友集団を作ろうとも、その盟友集団を不安定にしておくのが重要だということを、まずは理解しておかなければならない。親密さは、偽りを増長させる。すでに述べた通り、権力の座にとどまる最善の方法は、盟友集団を小さく保ち、誰もが自分に取って代わる者がいくらでもいることをわからせておくことである。独裁国家でも定期的に選挙が行われるのは、そのためである。誰もこうした選挙が大切だとは思っていないにもかかわらず、行っている。インチキ選挙は、リーダーを選ぶためのものではない。インチキ選挙は、リーダーに正統性を与えるためのものである。どうすれば、投票する前から結果のわかっている選挙を正当な選挙といえるだろうか？　インチキ選挙は、有力な政治家に、もしも、リーダーが求める路線から逸脱したら、消されることを思い知らせるためなのである。

レーニンは、盟友集団の補欠というアイデアを実際に使った最初のリーダーである。一党独裁国家で、彼は、すべての成人が投票権を持つ普通選挙制にもかかわらず、完璧なインチキ選挙をやってのけた。何であれ、彼の行動――たとえば、誰それをシベリア送りにするとか――は、人民の意思であり、取るに足らない者であっても補欠としてプールされた者には、将来どこかで影響力のある者、かけがえのない盟友として取り立ててもらえるチャンスがあった。ソ連の有権者には、わずかな可能性に過ぎないにしても、凶悪犯のスターリンや無学なフルシチョフのように、共産党書記長に上りつめる可能性があった。ましてやすでに権力の中枢にある者は、生きるためには失脚してはならないことを思い知っていたのである。レーニン万歳！

レーニンは、こうしたシステムを自分で思いつき、創り上げたのだろうが、いつも著者を魅了してくれるリベリアでは、同じようなことを経験的に行っている。ドウが権力を握る以前、リベリアは、真正ホイッグ党によって統治されていた。この国の建国は、奴隷制の悪夢を嫌ったアメリカのリベラル派諸団体が、解放奴隷たちを西アフリカに帰還させるために金を出し合ったことに端を発する。こうした社会貢献的な起源にもかかわらず、解放奴隷が自らの経験から学んだもっとも重要な教訓は、奴隷制と強制労働は、奴隷にとってはいざ知らず、主人にとっては大変好都合だということだった。解放奴隷たちは、一九〇四年に選挙制度を導入したが、財産にまつわる条件を参政権に付してアフリカ先住民を手っ取り早く排除し、名目的な有権者集団は大きくしたが影響力のある者の集団は小さくした。そして、みかけはすべての人々に開かれ、内実は少数の者が支配する体制を築き上げた。こうした、強制労働に反対して決起するかもしれないようなあらゆる反対勢力を抑圧できる権力者への忠誠を高める構造は、政策の中身は異なるが、権力の座にある者の地位を守るという点では、ソ連と同じである。

株式を公開している世界中の企業は、ほぼ同じ理由から実質的にレーニン式インチキ選挙制度を導入している。それこそが、取締役一派とともに、業績の振るわないCEOがクビにならない主な理由である。フィオリーナが頂点に立った会社は、不幸にもインチキ選挙を導入した独裁制のようにみえたが、その素顔に迫ってみると王制のような同族会社だった。理屈の上では、何百万人という株主が会社の方針を決めることができるにもかかわらず、株は一握りの株主に集中しているから、HPの特徴は、小さな取り替えのきく者の集団の中の、もっと小さな影響力のある者の集団からさらに選ばれた小さな盟友集団、すなわちヒューレット一族とパッカード一族が支配していることだった。

盟友集団のメンバーを不安定にしておくことの核心は、リーダーに忠誠を尽くさせ、もしも自分たちの信頼に疑念が生じれば、放り出されることをしっかりと肝に銘じさせることである。西側の政界ではいい奴だという評判を得ているソ連のゴルバチョフは、忠誠に対する見返りと忠誠を疑われた者は誰であれ排除する必要性を心得ていた。彼は、現代の専制君主たちほどに情け容赦なかったわけではないにせよ、二年間の在任中に党政治局員の多くを入れ替え、実質的な有権者集団(ソ連共産党)から自分に忠実な者を選んで登用した。もちろん、エリツィンのような反対者は党政治局に入れなかった。エリツィンは、スターリン時代だったら自分が粛清されていたことはよくわかっていた。同じように、エリツィンや大勢の人々は、知的な改革者のゴルバチョフと渡り合う方が、ザイールのモブツや中国の鄧小平《とうしょうへい》のような現代の専制君主と渡り合うよりは、はるかにマシだということもわかっていた。何といっても鄧小平は、一九八九年に天安門で民主化を求める人々を情け容赦なく弾圧したくらいだから。これから述べる通り、ゴルバチョフはロシア国外では武力行使を厭《いと》わなかったが、自分のライバルを片っ端から殺すような真似はしなかった。彼の権力が短命に終わったのは、まずは、共産党強硬派のクーデタに対する備えが充分でなかったからであり、さらに、クーデタの鎮圧によってエリツィンが政治的に息を吹き返し、自分の後継者になってしまったからである。

功労者でも躊躇なく粛清する

反対勢力を粛清するのは、ほとんどの独裁者が長年やってきたことである。私たちは、ゴルバチョフが倫理的にみて控えめであったと誤解するべきではない。ヒトラー、毛沢東、カストロ、ドウ、その他のリーダーはこのような控えめな態度はみせなかった。彼らは、誰がもっとも忠誠を尽くすか、誰がそうでないかを見極めれば、かつての盟友さえ容赦なく粛清した。新しいCEOが就任すれば、もう少し上品なやり方で企業改革の一環としてこうした態度をとることはみてきた通りである。CEOは、取締役会の期待に応えなければならないと考えられているが、新しいCEOは、権力を握れば取締役会の構成を変えるというのは、どこでも起きる下克上である。

当初の盟友集団から排除されることは、命取りになるものである。一九三三年一月三〇日にドイツの総統になったヒトラーは、権力の階段を上る過程でその制服の色から褐色シャツ隊とも呼ばれた準軍事組織の突撃隊（SA）を頼みとした。ヒトラーは、SA隊長レームを脅威に感じ、もうひとつの準軍事組織の親衛隊（SS）を作った。そして、一九三四年六月三〇日から七月二日にかけて、「長いナイフの夜事件」と呼ばれる、数千人が投獄され、少なくとも八五人、あるいは数百人を殺害したともいわれる暗殺命令を発した。レームはかけがえのない盟友（未遂に終わった一九二三年のミュンヘン一揆のときも一緒だった）にもかかわらず、ヒトラーはまったく感傷にとらわれなかった。そして、レームに代わってSS隊長のヒムラーら、忠誠を尽くすと思われた者が取り立てられた。

ジンバブエのムガベは、自らの盟友集団を不安定にしておくことにかけては名人だった。ムガベは、長い内戦の和平交渉の末、一九八〇年に大統領に選ばれた。白人支配の旧体制、ローデシアとの闘いは、リーダーの下でそれぞれ政党に発展した二つの派閥、ムガベが率いるZANU（ジンバブエアフリカ民族同盟）とンコモが率いるZAPU（ジンバブエアフリカ人民同盟）によって主導された。当初、ムガベは国民和解を説いていた。

馬鹿正直な者なら、ムガベがZAPUのエリートたちを自分の盟友集団に引き込もうとしていたと考えるかもしれない。そのことは当初なら意味のあることだったかもしれないが、ZANUが権力を固めてしまえば、もはやZAPUの支持者を取り巻きに加える理由はない。また、一旦ムガベが権力を固めれば、ZANUの昔からの友人たちを周りに置いておく理由もなかった。

ムガベは、白人社会、とりわけ多くの前政権のリーダーや行政官にも国家の運営を手助けしてくれるようアプローチしていた。体制転換を恐れた白人たちは、ムガベを「グッド・オールド・ボブ」と呼び、ムガベも彼らの助力を必要とした。ムガベは彼らの支援なしには政権を運営することができず、また金のありかを教えてもらう必要があった。この時期、ムガベは国際社会からも多額の支援を受け、就任一年目には九億ドルの援助の約束を取り付けた。しかし、ムガベは権力の座に落ち着くや、態度を一変させた。

ムガベは、一九八一年には一党独裁を宣言し、「我が家に紛れ込んだ蛇の首を刎ね、徹底的に退治する」と言い出して白人を捕らえ始めた。彼は、ともに戦った戦友にさえ無慈悲で、ンコモを閣僚から解任し、彼の地元だったマタベレランドに北朝鮮で訓練を受けた精鋭部隊の第五師団を投入した。ある閣僚は、「ンコモとその一味は、国の傷口に入ったばい菌だから、患者が多少泣き叫ぼうが、きれいに消毒してしまわなければならない」と言い放ち、第五師団の将校には「鶏を食い、山羊を食い、牛を食い、ロバを食ったら、あとは自分のガキと女房を食うしかねぇ」と言わせるような「グクラフンディ（春の嵐）」作戦を展開して、かつて白人政権と戦ったＺＡＰＵ勢力が抵抗する地域を封鎖して、四〇万人の住民を飢餓状態に陥れた。

ムガベは、白人政権を倒すためにＺＡＰＵの支援を必要とし、権力を握るための資金を手に入れるために、白人農園主や行政官や国際社会の支援を必要とした。そして、権力を固めたとき「グッド・オールド・ボブ」の化けの皮が剝《は》がれたのだった。

民主主義者は天使か

読者も知っての通り、歴史を書き綴《つづ》るのは勝者である。だからリーダーは、もしもバレずにやりおおせるなら、人を騙《だま》すのを決して躊躇《ちゅうちょ》したりはしない。民主主義者なら、権力の座にとどまるために真正の、意味のある選挙に耐えなくてはいけないかもしれないが、しようと思えばいつだってレーニンを見習えることは、驚くには当たらない。選挙結果をごまかそうと思えば、インチキ選挙に勝る選挙はない。

効果実証済みのインチキ選挙の方法ならいくらでもある。政治家は、汚い方法を禁止する選挙法ができたところで、たちどころに法の網の目をくぐる方法を編み出す。たとえば、リーダーは、誰に選挙権を与えるか与えないか、誰に有権者登録をさせるかさせないかを制限することができる。マレーシアでは、与党に有利な人口構成を作り出すために移民の参政権を細工する身分証作戦が有名だし、ニューヨーク市の悪名高い民主党の集票マシーン、タマニー協会は、上陸したての移民からアイルランド系の人々を探し出して勧誘し、票と引き換えに市民権の取得と仕事を斡旋《あっせん》すると約束していた。リーダーたちは、参政権を制限したり、充分な数の票を買収できないとなっても、投票に行かせないために嫌がらせや暴力に訴えることができる。ビハールやウッタル・プラデーシュといった北インドの諸州では、政党の支持者が投票所に押しかけて占拠し、勝手に自分たちの支持政党に票を入れてしまう〝略奪投票〟が行われる。

もちろん、一旦、票が投じられたところで、ごまかしは止まらない。リーダーは開票結果のごまかしや投票用紙の廃棄を躊躇したりはしない。権力を握り、権力の座にとどまることが、政治の世界ではもっとも重要なので、ごまかしを望まない候補者は、決まってごまかしをする候補者によって叩《たた》きのめされる。民主国家は、ごまかしを難しくするありとあらゆる努力をしてきたので、民主国家で権力を握った政治家は、選挙に勝利し、支配の継続を確固たるものにするために完璧に合法的な数々の方法を編み出してきた。

すぐには思いつかない戦略のひとつは、リーダーが競争相手を増やすのを後押しすることである。最終的にはひとつの政党が勝利するにもかかわらず、たくさんの政党が存在する国があるのはそのためである。アメリカにおける二大政党制という制度のいいところは、野党の存在が活力と責任のある政府を生み出すというものである。しかし、複数政党制の国においてすら、第一党があるのが常であって、もしも自分たちの利益にならないなら、第一党が野党の存在を許すかどうか、考えてみるといい。

タンザニアの議会制と大統領制は、一七もの政党が自由で公正な選挙に参加するにもかかわらず、長いことタンザニア革命党（ＣＣＭ）によって支配されてきた。タンザニア革命党政権は、つい最近まで不透明な方法で小規模政党に選挙運動費用を提供し、批判票の受け皿として競わせ、共倒れさせてきた。これによって中道政党のＣＣＭは、比較的容易に勝利してきた。ＣＣＭが高い得票率で勝利するとはいえ、たったひとつ「必要な」ことは、半分以上の議会選挙区で第二党よりも一票多く得票することである。結果的にこのことは、ほとんどの選挙区でＣＣＭが一〇パーセントをはるかに下回る得票が「必要な」ことを意味する。つまり、政党が必要とする支持者の数は、その政党の様々な政策に影響を及ぼす。野党が得票を伸ばすタンザニアの選挙区では、ＣＣＭは多くの有権者に対してアピールする必要があることから、一般的により良い保健、教育その他のサービスが提供される。他方で、ＣＣＭがアピールする必要のある有権者が少ない選挙区では、補助金で賄われる肥料と交換できる金券などを介して金がバラ撒《ま》かれる。

ボツワナ、日本、イスラエルといった民主国家では、複数政党制の下で一党あるいは二党が政権を独占するために似たような手を使う。投票が真正に行われるにしても、有権者に単に自由な投票を認めるばかりでなく、有権者を代表することに重きが置かれるのである。

マイノリティに対する議席割り当ては、リーダーが頼みとする人々の数を減らすためのもうひとつの方法である。こうした政策は、女性や特定のカースト、特定の宗教の信者といったマイノリティに力を与える方法として喧伝《けんでん》されるが、実際に力を与えられるのはリーダー自身である。マイノリティ・グループから候補者を選挙するこの方法は、権力を保持するために必要な票数を減らすからである。基本的に、二大政党制の議会選挙で勝つには、過半数の選挙区で過半数の得票、すなわち全体で二五パーセントの得票が必要である。議席の一〇パーセントをたまたま地理的に固まっている特定のグループ（たとえば、サンフランシスコの選挙でハーヴェイ・ミルク候補に投票したカストロ地区のゲイの有権者）に割り当てれば、与党は、過半数の議席を制するためにたった四〇パーセントの小選挙区で投票数の二二パーセント超を獲得すればいい。政党は全体で一二パーセントの得票があればいいのだから、特定のマイノリティ・グループに目を向けるのが流行るわけである。

任命議員も小さな盟友集団の形成を容易にする方法である。たとえば、タンザニア国民議会には、公選議席二三二、獲得議席数に応じて政党がノミネートする女性に配分される議席が七五、ザンジバル議会（ザンジバルは美しい島で、一九六四年にタンガニーカと連合してタンザニアを形成した）に配分される議席が五、大統領が指名する閣僚一〇人と司法長官にも議席が与えられる。つまり総議席数三二三に対して安定多数は一六二議席である。大統領は、自ら指名する一一議席にCCMの票田の五議席を加えて一六議席を押さえる。したがって、選挙でCCMが一一一議席を獲得すれば、任命一六議席と女性割り当て議席のうち三五議席（七五掛ける二三二分の一一一）で総獲得議席は一六二議席となり、国民議会を支配できる。CCMは実質的に公選議席の半分以下を要するに過ぎない。そして、すでに述べた通り、野党への資金援助によって、CCMは得票率一〇パーセント以下でも勝利することができる。実際には、大統領は、自前の支持基盤の弱い女性議員を任命することで女性割り当て議席を支配している。タンザニア議会選挙において公選で勝ち上がることのできる女性候補はほとんどいないのが実情である。

タンザニアには自由で公正な選挙制度があると同時に、現実には、ＣＣＭは、五パーセントの得票率で政権を維持することができる。もちろん、ほとんどの選挙区でもっと高い支持を得ているのは、政治家が有権者の支持を得るために様々な創意工夫を凝らしているからである。その一つが票田固めである。

「票が値下がり　一山いくら」

票田固めは、未成熟な民主国家で共通にみられる特徴であり、アメリカの大都市での政党の集票マシーンでも標準的である。たとえば、ニューヨークの住民は、タマニー協会の影響で民主党に投票するようになったし、インドの選挙区でもタマニー協会のようなパターンを踏襲している。つまり、地域の名士や村の顔役のグループが地元の票をとりまとめ、多額の見返りを受け取るのである。

インド諸州のガバナンスのレベルをひっくり返している地元の顔役たちは、特定の政党に自分の影響下にある人々の票を回すと約束し、その見返りに利益や特権を手にしている。巨大な〝クライアント〟集団は〝パトロン〟に従って指定された政党に投票する。もっとも興味深いのは、政党と有権者の間には何のイデオロギー的な一致も理由もないことである。たとえば、インドでもっとも人口の多いウッタル・プラデーシュ州では、一九六七年の選挙後に自由経済と反共を掲げ、〝共産党は、公共の敵ナンバー・ワン〟と公言するスワタントラ党、保守的で反共のジャン・サン党、インド共産党が連立政権を樹立した。彼らの共通点は何か？　一致団結して国民会議派を叩き、権力の蜜《みつ》にありつきたいという欲望だけだった。この種の奇妙な取り合わせによる連立戦略は、長いことインド全土に蔓延《はびこ》った。

おそらくビハール州が、もっともひどく、露骨な日和見主義《ひよりみ》のケースだったろう。考え方の本質的に異なる政党が、ラムガールのラージャ（富豪）のご機嫌次第で連立政権を組んだ。ラージャは、ビハール州で鉱山利権を握り、数ヵ月ごとに連立政権の組み合わせを替え、そのたびに自分と支持者の私腹を肥やし、自分に対する刑事訴追まで潰させた。

彼は、自分の支持者を操って政権を作っては壊し、そうすることで見返りとして少々のお零《こぼ》れを支持者に与えながら巨万の富を築けることを知っていた。これこそが、ビハール州における個人的繋《つな》がりを使った票田固めの教訓であり、アメリカの教職員組合繋がり、イラクの部族繋がり、ベルギーの言語繋がり、北アイルランドの宗教繋がりも同様である。そして票田固めのリーダーは、多くを得、そのメンバーはお零れにあずかり、ツケを払わされるのはその他の人々である。

票田固めは、みかけは民主的な制度で、企業の公開株式のようにみえる。有権者や株主は、名目的な投票権を持つが、すべての権力は、票田や大口の株式や地元の村の票を左右できる、少数の人々によって支配される。それゆえに、政治家にとっては、選挙に勝利するための重要な一面であり、私たちには、彼らがどんな手を使って票田固めをするか見届ける責任がある。

民主国家の出現は、伝統的な考え方では、政治家が個別の有権者に少額のカネをバラ撒く親分子分関係として捉えられてきた。たとえば、二〇一〇年九月一七日付の『ニューヨーク・タイムズ』紙は、「アフガン：票が値下がり　一山いくら」の見出しで、アフガニスタンでは有権者の票が通常五ドルから六ドルで売り買いされていると報じている。しかし、同時に記事は、広範な不正投票がいずれにせよ不必要になろうとも報じている。

親分子分関係と引き替えの票の買収による不正選挙の結果についての見方は、簡潔だが完璧でもない。第一に、政党は充分な数の有権者を買収しない。第二に、有権者は投票所で入ったところで裏切ることができる。歴史的には、政党は自ら投票用紙を発行してきた。たとえば、あなたの党がピンクの投票用紙を用意したとしよう。党の関係者は、賄賂《わいろ》を受け取った有権者がピンクの投票用紙を使うのをチェックすることができた。しかしながら、私たちには、党の監視を欺く方法はいくらでもあり、現実には、今日の投票は、少なくとも民主国家では誰が誰に投票したかわからないだろう。

有権者の買収は、票田においては効果覿面《てきめん》である。同数の有権者が住む村が三つあり、A党という政党があるとして、村の長老たちと交渉して、もしもA党が選挙に勝利したら、もっとも応援してくれた村に病院を建てる（道路整備でもゴミ回収でも、警官の巡回でも除雪でもいい）と持ちかけられたとしよう。仮に長老がA党支持を表明したら、たとえ嫌いでもA党を支持する以外、有権者にできることはほとんどない。現実には、多くの有権者にとって、個々の票など取るに足らない。それでも、有権者は、選挙に勝利するかどうかよりも病院を建ててもらうか、道路をきれいにしてもらうかについては、かなりな影響力を持つことになる。なぜかと言えば、二つか三つの村の長老がA党に味方し、これらの村ではほとんどの有権者が長老たちの意向に従う場合を考えてみるといい。

有権者個々のインセンティヴを考えてみるといい。少なくとも二つの村がA党支持を表明したら、別の政党は勝てそうになく、その党の得票は選挙結果に影響を及ぼさない。B党に入れられた票は、死票になる。その反面、A党に投票すれば、どこに病院を建てるかについて影響力を持つことができる。みんながA党に投票し、一人だけがそうしなかった場合、その村は他の村よりもA党への票が一票少なく、病院を建ててもらうチャンスを逸することになる。最後の一人もA党に投票すれば、念願の病院を射止めることができる。全員がA党に投票するという極端なケースでは、一人が投票しなければ病院を建ててもらえるチャンスの三分の一を逃すことになる。だから、有権者にインセンティヴはほとんどないのに、村の長老には従うのである。

有権者は、選挙を応援した人々がほかには与えられない見返りを受けることから、村の長老、界隈の顔役、教会の重鎮、組合のボスといったグループのリーダーの選択に従う気になる。本当の意思は、票を左右するリーダーによって決定されるのだから、現実には彼らが、影響力のある者といえる。驚くに当たらないが、見返りは、彼らを介して流されるから、有権者に直接配られる場合よりも彼らが自分の取り分を取ることができるのが常である。

もちろん、リーダーは、ニンジンをぶら下げもすれば、鞭《むち》を振るうこともできる。一九五九年から一九九〇年まで、世界でもっとも長く在任した首相と思われるシンガポールのリー・クワン・ユー率いる人民行動党（PAP）は、選挙で議席を独占したが、この議席独占は多くのシンガポール市民が頼りにしている公営住宅への予算配分によって強化されていた。選挙のときにPAPに票を集めるのに失敗した地区では、公営住宅の供給や修繕のための予算が削減された。ジンバブエのムガベは、さらに先を行っていた。二〇〇五年の選挙に際してムガベは、「ムラムバツビナ（ゴミ一掃）」作戦と称して、票を集めるのに失敗した地域の住宅や市場をブルドーザーで取り壊した。

株式公開会社の所有権も、票田固めと同じように作用する。株主は、自分の名義で株を所有し、株主総会で投票する。しかしながら、株主の中のごくわずかな金持ちを除いて、取るに足らない自分の票数を大きくするのは厄介なことである。だから、株主は、投資信託や年金基金を介して株を所有する（税金や管理の手間もそうする理由だが、それなら誰が、どんな動機でこんな仕組みを推し進めたのだろう）。村の長老たちのような機関投資家は、ＣＥＯが支援を求めたがるくらい影響力がある。しかも、ＣＥＯにとっては、機関投資家の忠誠を役員報酬などの見返りで買う方が、多数の小口投資家に見返りをバラ撒いて充分な株式数の委任状を取りつけるよりは、はるかに安上がりである。

それなら、公正な選挙で落選するリスクが高まったときに、政治家にできることは何だろう？　現職の政治家が落選のリスクに直面したとき、政治家は、選挙区の境界線を引き直して対立候補に投票する有権者を自分の選挙区から閉め出せば、いつだってリスクを和らげることができる。これは選挙区の区割りを有効に使うという手法だが、この手が使える機会がめぐってくるのはときたまだから、人気のない現職を救うには手遅れかもしれない。実際には、アメリカ議会選挙の一議席あたりに投票される確率を、共産党一党独裁体制の下でソビエト最高会議の議員選挙で落選する確率と同じようにさせてきたし、選挙区の有権者を幸福にもさせてきた。つまり、この手法は、選挙区の過半数にとって好ましい候補者を得るということである。もしも、この手法が選択肢として使えないなら、他のルール変更をすればいい。たとえば、街頭デモの禁止とか――もちろん、その口実は、公共の安全である。

リーダーが生き残れる確率

小さな盟友集団を創り上げることが生き残るための鍵である。リーダーが頼みとする者の数が少なければ少ないほど、リーダーにとっては権力の座にしがみつくのが容易になる。専制君主も民主主義者も一様に支持者を選り抜いてきた。盟友集団の大きさを測るのは困難という問題は、依然として明白に残っているが、もしも様々な政治体制を大まかに独裁政治と民主政治に分ければ、リーダーの生き残りについて比較することができる。

すでに権力の座にある独裁政権と民主政権が打倒されるリスクを在任期間別に比べてみると（図3－1）、たとえば、平均して最初の六ヵ月を乗り切った民主政権が就任後丸二年のうちに打倒される確率は四三パーセント、これに対して独裁政権が打倒される確率は二九パーセントに過ぎない。これを一〇年のスパンで比較してみると民主政権が打倒される確率は、小さな盟友集団を頼みとする独裁政権の三倍に上る。

しかしながら、この単純な比較は、興味深くまた重要な点を見落としている。独裁政権は長続きするが、とくに最初の六ヵ月を持ち堪えるのが難しい。独裁政権が権力を奪取して最初の六ヵ月のうちに打倒される確率は、民主政権が打倒される確率のほぼ二倍である。しかし、もしも彼らが最初の不穏な六ヵ月を乗り切ったら、生き残れる確率は、民主政権よりもはるかに高い。独裁政権にとって最初の六ヵ月を乗り切るのが難しいのは、彼らが未だ金のありかを把握しておらず、盟友集団にバラ撒くための財源がしっかりしていないからであり、政権移行に際して信頼の置けない者を盟友集団から削ぎ落とせていないからである。しかし、一旦、支持者を粛清して独裁政権の担い手が再編されれば、生き残ることは容易になる。これとは対照的に、民主的政権は、多くの有権者を幸せにし続けるために、常に最善の政策アイデアを出し続けるという闘いを強いられる。その結果、民主的政権は最初の六ヵ月（有権者とのハネムーン）を容易に乗り切ったとしても、一〇年ないしそれ以上の間、生き残ることができるのはわずか四パーセントに過ぎないほど、いい政策を際限なく求められる過程で次々と倒れる。独裁政権は、これを力業《ちからわざ》で凌ぎ、約三倍の一一パーセントが一〇年ないしそれ以上

図3-1　体制の違いによる失脚のリスク

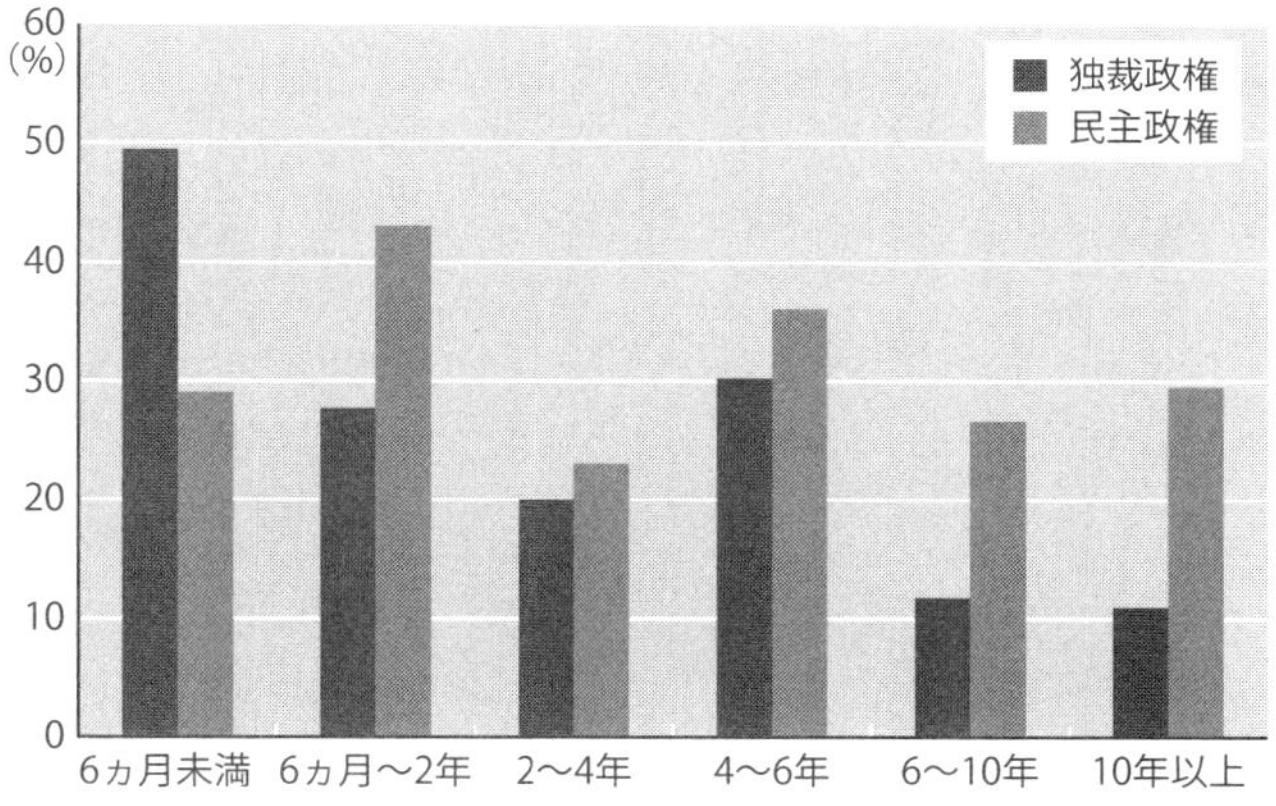

の間、生き残ることができる。

権力の座に上りつめた後に、その座にとどまることは容易ではないが、上手くやってのけるリーダーは、力を倍増するために、自分を権力の座に上らせた盟友集団を入れ替えて、権力を掌握する。頭のいいリーダーは、古い支持者を切り捨てて、もっと信頼がおけて金のかからない支持者と挿げ替える。しかしそれでも、いくら盟友集団を友人や支持者で埋めようとも、見返りを与えなければ彼らの忠誠は長続きしない。そして、次章で見る通り、見返りは、安上がりには済まない。

第４章

財政

貧しき者から奪い、富める者に与えよ

Steal from the Poor, Give to the Rich

金の流れを摑め

オスマン帝国でも、企業でも、あるいはリベリアでも、支配してゆくのに支援を得るためには、金の流れを押さえる必要がある。しかし、盟友集団とそれに取って代わる者を得るために金庫を一旦、カラにしてしまったら、再びこれを満たすには策を練らなければならない。もしも、リーダーが確かな財源を見つけられなければ、そのリーダーが頼みとしている人々に、誰かがより大きな見返りをオファーするのは、時間の問題だろう。

金は、どんな組織でも、それを支配する者にとっては、かけがえのないものである。金がなければ、長期にわたって権力の座にとどまることは難しくなる。リベリアのプリンス・ジョンソンは、国の資産が隠されている銀行の口座番号を聞き出すためにサミュエル・ドウを拷問にかけたとき、このことを思い知った。ドウからの答えを引き出せなければ、ジョンソンは自らの権力を保てなかった。ジョンソンも、そのライバルだったテイラーも、ドウが倒された後のリベリア政府を掌握するに足る金を確保できなかった。結局、ドウがジョンソンの拷問に何ら答えることなく死んだ後、リベリアは内戦に突入した。それぞれの党派は、地元で支持を得るために必要な金を得ることはできたものの、誰一人として国全体を支配するには至らなかった。

オスマン帝国の継承過程も、同じ視点からみることができる。皇帝が亡くなった後、皇子たちは国庫を摑《つか》むために各地の所領から都に馳《は》せ戻った。それは、軍人の忠誠を得るためと、すべての潜在的なライバル（つまり、兄弟たち）に先んじるためだった。大抵は、誰であれ、最初に金を摑めた者が、勝者となった。もしも誰も勝利しなければ、すなわち兄弟の手から金を奪えなければ、盟友たちにバラ撒《ま》くのに必要な金を捻出することもできない。つまるところ、リベリアのように、内戦に繋がる。

「金のありかを知る」ことは、独裁者にとってとりわけ重要であり、とりわけ難しい。それは、秘密のベールに包まれていて、盟友たちはそこから見返りを享受するのだが、どれほどの富が貯め込まれ、どのように流れているかについて情報を正確に摑んでいるわけではない。もちろん、こうした透明性のなさは、わざと仕組まれたものである。したがって、混乱した会計は一種の保険になっていて、ライバルはその盟友たちに、賄賂《わいろ》に見合うだけの見返りを配分させることも、さらに言えば、その金に手を付けること自体も非常に難しくする。実際に、秘密主義はライバルに対する保険としてだけではなく、盟友同士がそれぞれどれほどの利益を得ているかわかりにくくすることにも繋がっている。

前章の終わりで述べたように、独裁者がその統治の初期を生き残ることは非常に難しい。良い統治《グッド・ガバナンス》は、彼らが富を得ようと四苦八苦しているときには、贅沢品《ぜいたく》でしかない。政権移行期には、しばしば、略奪や没収、搾取、武器取引、あるいは逆に、一時的な自由化改革を、後に独裁者となる者が最初の数ヵ月のうちに行っている。したがって、リーダーが交代した後、少数のリーダーは、あたかも人々のことを配慮しているかのように振る舞い、多くのリーダーは民衆の富と財産を狙っている。財産の没収は、長期的には歳入にダメージを与えるはずだが、目先の金を必要とする者にとっては、長期的な視点など他人事《ひとごと》である。

民主国家においては、幸運なことに多くの金がどこにあるのか、充分に知ることができる。イギリス首相にキャメロンが、あるいはアメリカ大統領にオバマがそれぞれ就任したとき、彼らは金のありかを知るために前任者を拷問にかける必要はなかった。民主国家の国庫はよく制度化され、また比較的透明性があるため、金の流れがリーダーの一存に任されることはない。その透明性の理由には、二つが挙げられる。第一に、これは著者が明らかにしようとしていることだが、民主的指導者はオープンな政府の政策によって生き残ろうとすること、第二に、民主国家における歳入の大きな部分は、独裁国家よりも、人々からの税収に依存していることがある。税金は、明確で透明な手段によって徴収されなければならない。なぜなら、リーダーは確かに金を必要としているが、有権者は、税金を支払いたくないからである。

理想の税率

我々は、税金が嫌いで、納税を回避する方法を探そうとする。しかし、リーダーたちは、彼ら自身が支払わない限りにおいては、比較的税金が好きである。独裁者は、素晴らしい職業であるかもしれないが、もし資金が不足したら、恐ろしくストレスのかかる職業になるだろう。税金は、政府首脳にとって、ストレスに対する重要な解毒剤だ。税金は、必要な歳入を生み出し、回り回って支持者たちに還元される。一般的に、リーダーは、税金を増やそうとする。これは、支持者たち、そして忘れてならないのは、リーダー自身が利益を享受することに繋がる。しかし、税額を上げることは簡単ではない。

リーダーは、資金を搾り取るにあたって三つの制約に直面する。第一に、税金は、人々の勤労意欲を削ぐ。第二に、かけがえのない盟友も、税金の一部を当然に負担しなければならない（一般的に、第一の制約が、独裁国家での税金を限界付け、第二の制約が民主国家での税金の限界を確定する）。第三に、税金の徴収には専門性と予算とが必要である。徴税のためのコストは、リーダーがどれだけ搾取できるかという限界を明確にし、課税方法の選択につながる。

はじめの、そしてもっとも一般的な税金に対する不満は、それが勤勉さや経営、そして投資への意欲を鈍らせるというもので、それは確かに正しい。人々は、国庫に金を満たすために働くのではなく、自らのポケットに入れるために働くのである。エコノミストは、しばしば税金と経済活動をパイになぞらえる。すなわち、税率が低いときには、人々はパイを大きくしようと必死に働くが、政府はパイの切れ端しか得られない。政府が税率を上げると、パイの取り分は増えるものの、人々は労働を減らしはじめ、結局、パイの大きさそのものは小さくなってしまう。もしも政府が税率を極端に低くするか、あるいは極端に高くすると、その取り分はゼロに近づいていく。前者では大きなパイのうちごく小さくしか得られず、後者ではほとんど誰も働かないなかで、ほとんどパイが存在しなくなる。これら二つの極端なケースの間に、国がもっとも税収を得られる理想的な税率があるはずである。理想の税率は、盟友集団の大きさによる。実際、組織について考えるときに、独裁主義や民主主義といった不明瞭な概念について語るより、どれだけかけがえのない盟友がいるかについて語る方が助けになる。一般原則でいえば、盟友の集団が大きくなれば、税率は低くなる。

独裁者の狙いは、歳入を最大化することである。彼らは、自らと自らの仲間《クローニー》のためにできる限り多くの金を求める。対照的に、良い統治《グッド・ガバナンス》が行われるときは、税金は、市場が提供しづらいもの、たとえば国防や大規模な公共事業のために徴収される。税金が比較的少なく徴収されるときは、人々はより生産的な人生を送ろうとし、より大きなパイを作ろうとする。アメリカ大統領レーガンは、税金を軽減することによって、国民はもっと働き、もって政府の歳入は増加すると主張した。つまり、大きなパイの小さな切れ端の方が、小さなパイの大きな一切れよりも大きいということである。こうした耳あたりのいい政策は人気を集め、同様の主張が幾度も流行るのだが、もちろん、なかなかその通りにはゆかないのが実情である。

より低い税金は、勤労意欲をかきたて、パイを大きくさせたという点でレーガンの主張はある程度正しかった。しかし、民主国家では、盟友集団の税金を負担しようとする意思が、税金のレベルを決定する。したがって、当初は税をあまり高率にするわけにはいかず、あまり大きな変化はもたらしえない。パイはさほど大きくならず、歳入の拡大も抑えられる。

近年、共和党支持のティー・パーティ運動も、レーガンと同様の租税軽減政策を求めている。彼らは、税金の軽減が経済の拡大に資すると主張する。ティー・パーティ運動が選挙で勝利したことからうかがわれるのは、誰も、税金を払いたくないということである。現行の税額を増加または維持することは、政治的に非難を受けやすいものであり、政治家としては、盟友集団の望みをかなえられないことになる。経済的パイが拡大しているときなら、税金を軽減することはいいことかもしれないが、さらなる富とより効率的な政策を生み出すには充分ではないかもしれない。問題は、民間セクターの効果的であっても不公平な富の分配が、政府の公平であっても効率的ではなく、しかし人気はあるという経済政策に勝利するかどうかという点にある。

国を豊かにしてはいけない

支配するということは、良い統治《グッド・ガバナンス》かどうかではなく、権力の座にとどまり続けることである。そのために、リーダーは、かけがえのない盟友たちに見返りを与えることで支持の輪を拡げる。税金はこうした忠誠を養うのに二つの役割を担う。第一に、税金は、リーダーがかけがえのない盟友を豊かにする源泉となる。第二に、盟友集団の外にいる者の福祉を削減することにもつながる。税金とは、とくに盟友集団が小さい場合には、盟友以外の者（貧しい者）から得たものを盟友（豊かな者）に再配分するものとなる。豊かな者は、彼らが盟友集団に属しているが故に豊かであり、その他の者はそうでないが故に貧しくなる。ジンバブエのムガベの子分だったフィリップ・チャンワは無造作にこう表現している「私が豊かなのは、ジンバブエアフリカ民族同盟（ムガベの与党）に所属しているからだ」。支配者とその盟友集団が代われば、誰が豊かで誰が貧しいかも変わる。

言うまでもなく、人々は、潤いと満足を求め、人の世話になったり不安に駆られたりはしたくない。彼らが忠誠を保ち続ける理由が、ここにある。重い税負担は、豊かな者と貧しい者、すなわち盟友とそれ以外の者との差を際立たせる。歳入は幸運な少数の者のために使われ、他の者には少ししか残らない。さらに、重税によって一般庶民は、より価値のある盟友集団に加わろうとする。野党になることによる疎外や貧困を恐れて、人々は、競って忠誠を誓う。彼らは、自分の財産を維持し、増やし続けるためには何でもする。ロンドン大学のヘラルド・パドロ・イ・ミゲルは、いくつものアフリカの国々で過度の重税が課され、補助金として一部の者に配分されているとしている。これは経済学的には狂気の沙汰《さた》だが、政治的には天才的なものである。

民主的指導者は、独裁者と同様の理由で重税を課す。彼らは、対立する者からの支出を元手に選挙で応援してくれる者に補助金を交付する。たとえば、民主党も共和党も、税金を介して対立陣営の富を自陣営に再配分する。したがって、民主的政権は、税収への欲求をもつのだが、独裁者ほど恣《ほしいまま》にできるわけではない。独裁者たちの盟友集団は小さいので税負担を補償しやすいのに対して、民主的指導者の盟友集団は大きいので、税率も抑えなければならない。ブッシュは、選挙戦において「私の口元を見ろ、新しい税金は課さない」と国民に言った。しかし、予算不足から彼がとった方策は、増税だった。湾岸戦争勃発の時点で、支持率は九〇パーセントにもなっていたが、経済の停滞と増税という公約破棄は、一九九二年大統領選挙での敗北につながった。リーダーは、支持者たちのために歳入を創出しようとするものだが、民主的政権のリーダーは、税金を比較的低く抑えるよう制約される。民主的指導者は税を「良い統治《グッド・ガバナンス》」のための最低限よりも上げようとするが、独裁者の歳入上限までには上げようとしない。

政治体制と税制との関係は、メキシコの近年の状況からもみてとることができる（図4-1）。メキシコ初の自由選挙は、一九九四年に実施されたが、当時の与党であった制度的革命党（ＰＲＩ）は、二〇〇〇年の選挙で下野する結果になった。この当時の状況を見ると、競争的な選挙（と民主化）の始まりとともに歳入の減少がみられる。盟友集団に加わった支持者の数が増えるとともに、メキシコの税率は下降している。メキシコでもっとも税率が高かったのは、ＰＲＩが支配を確立していた一九七九年で、五五パーセントとなっていたが、二〇〇〇年までに自由で競争的な大統領選挙が実施され、最高税率は四〇パーセントに下がっている。

図4-1　メキシコの税収と民主化

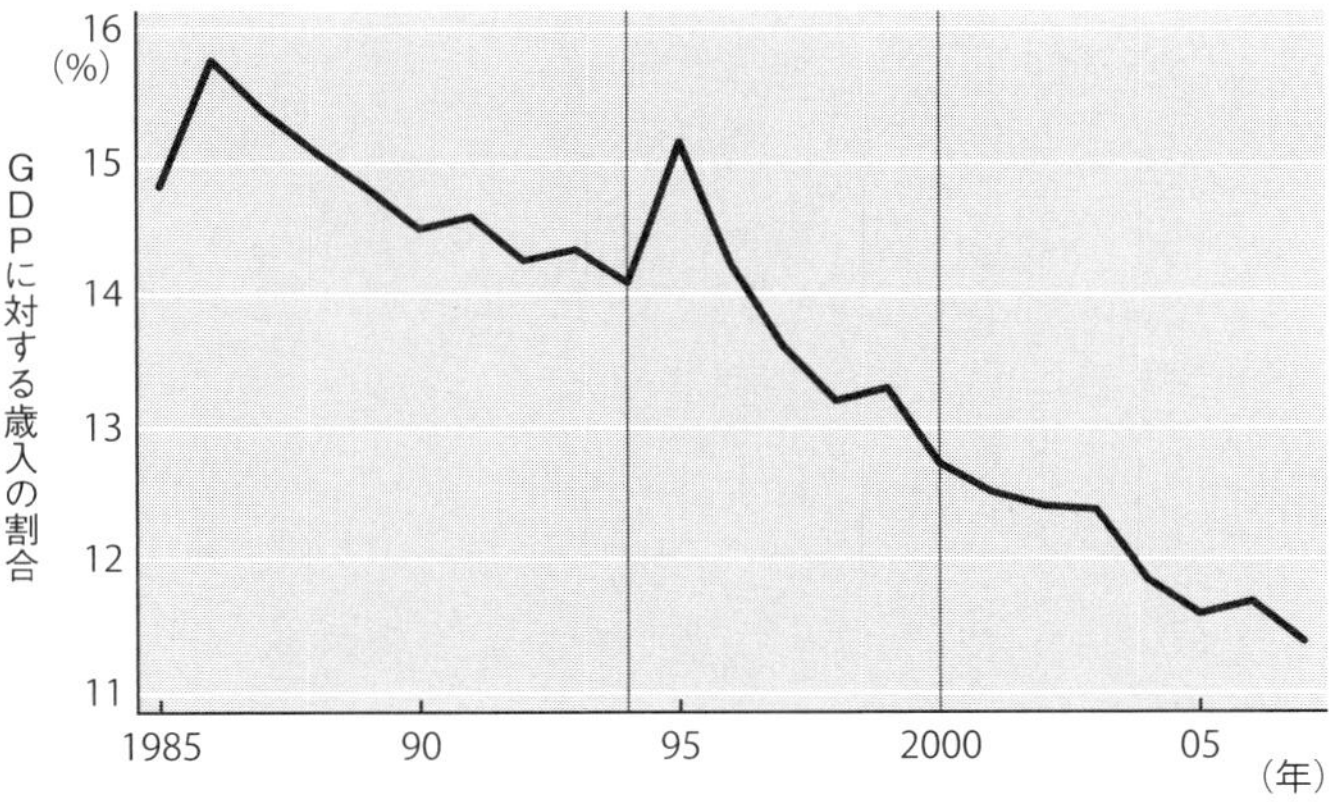

独裁者の小さな盟友集団も、税金を支払いたくない。しかし、彼らは、その税金が彼らの元に注ぎ込まれることを知っている。これは、カリフォルニア州ベル市において起きたことである。リッツォは、固定資産税を増税した。市議会はこれを阻止できたかもしれないが、そうすれば巨額の手当を払うこともできなかった。リッツォの盟友がベル市の人口三万六〇〇〇人の一パーセントだとする。そして一人あたり一ドル増税すると、それぞれの盟友に一人あたり一〇〇ドル分のサービスを提供することができる。しかし盟友が市の人口の半分だとすると、一人あたり一ドルの増税では盟友一人あたりに二ドルしか給付できない。盟友たちが早い段階で高率の税金を認めるのには、こうした事情がある。

それにもかかわらず、民主国家に住む多くの読者にとって、税は、実際には他の政治制度をとっている国よりも低いのだという考えは、正直言ってばかげているようにも聞こえる。もしニューヨーク市に住むとすれば、連邦、州、そして市の税金を払わなければならない（そして社会保険や高齢者向け医療保険、消費税も）。そこそこいい収入を得ていたとしても、所得税は四〇パーセントにもなる。消費税や固定資産税なども考えると、豊かなニューヨーカーたちは、収入の半分以上を税金として支払っていることになる。ヨーロッパの民主国家では、広範な社会保障と保険制度によって、税金は、もっと高い割合になっている。対照的に、独裁国家の中には所得税さえない国もある。しかし、税率の平均値の比較は、誤った解釈を導く。

独裁主義の貧困国の多くで課税されている所得レベルでみると、ヨーロッパやアメリカの税率はないようなものである。多くの所得税は累進制度をとっていることから、高額の収入を得ている者に高い税率が課せられている。アメリカでは、夫婦と子ども一人の世帯で、所得が三万二四〇〇ドルを下回る場合は、所得税が課税されない。もしも、所得が二万ドルであれば、彼らは、子どもの扶養のために連邦政府から年間一〇〇〇ドルを受けることができる。中国では、家族の収入が三万二四〇〇ドルの場合、所得税として六七二五ドル払うことが期待されている。さらに、名目的な税率が低くても、独裁者は潜在的な高額の税金を課す。もしも、価値のあるものを保有していたら、それは奪われたものである。中国やロシアで最大の富豪はいずれも現在刑務所に入っていることを思い出してほしい。

独裁国家では、政府のお陰でなければ、豊かになることは賢い選択ではない。もしも、政府のお陰なら、なによりも政府に忠誠を尽くすことが重要である。こうした国で仕事をするには当たり前のことである。民主国家では、ルールを書き換えて富を求めようとする度合いは、小さい。さらなる歳入を得ようとしても、それが生産性を削ぐことになる。

どれだけ、どのように搾り取るか

民主的指導者には、自らの盟友集団に与える見返りの原資が必要である。しかし、あまりに徴税し過ぎることもできない。同様の問題は、いかなるかたちで徴税するかという点にもある。リーダーは、税金を「公平」で少なくとも透明な方法で徴収しようとする。アメリカの市民で国税庁が透明な機関だと考える者は少ないが、少なくともルールにもとづいて機能しており、独立した司法によって執行されている。様々な規則や例外が、アメリカの税法を複雑なものにしているが、政治家が必然的に行うことは、支持者への還元のためにその他の者に負担させることである。税法の一部は農民のための規定となっている。農民は、一部の政治家にとっては決定的な支持者であり、上下両院の議員が議席を守ろうとするなら、利益を還元させなければならない。

独裁者は、もっと不透明でもかまわない。チャンスがあれば、政商は、欲しいものを手に入れることができる。しかし、彼らが、民衆の気持ちに束縛されないとしても、徴税方法について問題に直面することになる。税金が高率になれば、人々はその仕事や利益を隠そうとする。すると、その収入をチェックすることは、困難になる。さらに、アメリカのように包括的な税制を運営させるため、官僚機構が大規模になると、そのためのコストがかかることになる。具体的には、アメリカ国税庁は一人あたり三八ドル、つまり一人あたり平均七六一四ドルの徴税額の〇・五パーセントをコストに費やしている。これは一人あたりＧＤＰが四万六〇〇〇ドルの国であるからいいものの、一人あたりＧＤＰが一〇〇〇ドル程度の国だったら、そのコストは歳入の二三パーセントにもなってしまう。しかも大きな官僚機構を設けると、独裁者からすればそれを監視する者を置かなければならなくなる。徴税人の奴隷になることを避けるため、独裁者は、間接税を用いようともする。間接税なら、徴税コストを実際に納税する者以外に押し付けることができるからである。たとえば、事業者は消費税を納めるが、その額を消費者に払わせることができ、消費税は、間接税になる。

独裁国家では、農業協同組合は、貧しい農民から間接税をとるための組織とみなされている。元々こうした組織は、ヨーロッパ連合共通農業政策（CAP）と同様の機能を果たすよう編成されている。CAPは、農産物の最低価格を保障することで、農民に利益を供与している。アメリカのように多くの民主国家では、地方選出の議員が多すぎる。できるかぎり少数の支持者を頼みとして統治を進めてゆこうとするなら、民主的指導者が農民団体を盟友とし、彼らに見返りを与えようとするのも驚くことではない。これに対して、農民は、独裁国家では重要な支持者にはならない。農業協同組合は、彼らを助ける団体というよりも搾取するために作られる。ガーナのカカオ生産者協議会（GCMB）は、税額を含めたカカオの価格を設定し、農民にすべてのカカオを協議会に売却するように言う。そしてGCMBは、世界市場により高い価格で販売し、差額をポケットに入れる。それがガーナ政府の主要な収入になっているのである。

貧しい者に課税し、富める者に報いることは、長期的には悪い経済的結果を生む。たとえば、ガーナでは農民に重税を課すことで、長期的には生産の減少を招いた。ガーナの農民は、カカオの木を世話するのをやめ、一九八〇年代までにカカオの生産は激減した。少しばかりの収穫を、隣国のコートジボアールに密輸しようとしたのである。つまり、税負担が重すぎると、働くのをやめるか、フォーマルな経済の埒外《らちがい》に潜ろうとするのである。

石油は「悪魔の排泄物」

少なくとも産油国の連合体であるＯＰＥＣを創設したベネズエラ人のファアン・パブロ・ペレス・アルフォンソにとって石油は、「悪魔の排泄物」だった。彼は「一〇年後、二〇年後をみればいい、石油は、我々に破滅をもたらすだろう」と言い、そして、それは正しかった。

多くのリーダーが学んだように、税金によって歳入を増やすことの問題は、人々の労働が必要だということである。税金は、経済活動に貢献する環境を与えることなく、人々の生産意欲を削ぐ。土地そのものから歳入を得るのは、便利な方法だが人々から平等を奪うことになる。

たとえば、石油を例にしよう。石油は、課税率が〇パーセントだろうと一〇〇パーセントだろうと湧《わ》き出てくる。しかし、労働は、石油の採掘には大きな割合を占めない。これがリーダーを夢見心地にさせ、民衆を悪夢に陥れる。金になる資源を持つ国は、そうした資源を持たない国よりも制度的にうまく統治されないという、しばしば「資源の呪い」と呼ばれる現象が起こる。経済成長を伴わない資源産出国は、内戦が起こりやすく、資源の乏しい国よりも独裁的になる。

アフリカでもっとも人口の多いナイジェリアは、一九六〇年にイギリスから独立した。独立したときは、貧しい国だったが、成長への期待は高かった。その期待は、原油の発見によってさらに高まった。ナイジェリアの石油埋蔵量は、世界第一〇位と推定されている。一九七〇年代初頭および後半の石油ショックによって原油価格が高騰し、ナイジェリアは富で満たされたとみられた。それにもかかわらず、一九八〇年代初頭までに、この国は、負債と貧困で満たされてしまった。ナイジェリアは、一九七〇年から二〇〇〇年までの間に原油で三五〇〇億ドルを稼いだが、民衆の助けにはならなかった。同じ期間に、平均年収は一人あたり一一一三ドルだったものが二〇〇〇年には一〇八四ドルに落ち、世界の最貧国の一つになった。貧困は、増大した。貧困を測る基準として一日あたり一ドルという収入が用いられるが、一九七〇年にはナイジェリア国民の三六パーセント以下がこれに該当していたのに対し、二〇〇〇年には約七〇パーセントにまで急上昇している。この状況はその後改善しているとは言い難い。今日のドルのインフレにもかかわらず、ナイジェリア国民の多数の収入は一日一ドル以下であり、一人あたりの年間収入も下落し続けている。インフレを考慮に入れると、収入は独立当時以下になっている。

ナイジェリアは、例外ではない。GDPに占める資源の輸出額と経済成長との関連性をみる(図4-2)と、原油、銅、金、ダイヤモンドまたはその他の鉱物に恵まれた国は、経済成長が伸び悩んでいる。

それにもかかわらず、資源は、リーダーにとってはありがたいものである。天然資源は、人間と違って無理やり働かせる必要もない。独裁者たちは、資源から利益を得るのに地域住民の参加がなくてもかまわない。原油は、たとえばナイジェリアではニジェール川河口地域に集中しているが、そのほとんどは、外国企業が外国人を雇って採掘している。ナイジェリア人が関与することはほとんどない。石油会社は、事実上の私兵である警備会社を設けて、地域住民による業務妨害や環境破壊に対する抗議に対処させている。BPその他の外国企業は、政府にロイヤリティを払うことで免責を受けて自由に活動することが認められている。これは、そのリーダーが一握りの仲間《クローニー》を頼みとするような国では不祥事とはいえない。政府への支払いが少なければ、より「協力的」とされる他の企業に取って

図4-2　経済成長と自然資源の豊かさ（1970-1990年）

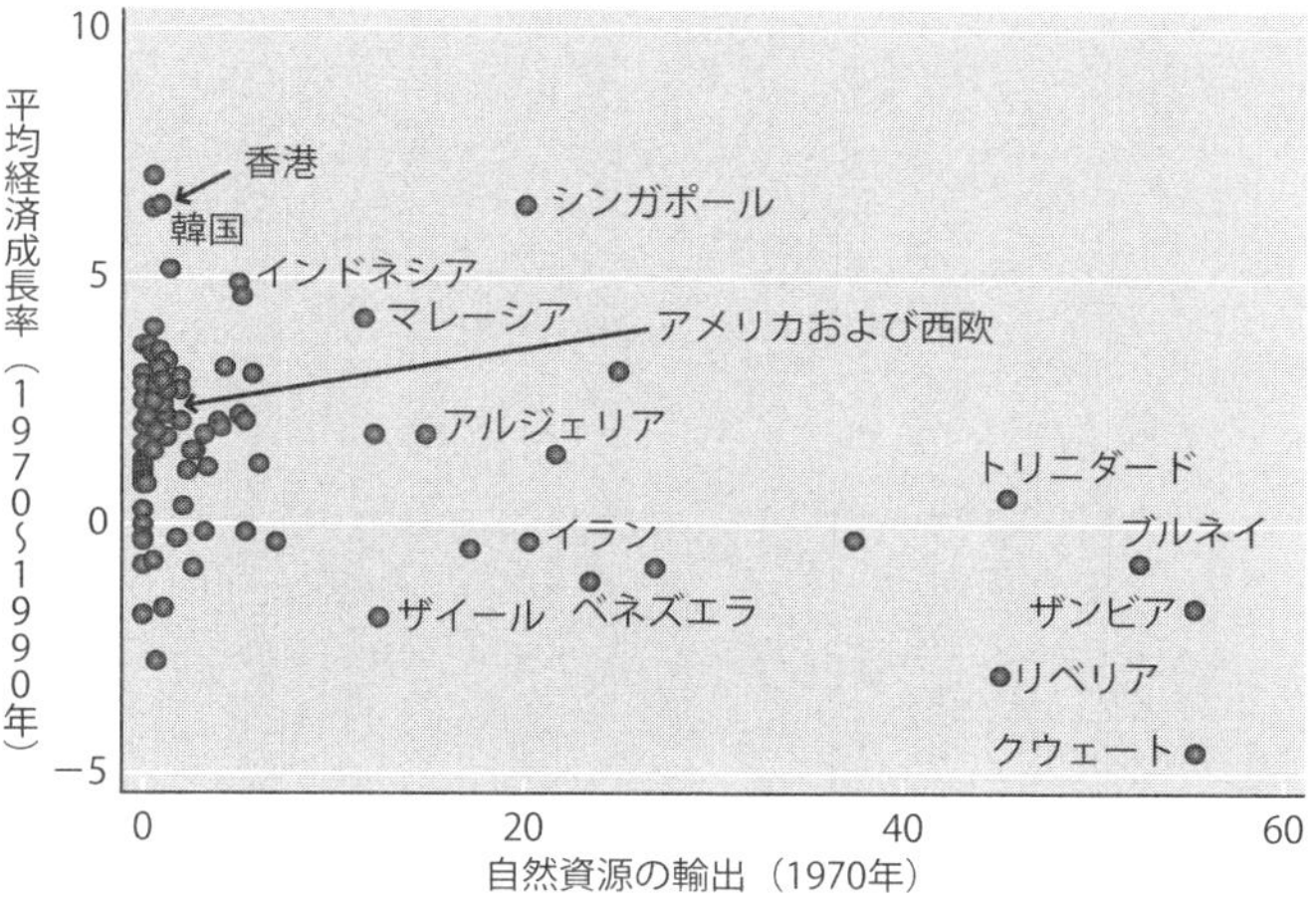

代わられることになるからである。

資源が豊かな国における富と貧困との差は、駐在員の生活コストからもわかる。オスロや、東京、ロンドンなどはコストがかかる都市であるが、アフリカ南西部に位置するアンゴラの首都ルアンダでは、住み心地のいい住宅は、家賃が月額一万ドルにもなるうえ、水や電気は断続的にしかこない。しかも貧困に取り囲まれている。国連開発計画によれば、アンゴラ国民の六八パーセントが貧困線以下で生活しており、四分の一以上の子どもは五歳の誕生日を待たずに死亡する。男性の平均余命は、四五歳以下である。二〇〇〇年の統計によれば、全人口の二〇パーセントを占める最貧層は、富の二パーセントしか得ていない。アンゴラは、すべての人間開発指標によれば一八二ヵ国中一四三位にランクされている。アンゴラにおける物価とは、西アフリカ地域の多くの国と同様、原油によって高騰させられたものだった。

資源の呪いは、独裁者が支持者に大きな見返りを与え、莫大な富を築き上げることを可能にした。富裕な外国人や幸運な盟友集団の者たちがフランスから空輸されるフォアグラを味わえるルアンダで、物価は高騰した。民衆が協力し合い、抵抗し、国を支配しようとしないように、リーダーたちはこれら盟友でない者たちを貧しく、無知で、協力し合えないように努めた。石油による歳入が、社会問題を解決する資源となる一方、それらを悪化させる政治的インセンティヴになったことは、皮肉である。

民主国家では、これほど悪質なものにはなっていない。問題は、一旦、国が資源から利益を得始めると、民主化されなくなることである。リーダーが自由化政策を進めようとさせるのにもっとも簡単なのは、税収に頼るようにすることである。そうなれば、権力の座にある者は、もはや人々を抑圧できなくなる。もし抑圧すれば、彼らは働かなくなる。

資源の呪いは、なくすことができる。もし、援助機関が石油のお陰で豊かな国の人々を助けようとするとき、我々の生存を基礎とする主張によれば、寄付金を費やして先進国政府に石油への税率を上げるようロビー活動すれば、海外への支援活動をするよりも目標を達成できる。石油やガスの価格を上げることで、これらへの税金は、石油の世界的な需要を減らすことにつながる。その結果、石油による歳入は減少し、リーダーは、もっと税収に依存するようになる。

効率的な税制は、民衆が勤労意欲を持つことを必要としている。しかし、労働者が結社の自由や言論の自由を持たない限りは、効率的な生産は実現し得ない。これらの自由は、いかにして職場での活動をもっと効率的にしたり、いかにして労働者への負担を軽くするような規制を政府に行わせたりできるかということに関わってくる。

借金を返すのは次のリーダー

借入は、リーダーにとってありがたいものである。彼らは支持者たちを幸せにするために金を使い、そして彼らが常識的であれば、いくらかを自分たちのために残しておく。もし、彼らが長期にわたってその地位に居座ることができなくとも、今日の負債を返済していくのは別のリーダーの問題になるからである。独裁者が、借入の得意先になるのと同様、民主的な指導者もできるかぎり金を借りようとする。

我々は、多かれ少なかれ、我慢できない生き物である。金回りが良くなれば金を貯めておくことが勧められるなかで、何かを買ってしまうのは仕方がないことである。政治家が、放漫な借入人となる論理をみるために、ある国の国民が年間一人あたり一〇〇ドルの収入を得、その状態がその後も続くと仮定しよう。より多く消費すると、より多く利子と元本の返済に充てなければならない。たとえば、一〇〇ドル余計に使えば、後に一〇ドルは利子の支払いに使わなければならない。我々は、それがいいアイデアかどうか異なった考えを持つのが自然であるが、政治の観点からすればそれは魅力的なことに映る。簡単にいえば、リーダーたちは借り入れた金を盟友集団で分けるとすると、より多く借り入れようとすることに繋がる。もし、国民の半分を支持者とするリーダーが、一人あたり一〇〇ドル分借り入れたとすると、国民は一〇ドルずつ（返済に充てる税金として）支払わなければならない。しかし、支持者は国民の半分なので、支持者一人あたりは借入金から二〇〇ドルを得ることになる。さほど大きな利益ではないようにみえるが、一〇〇ドルの利益に対して同じだけ負担をするのに比べれば得である。いかなる政府も、市民より浪費家であり、支持者の少ない体制において浪費は、さらに増大する。

盟友集団が小さければ、彼らが借入金から得る利益は増大する。たとえば、国民一〇〇人のうち一人が盟友集団に加わっている場合、負債に対する負担と引き換えに、先ほどの例でいえば国民の半分が支持者であれば二〇〇ドルしか享受できないのに対し、支持者一人あたり一万ドルを手にすることになる。したがって盟友集団が小さければ、借入の動機付けも増すことになる。

もちろん、借入は、今日では重い負債を抱えることになり、さらに借入することを難しくする。しかしこうした意見はリーダーには説得力を持たない。今日、負債を抱えることは次の世代にその負担を後回しにできるということで魅力的なのである。したがって、この問題は、将来の挑戦者の足枷《あしかせ》になる。

リーダーは、盟友集団が保証し、市場が提供できる限り借り入れる。このようにする者の中には、権力の座にある者から政権を奪取するために金を使う者が出てくる。そうすると、借入を行わないことは、リーダーの地位を危うくする。多額な借入は、盟友集団が小さい政治体制の特徴であって、一部の経済学者が言うような、第三世界のリーダーによる経済の無視ということではない。

独裁国家では、盟友集団が小さければ、リーダーたちはより多くの負債を抱えようとする。独裁者の借入額の限界は、どれだけ人々が貸そうとするかによる。ナイジェリアにおいて石油による歳入と負債との反比例についてみたが、石油そのものが借入を促進するのではなく、独裁者が常により多く借り入れようとするのである。石油による歳入があることは、ナイジェリアがもっと多く債務返済できることを意味し、そのため人々はより多く貸そうとしたのである。

民主国家では、盟友集団の数の多さが借入のレベルに制約を加えるにもかかわらず、そのリーダーたちは経済的に責任を負おうとはしない。負債がすべての人によって返済されても、利益は、盟友集団の元に不公平にも還元される。西洋諸国では過去一〇年間、好景気が続いた。これは、負債を減らすには完璧な状況だった。しかし、多くの国においてそのような結果にはならなかった。一九九〇年、アメリカの負債は二・四一兆ドル、すなわちＧＤＰの四二パーセントに当たる額であったが、二〇〇〇年までにその額はＧＤＰに占める割合こそ三五・一パーセントに落ちているとはいえ、三・四一兆ドルに増大している。二〇〇七年の経済危機の直前、その負債は五・〇四兆ドルになっている。二〇〇〇年代の好景気により、負債は徐々に増え続けているとされる。経済規模が大きくなれば、債務を返済する能力が上がるとともに、より多く借り入れることもできるようになる。リーダーの政党政治から負債の拡大を説明しようとすることもできる。しかし、政治信条は、この問題にさほど影響しない。第二次世界大戦後のアメリカにおいて、負債が拡大したのはレーガン、ブッシュによる共和党政権下においてである。この負債は、二〇〇七年から二〇一〇年の景気後退期における問題のある銀行の保証やケインズ的経済の導入によって驚くほど増大した。二〇一〇年第三四半期までに、負債は九・一三兆ドル、ＧＤＰ比で六二パーセントにまでなった。イギリスも同様なパターンをたどった。二〇〇二年にはＧＤＰ比二九パーセントだった負債は、二〇〇七年には同三七パーセントとなり、二〇〇八年の経済危機の時点では同七一パーセントにもなっている。

ケインズ主義の観点からいえば、多くの政府は、景気後退期に需要を喚起する代わりに支出を削減しようとする道理に合わない方策を取ろうとする。これは、政治家の借入金を減らそうとする欲求を反映していない。アイスランド、ギリシャ、アイルランドの経済危機によって、多くの投資家が国の返済可能性を疑うことになった。これによって、新たな借入は、困難になった。需要ではなく、供給が、縮減したのである。

市場が、国の借入可能額を制約する。もし、個人が過重に借入し、返済できなければ、銀行やその他の債権者が、その債権を回収するために資産を差し押さえる。しかし主権を持つ国に対してはなかなか同じことはできない。いくらか、そのような事例は存在する。たとえば、フランスは、一八六二年に債権回収のためにメキシコに武力侵攻したことがある。フランスはまた、第一次世界大戦の賠償金が払われなかったことから、その回収を目的に一九二三年、ドイツの工業地帯ルール地方に侵攻した。しかし、いずれの目論見《もくろみ》も失敗に終わっている。貸し主が国にできることは、将来の融資を差し引くことくらいである。にもかかわらず、これは大きな効果をもたらす。市場で借入ができることは、重要なのである。したがって、国は、一般的に負債を返済する。

しかし、債権へのアクセスの価値が、債務返済のコストよりも小さいものになると、リーダーは債務不履行を起こす。もし、彼らが、不履行にしなければ、彼らへの挑戦者がそうするだろう。これはヒトラーが、一九三〇年代にドイツ国民に訴えたことである。ドイツは第一次世界大戦の賠償のため重い債務を負っていた。ヒトラーはこの債務を履行しなかった。この政策は、民衆の賛同を得た。債務の返済は大きな負担になっていたからである。

債務が債権へのアクセスの価値と債務返済のコストとが均衡する点に近づけば、貸し主は融資の額を増やそうとはしなくなる。もし、リーダーたちがもっと多く借り入れようとすれば、その増額分を返済できるように歳入を増やさなければならない。ナイジェリアの事例のように、搾り取ることのできる資源を見つければ、より債務を返済できることになり、もっと多く借り入れるようになる。しかし、こうした資源がなければ、借入額を増やすには税収を増やすしかない。独裁者にとって、これは彼らの政策を緩和させ、人々がもっと働くようにしなければならない。すでに税率は高くなっているからである。しかし、こうした方策を頻繁に、または円満に行うことはない。彼らが自由化し、より民主的で、説明責任のある政府へと変えることは、退陣を免れて自らの保身を図るための最後の手段だからである。

債務は削減すべきか？

債務免除は、よく知られた政策であるが、一般的に誤解を受けているものでもある。重い債務を負っている貧困国の債務免除を進める意見としては、借入の恩恵を受けていない貧しい人々を救済するために行うべきというものがある。これは、事実である。すでに見たように、債務返済の負担はすべての人にかかってくるのに対し、恩恵はリーダーとその盟友のみが享受する。しかし債務免除について議論する人々は、それが実際どれだけ機能するかというよりも、いかにしてこれを実施するかということについて述べている。

一九八〇年代後半、多くの貧困国が債務にあえぎ、債権者たちは返済の繰り延べや免除を進めた。フランスの経済財務産業省は、交渉の重要な拠点となった。これらの会議は「パリ・クラブ」として知られるようになった。一九九六年、国際通貨基金（ＩＭＦ）と世界銀行は、重債務貧困国イニシアチブを開始した。それまでの事例ごとの対応ではなく、このプログラムは、貧困国の債務を削減する体系だった救済を行うものであった。しかし、債務の救済を得られるのは、貧困撲滅や財政改革について明確な基準が設定され、これに見合う実質的成長がみられた国に限られた。このプログラムは、ミレニアム開発目標プログラムの下でさらに進められた。二〇〇六年から、多くの重債務貧困国の債務が軽減された。これらのプログラムの結果を見るには時間がかかるだろう。しかし、二〇〇〇年以前に存在した債務救済策をあらためて見ることが有用だろう。

債務の割合から見ると、二〇〇〇年以前でもっとも大きく債務の削減を受けたのは、一九九九年のエチオピア（債務の四二パーセント）、一九九七年のイエメン（三四パーセント）、一九九六年のベラルーシ（三三パーセント）、一九九六年のアンゴラ（三三パーセント）、一九九六年のニカラグア（三〇パーセント）、そして一九九〇年のモザンビーク（二七パーセント）であった。アンゴラとニカラグアを除く国々は、すぐに借入を開始しはじめた。たとえば一九九九年に四四億ドルの債務削減を受けたエチオピアは、債務を五七億ドルまで減少させた。しかし、二〇〇三年までに債務は六九億ドルにまで膨れ上がった。ベラルーシは、一九九六年に五億八九〇〇万ドルの削減を受けたにもかかわらず、その債務総額は一九九五年の一八億ドルから二〇〇五年の四一億ドルにまで増えている。構造改革がなされなければ、債務の削減をしてもリーダーたちは、新たに借入を行うだけのことである。

民主的指導者も借入をしようとするが、独裁者ほどには浪費せず、より軽い債務負担で済まそうとする。民主化によって債務の軽減が進められることは、モザンビークやニカラグアの例を見ても明らかである。一九九〇年、モザンビークはその債務の二七パーセントが削減されたものの、その後も債務が増大した。モザンビークが民主化された一九九四年までに、債務は、八〇億ドルまでになった。しかしその後債務はさらなる免除もあり、徐々に減少している（図４－３）。

重債務貧困国プログラムは、その債務減少のペースが遅いことから批判を受けていた。しかし、著

図4-3　モザンビークの債務と債務免除

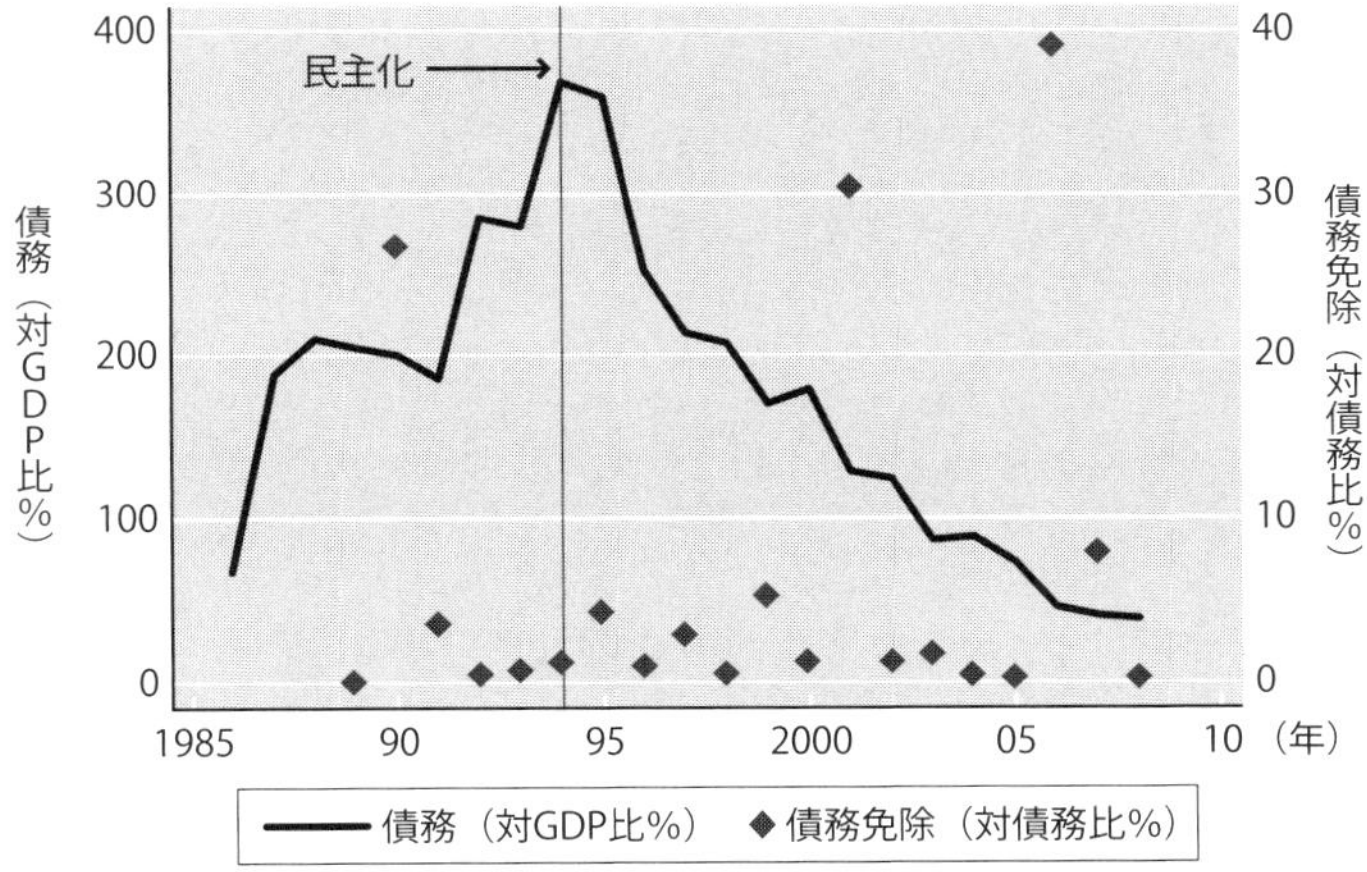

者は、逆の観点からこのプログラムを批判したい。これらのプログラムは債務免除を行おうとしすぎている。債務免除は、独裁者がさらに借入を開始することを認めている。経済危機は、リーダーが民主化に取り組まざるを得ない重要な要因となる。しかし債務免除は、財政的な問題を軽減し、独裁者が改革を行うことなくその地位に居座ることを可能にするため、国民生活が悲惨なものになり続ける。

独裁者が、債務削減をありがたがるのは不思議ではない。しかし統治を改善しようとする者、リーダーが甘い考えを持つよりもいかに行動するかを理解しようとする者から見て、債務削減がどれだけ頼りになるだろうか？　独裁者の観点をいかに変えるかということに関心を寄せる代わりに、リーダーの観点から統治について考える。これは、いかに独裁者の統治の論理を用いて、その統治をより良くする動機づけを与えられるかということである。つまり、いかにして、少なくとも何人かの独裁者が、彼らの政治的生き残りのためにも民衆のために統治を行おうと望むようにできるか、ということである。

債務削減は、民主国家では機能するだろう。こうした国は過大な債務をなんとか削減したいと望んでおり、債務削減はその過程を加速化する。モザンビークは、二〇〇一年と二〇〇六年に行われた債務免除よりも前から、すでに債務問題に取り組んでいた。したがって、統治と民衆の生活の質の改善のために債務削減を行わないという伝統的な手法を支持するものである。債務削減によって、独裁者は、体制を強固なものにする。民主化の約束と引き換えに債務を削減しても、それは、役に立たない。金を前にして、彼らは、まじめに選挙を実施するかもしれない。しかし、一度経済危機が過ぎ、リーダーが盟友集団のために借入できるようになると、選挙は、みせかけのものとなる。民主的指導者にとっては、債務削減は、不必要なものである。独裁者に対する債務削減をなくすことで、二〇一一年に中東で起きたような反乱の勃発を手助けできる。この反乱は、将来の良い統治《グッド・ガバナンス》に向けて扉を開くものだった。

税金、資源輸出、そして借入は、盟友集団を豊かにするための資金を得る手段である。税金についての議論は、いかにして徴収をより効率的にするかということか、いかにして民衆を働かせるかということの、いずれかを示している。リーダーたちは盟友集団のために金を使うのに税金をかける。上手なリーダーは、できる限り歳入を得る。税金の限界は、まず民衆は課税される限りでの労働意欲と盟友集団がどれだけ負担しようとするか、そして徴税コストにかかってくる。

金庫を満たすなかで、リーダーは、資源を三つの方法で用いる。第一に、公共財を提供する。これは、すべての人に利益のある政策である。第二に、盟友集団に私的に還元する。これは政治体制の違いによって私的な見返りと公共財の混合の度合いが異なり、盟友集団に還元された後には何も残らない。そこで指導者たちは第三の方法、資金を消費することを選択する。彼らは自分の手になる事業を促進するために資金を投じる。一般的に、彼らは、それをまさかの時のために隠しておく。

第5章

公共事業

汚く集めて、きれいに使え

Getting and Spending

リーダーの地位を保障する公共財

結局、新しい支配者は、初めに彼を権力の座に押し上げてくれた盟友集団を整理し、真の盟友を従えることになる。金は、ありがたいことに税金の形で徴収できる。すると今度は、統治という本来の仕事が待ち受けている。すなわち、盟友集団が幸福感を感じられるように——ただしそれを感じすぎない程度に——取り替えのきく者たちが起ちあがったり、反抗しない程度に金を分配したりするということである。これは、過去数年間の北アフリカや中東、あるいは一九八〇年代から一九九〇年代の東欧でみられたように、いずれのリーダーもたどる綱渡りである。過去数十年間、多くの独裁者が、この綱を踏み外して転落していった。盟友集団の利益と多数の入れ替えのきく者の利益とのちょうどいいバランスを見つけるのは、大変である。

新しく権力の座に就き、長く居座りたい者なら誰でも、微調整された芸術とも言うべき上手な金の使い方を体得しなければならない。もちろん、盟友集団に寛容になるか、あるいは人々に寛容になるか、という点で過ちを犯しうるが、それは、自分の裁量で使える金を盟友集団の望みを考慮したうえで使ってからの話である。リーダーは、クーデタや革命を起こしそうな人々を不公平に扱わない方がいい。

そこで著者は、すべての民主国家における本質的な問題に立ち戻りたい。いかにして、資源を社会のすべての人々の利益にかなう政策に配分するかということである。公共財は、そうした政策を求める集団に応じて、様々な形で表れてくる。もちろん、その集団は、リーダーのかけがえのない盟友である。異なる集団は、それぞれ異なる公共財に応じた政策を求める。ある者は、社会福祉のセーフティネットにより多くを投じることを求め、ある者は、教育に使うことを求める。別の者は、高齢者、あるいは青少年に使うことを、あるいは芸術などに用いることを求める者もいる。これらすべてが、取り上げられるべきものであるが、一言で言えば、とりわけ公共財である教育、保健、報道の自由、言論あるいは結社の自由といったものに関心を向ける。

外国の侵攻に対する安全保障は、根本的な公共財であるが、この問題については別の章に譲って、本章では、国内的な政策に焦点を当てる。まず、公共財がいかに社会全体を助け、リーダーの地位を安定させることに資するかを検討しよう。

優れたリーダーに市民意識はない

リーダーは、人々の利益のためと、リーダーにとってかけがえのない盟友の利益のために、消費政策のバランスを保つことを目的に、序章で紹介したホッブズの政治哲学を反映しなければならない。それはおおむね正しいが、ホッブズの政治に対するアイデアは、絶対的なものではない。ホッブズはイングランドで暮らしている人々のように、社会を豊かにする者は、革命を起こさないとする一方で、人々を寄せ付けない者と人々がリーダー――ホッブズの描くリヴァイアサン、プラトンの哲人王、ルソーの一般意志、マディソンの描く派閥支配の代表のいずれかであっても――を裏切らないようにするものとの違いを明確にしていない。ホッブズのいうリヴァイアサンは、安全な支配者でなければならない。したがって彼は革命を防ぐ方策として、これを考えたのだろう。支配者が、人々を豊かにしなければ、多くの人にとって人生は、孤独で、貧しく、粗野で、残酷で、短いものに終わると危惧《きぐ》したのである。

ホッブズの考えは、半分正しい。確かに、彼が信じたように、幸せでよく面倒をみてもらっている人々は、革命を起こそうとは考えないだろう。中国の長期にわたる経済成長は、この考えが（少なくとも今のうちは）正しいことを示すだろう。人々を太らせ、幸せにすれば、反抗のために起ちあがろうとはしない。しかし、病に冒され、飢え、渇き、無知な人々も反抗しようとはしないこともまた事実である。偉大な首領を、わずかばかりの生活の足しの源であると神格化する北朝鮮の人々は、沈黙の中にある。誰が、革命を起こそうとするだろう？　困窮に陥らせないことと大切に扱わないこととの間には、差がない。一方は、あまりにも弱く、起ちあがることもままならない。他方は、満たされており、反抗する理由がない。これは、体制とそのリーダーを脅かす者との大きな違いとなる。したがって、賢いリーダーは、盟友集団を豊かにし、人々には、かけがえのない盟友と自らを豊かにする分を生産できる程度にしておくように、バランスをとる。政府が、小さな盟友集団を頼みとして成り立っているような国では、それがほとんど民主的ではないとしても、ホッブズのいう自然状態が、大衆の生活をもっともよく指し示している。その中では、リーダーにとって長年にわたって支配し続ける展望が開けうる。

大きな盟友集団を頼みとするリーダーは、市民の生活が孤独で、貧しく、粗野で、残酷で、短いものにならないように努めなければならない。これは、民主主義者が、市民の感覚を持っていなければならないということを意味しないし、市民に温かな感情を抱く必要があるということも意味しない。すべきことは、高度な生活の質を提供できるように充分な公共財を確保することである。民主主義者は、自分が直面する困難な状況に適応するために、その地位に就けている野放図な集団への依存に行き詰まっているとき、成功した支配者が定めたルールに従う必要がある。

民主主義者が市民の預言者である必要がないように、独裁者は、人生を悲惨なものにする必要はない。しばしば、そうすることが彼らのためになるということが起こる。例外はあるが、その例外は単に政治のルールを守ることの重要性を確認するだけに終わる。前述のように、リーダーが、自由にできる金を市民のより良い生活のために費やすことは構わない。定義づけるならば、自由にできる金とは、盟友集団の忠誠を買うために必要な金ではない。盟友集団は、いかなる資源も自由にできるようになる前からすでに見返りを受けている。たとえばシンガポールでは、ほかの国では大切にされている自由の多くが認められない代わりに、高度な物質生活を生み出す親切な独裁体制が敷かれていた。長期にわたってシンガポールの守護神であったリー・クワン・ユーは、おそらくホッブズのリヴァイアサンを具体化したのである。しかし、シンガポールのような親切な独裁体制はなかなか見当たらない。

一般の人々にとって、いい生活を得るもっとも信頼できる方法は、野心を持つ政治家に人々のための統治をしようとさせる、つまり大きな盟友集団を頼みとさせるシステムにある。とくに、組織票のない、あるいはほとんどない民主国家においては、政治家が、多くの人々の福祉を増進させることで自らの利益に資する動機づけを調整することができる。これが、多くの民主政が繁栄し、安定し、そして生活の場が保障されている理由であると考えられる。

おそらく、いい生活への道が、大きな盟友集団の存在の保障にあるということに、読者は、疑いを持たれるだろう。同様に疑う人は、少なくない。ノーベル経済学賞の受賞者を含めて、多くの著名な経済学者は、民主主義を推進する最高の方法は、経済的繁栄をもたらすことだと信じている。彼らは、政府の債務超過などによる経済危機を目にするたび、債務免除や追加の貸付、多額の海外援助などの経済支援策を提言する。彼らは、独裁主義的な経済を救済するための支援を行う前に、著者の言う統治の改善を求めるという意見に反対する。彼らは、富が――政治ではなく――ホッブズの言う自然状態から逃れる手段だと信じている。しかし、これまでみてきたように、政治改革抜きに第三世界での経済危機の均衡を図る救済策は、大きな盟友集団に依存する社会において経済危機が発生したときには、ほとんど意味をなさない。

高等教育という潜在的脅威

リーダーの目線から言えば、国民のもっとも重要な機能は、税金を納めることである。いかなる体制も、歳入を必要としている。それは、基本的な公共財は、いかなる独裁者であっても、原油や海外援助といった歳入への手段がなかったとしても、整備されなければならないということを意味する。重要なインフラ、教育、保健医療といった公共財は、労働者が税金を払い、支配者とそのかけがえのない盟友たちの懐を暖められるように、整備されなければならない。こうした政策は、人々のために策定されるわけではないが、もちろん一部の者が、利益を享受することもある。

教育は、出世する手段としていかなる国の市民にとっても重要なものである。実際、多くの進歩的思考を持つ者が、カストロのキューバや金正日《キムジョンイル》の北朝鮮のような抑圧的国家における教育の質について激賞している。そして、それはいい点を突いている。キューバも北朝鮮も、初等教育が充実している。たとえば一九九七年のユネスコの調査によると、キューバの三、四年生の成績は、他のラテンアメリカ諸国のそれを凌駕《りょうが》しており、民主国家のインドにおいて識字率が八一パーセントなのに対して北朝鮮では一〇〇パーセントを記録している。しかし、こうした事実は、誤解を生みかねない。基礎教育が義務的で普及しているということが、独裁政治が決して悪くないと主張する裏付けになりかねないからである。

我々のほとんどが、なぜ、独裁者たちが、三年生くらいまでの教育に金をかけ、高等教育の向上には力を入れないかについて理由を見つけるために、これらの事実の検証をやめることはない。政治的生き残りに隠された論理が、我々に疑念を抱かせるからである。こうした公共財は、その国で生きざるを得ない不幸な人々の向上や支援を狙って行われるものではない、と信じずにはいられない。政治の法則は、反乱を阻止することが、リーダーたちの目的であることを示している。かけがえのない盟友たちを源に公共のために費やすリーダーは、自ら厄災を招くのである。

こうしたリーダーは、独裁者であれ民主主義者であれ、すべて同じ疑問をもつ――教育にいくら支出するのが妥当だろうか？　小さな盟友集団を頼みとする者なら、答えは、簡単である。なぜなら、一般の人々が政府に対して疑問をもつことにつながるので、教育の機会はあまり拡げるべきではないと考える。ばか正直な人は、ひどい政治体制をみても、その中で国営の保健機関や初等教育といったものから、民主国家よりも望ましいものと考えてしまう。これはばかげたことである。多くの場合、独裁者は、農民を働くことができる程度に健康に、仕事ができる程度に教育を受けさせようとする。文字が読めようと読めなかろうと、農民は農民の状態のままでいさせようとする。

教育に関連して、リーダーが関心を寄せるより良い尺度は、トップクラスの大学がどれだけあるかである。中国やシンガポールを除けば、非民主国家のうち、世界でトップ二〇〇のレベルに入る大学を持つ国はない。その広さにもかかわらず、また一九九七年にイギリスから中国に返還される前に設置された香港《ホンコン》の大学を除けば、膨大な人口の中からトップクラスの頭脳を引き出せるはずの中国の大学で、最高位は四七位でしかない。ロシアの場合、長期にわたる独裁制もあり、最高位は二一〇位である。対照的に、比較的人口は小さいが、かけがえのない盟友は多数いるイスラエル、フィンランド、ノルウェー、オランダ、ベルギーおよびカナダなどは、いくつもの大学がトップ二〇〇にランクインしている。トップクラスの大学の不公平な分布と大きな盟友集団の存在とは、無関係とは言えない。

高等教育を受けた者は、独裁者にとって潜在的な脅威であり、したがって、独裁者は、教育の機会を制限しようとする。彼らは、労働者が読み書きのような基礎的技術を身につけることだけを求め、彼ら自身の子ども——多くの場合は次の独裁者——には教育を受けさせようとして、金正日の息子で後継者とされた金正恩《キムジョンウン》が送られたように、スイスなどの学校で教育を受けさせる。独裁者たちは、アメリカの有名大学や、とりわけイギリスのオックスフォード大学などに子どもを行かせようとする。実際、オックスフォード大学は、独裁者の温床となっているとさえいわれ、確かに、ジンバブエのムガベ、パキスタンのブット一族、ヨルダン、ブータン、マレーシア、さらには小国トンガの王家の人々の母校になっている。イギリスの大きな盟友集団システムは、高等教育への道を広く開けている。

リーダーが、少数のかけがえのない盟友を頼みとしている場合、高等教育は、有力者の子弟のためのものとなる。かけがえのない盟友集団が大きければ、それはすべての人々の向上につながる。たとえば、エリツィンが潰した旧ソ連では、共産党幹部の子弟は、その能力にかかわらず大学入学の特権を享受していた。王家の子弟は万事うまくいくが、反体制的になりうる者の子弟は、資質があっても質の高い教育へのアクセスから排除されてきた。

国の豊かさは子どもを救うか？

いい保健衛生状態を与えようとする動機は、基礎教育を与えようとする動機と変わらない。労働力を活発でいさせることが、小さな盟友集団を頼みとするリーダーの最大の関心事であり、それ以外のことは、大切ではない。働いていない、あるいは働こうとしない人たちの健康のために多額の金を使うことは、意味がないこととされる。落胆するようなことは、乳幼児への保健システムのありようと政府の盟友集団の大きさとの関係にみることができる。

多くの独裁者と、その盟友たちは、幼子を愛していないかのようにみえる。このことは、怪物と目されるフセインやキューバの高度な保健制度への傾注を賞賛されるカストロを見ればわかる。

フセインは、民衆が経済制裁によって疲弊している中、豪華な宮殿を建てた。国連は、子どもたちへの影響を弱めるため、幼児用ミルクを提供したが、フセインは仲間《クローニー》にそれを盗み取ることを許した。ミルクは、中東のあちこちの市場で発見され、イラクでは乳幼児死亡率が倍になったにもかかわらず、フセインには利益をもたらした。小さな盟友集団に依存しているかぎり、彼は、野蛮な行動をとっていただろう。状況が違えば、彼は、政治的支援を得るために赤ん坊にキスをしてまわったにちがいない。おそらくケミカル・アリが言うように、フセインは情け深すぎたのかもしれない。実際、保健システムが、整備されているとされる多くの独裁国家でも、乳幼児死亡率は、高い。それは、子どもを助けることは、とりわけリーダーたちを権力の座に居座らせることに貢献しないからである。かわいい赤ん坊が嫌いなのではなく、赤ん坊を助けても何の得にもならないことを認識しているのである。

キューバは、ラテンアメリカ諸国の中でも乳児死亡率がもっとも低い国である。これは、特筆すべきことだろう。しかし、これはすばらしい保健システムを構築したとしてカストロを賞賛すべきなのか、あるいは単に前任者のバチスタが残した保健システムを受け継いだだけなのか、という疑問が残る。

キューバ経済は、農業、とりわけ高度に労働集約的なサトウキビ栽培に大きく依存していた。その結果、バチスタ政権でもカストロ政権でも、労働者に歳入を依存しなければならなかった。いずれも歳入のかなりの額を、バチスタ時代はアメリカから、カストロ時代はソ連からの援助で補った。にもかかわらず、いずれの政権も健康で教育を受けた労働者を必要としていた。だから、バチスタ時代もカストロ時代も、良質な保健システムと基礎教育が必要だったのである。

バチスタが独裁者となってからと、カストロが供給した公共財について、大きな違いを求めるのは難しい。確かに、彼らの信条はまったく異なっているが、いずれも権力の座に居座るために小さな盟友集団を頼みとしなければならなかった。どちらも、軍人は、中心的集団であり、忠誠を誓う官僚であった。そこで、彼らの統治を正当化するために、イデオロギーを超えて同じような体制を敷いたのである。大きな違いは、バチスタは、憲法を停止したときに少数の盟友と少数の有権者を手にしていたのに対し、カストロは見せかけの選挙によって少数の盟友と多数の名目的有権者をもっていたところにある。もちろん、カストロ時代のキューバにおける真の有権者、すなわち影響力をもつ者は、バチスタの真の有権者よりも少なかったにちがいない。だから彼らは良質の保健と教育とを推進することができたと推測でき、事実はそれを裏付けている。

カストロのキューバは、ラテンアメリカでもっとも低い乳児死亡率を記録していると述べたが、詳細を見ると乳幼児へのケアの質は低下している。バチスタ時代もカストロ時代でも、キューバの乳児死亡率は、ラテンアメリカでもっとも低かった。一般的に、小さな盟友集団による体制は、長期的な生産性をさしおいて短期的にリーダーとその取り巻きに利益をもたらすことによる不効率さによって、その経済性を落とす。小さな盟友集団による統治がもたらす経済的問題を弱めるための海外援助の流入によって、福祉は崩壊していく。カストロ時代の保健の質の低下は、バチスタ政権がより市民感覚をもっていたからというわけではなく、多くの小さな独裁政権の下では、時が過ぎれば容赦なく庶民の生活の質が低下させられていく、ということに理由がある。

キューバの乳児死亡率は、バチスタによる政権転覆以来、目に見えて改善されたが、その幼児に対するケアの質は、他国に比べて後れを取るようになった。第二次大戦後、とくにカストロの革命が、成功を収めた一九五九年の直後の一九六〇年代以降、医療技術によってヘルスケアの質は、改善されてきた。キューバの乳児死亡問題は、その後他国の改善状況から取り残されることとなった。カストロの革命によって、バチスタ政権が崩壊した一九五七年、キューバの乳児死亡率は、出生一〇〇〇人に対して三二人と、世界でも一三番目に低いものだった。この時点でオーストリア、ベルギー、フランス、イスラエル、日本、スペイン、ポルトガル、西ドイツなどよりもいい数字だったのである。今日では、これらの国の乳児死亡率はキューバを下回っている。しかし、ソ連崩壊までのキューバは、経済成長率がラテンアメリカでもっとも高い国の一つであり、グートマッハー研究所によれば中絶率も妊娠一〇〇件あたり五八・六と高いものであった。

キューバの乳児死亡率は、小さな独裁政権についての長い歴史の中では低い方の部類に入る。実際、豊かであっても乳児死亡を防ぐ予防接種がうまくいかないこともわかっている。しかし、大きな盟友集団がいれば、それは、最高のワクチンになる。すべての薬と同様、それは完全ではないものの、大きな違いをもたらす。

世界のうち、大きな盟友集団を頼みとする三六ヵ国のうち三一ヵ国の乳児死亡率は、小さな盟友集団を頼みとする四四ヵ国のそれに比べて低いものになっている。これら八〇ヵ国を比べてみると、一人あたりの収入でみてもっとも貧しい国ではもっとも豊かな国に比べ、一〇〇〇人あたりの乳児死亡率が一五人多くなっている。豊かであることは、赤ん坊の命を救うが、民主的であることほどのものではない。

水と政治体制の関係

独裁者にとって、乳幼児のように経済に貢献するまで時間のかかる者のために金を使うことは、無駄なことである。資源は、支配者が「いま」権力の座にいられるために集中されるべきで、遠い未来に価値を持つ者のためのものではない。危機にある者のことをみてみると、一生のうち両端の期間で苦労することが、独裁体制においては決して稀《まれ》なことではない。こうした悲惨な状態は、決して反転できないわけではない。独裁者たちが、単にコストの問題から反転させようとしないだけである。

清潔な飲料水のような、基礎的で不可欠な公共財について考えてみよう。コレラや赤痢《せきり》、下痢といった、何百万ものとくに子どもや老人といった非就労者の生命を奪っている病気は、清潔な水があれば防ぐことができる。問題は、これらの人々は独裁者にとっては価値がないとみられている点にある。

確かに、一人あたりの収入とは別に、民主国家においては小さな盟友集団による国に比べれば飲料水はきれいで、ひろく手に入れることができる。たとえば、ホンジュラスは、貧しい小国で、その一人あたりの年収は、四一〇〇ドルにすぎない。しかし、九〇パーセントもの国民が清潔な飲料水にアクセスできる。赤道ギニアの一人あたりの年収は、三万七〇〇〇ドルを超えており、ホンジュラスの九倍にもなる。しかし、国民の四四パーセントしか水道を使えない。

いずれの国も熱帯性気候の下にあり、スペインの植民地統治を経験し、キリスト教が主要な宗教である。大きな違いは、ホンジュラスは赤道ギニアに比べてより民主的であるという点にある。この比較は常軌を逸しているだろうか？　決してそんなことはない。

より収入の高い国では貧困国よりもきれいな水を得ることができる。一人あたりの収入がほぼ同じの国では、大きな盟友集団のいる国が、国民全体に飲料水を確保しており、小さな盟友集団を頼みとする国は、二〇パーセント程度は低い割合でしか水にアクセスできていない。清潔な水の確保可能性と技術が、民主国家に有利に働くのではなく、民主主義体制が飲料水を清潔に保つことに有利に働くのである。

その道路は誰のため？

既に示したように、いかなる独裁者でも、彼らを豊かにさせるために人々に基礎教育や必要なヘルスケアを与えるものである。もうひとつ、人々の労働を彼ら独裁者の富に変える公共財に関わる事業がある。労働者が作るものは市場へと流れ、リーダーたちはそれによって労働を金へと換える。そのためには、金のある人々がいる市場へとつながる道路が必要になる。

にもかかわらず、インフラとなるとバランスが、必要になる。道路は、二つの方向に伸びるものであり、あまりに多く造らないようにしなければならず、また誤った場所に造らないようにしなければならない。道路は、非常にコストがかかるものであり、本当の経費を隠しやすいものでもある。このことから賄賂《わいろ》の源泉になりやすく、積極的に道路を建設しようとしがちになる。しかし、あまりに国内の連絡が良くなりすぎると、新しい地域的勢力の中心が生まれ得る。それは、政治的、経済的あるいはその他の面で、である。そして、それは独裁者を脅かし得る。もし、反乱が起きれば、独裁者は自分が造った道路に悩まされることになる。粗悪なインフラは、多くの国ではわざとそうなっているのであり、思いがけない不幸のせいではない。

ザイール（現在のコンゴ民主共和国）のモブツは、あるときルワンダ大統領ハビャリマナと会談し、「私はこの三〇年、ザイールで政権を握ってきたが、一本の道路も造っていない」と述べた。なぜか？　彼が説明するところによれば、「道路があれば、人々が、私を捕まえに来てしまう」からだという。実際、モブツが権力を握った一九六五年、ザイールには九万マイルの道路があった。三二年後、モブツが権力の座から引きずり下ろされた時に残っていたのは六〇〇〇マイル、ものを売りに行くには足りるが、モブツを捕まえに行くには足りない長さだった。市場へと通じる道路と国外への通じる逃げ道はあったが、それ以外の道路はなかった。

首都の中心部から最寄りの大きな空港までの道が、まっすぐか曲がりくねっているか考えてみるといい。もちろん、様々な理由からどれだけまっすぐなことか。どれだけ首都が無秩序に広がっているかは、道路が造られた当時の技術、どれだけ社会が豊かだったか、そして盟友集団の大きさに関係がある。

富は、ランダムに配分されるものではない。広範な支持によって政府が支えられている国は、豊かな傾向がある。このことは、空港からの道路が裕福な、すなわち大きな盟友集団に支えられている社会においては直線的であることについて考えをいたらせる。それは、全面的ではないにしても、豊かな政府は、土地を補償することで街から空港までの道路を効率的に建設することができるからである。

富とは違って、地形は政治によって支配できない。幅の広い川や高い山によってさえぎられることで、首都から空港までの道路はカーブの多いものになりうるのはいかなる政府であっても同じである。これをまっすぐにしようとすれば、トンネルをつくり、長い橋を架けなければならない。これには、費用がかさむ。村を破壊してしまうなら、もしも適正に補償するとすれば、それは非常に高価なものになる。そして補償を払う相手は、往々にして影響力のある者か、かけがえのない盟友である。もし、空港への道路の上に建っている家の住人が影響力のある者か、かけがえのない盟友ではなかったら、村々を迂回して行くよりも安上がりである。

もし、ルートの選択が経済を基にするのであれば、直線的な道路がとくに豊かな国では優先されると考える読者がいるかもしれない。しかし、もしも、政治が経済に勝るというのであれば、直線的な道路は――豊かな――代表制民主主義よりも取るに足らない独裁国家においてよくみられるだろう。ドライブできる距離とカラスの飛べる距離との違いは、政治に関連していて、リーダーが、どれだけ多くのかけがえのない盟友を必要としているかに関連していて興味深い。

著者は、主要な空港から首都までの距離を基に、一五八ヵ国について計算してみた。数値が低いのは、比較的直線的な道路であることを意味する。逆に数値が高いのは、カーブの多い道路であることを意味する。リーダーが多くのかけがえのない盟友によって支えられている国のうち、首都から空港までの道路が直線的な国は、カナダとポルトガルであった。ポルトガルは世界で一三番目に、カナダは二八番目に数値が低かった。もっとも数値の低い一〇ヵ国は、ギニア、キューバ、ドミニカ、コロンビア、アフガニスタン、パキスタン、イエメン、エクアドル、エチオピア、赤道ギニアだった。これらは民主国家には数えられない。エクアドルとコロンビアだけは、これらのお騒がせ国家の中でも大きな盟友集団を頼みとする政権に移行しつつある国である。さきの一〇ヵ国の盟友集団の規模は人口一〇〇人あたり四二人で、世界平均は、五〇パーセント高い六二人だった。

独裁者は、空港までの道路（場合によっては逃げ道）を必要とするとき、人々の土地を収用して、可能な限り速く走行できるように、道路をできるだけ直線的に造る。オバマが二〇一一年一月二五日の演説で、鉄道の建設について「連邦政府が必要とするならば、どれだけの家が更地になるとしても鉄道が造られるだろう」と述べている。これは、独裁者ならばできることと、彼が民主的リーダーとしてできないこととを対照して明らかにしたものである。

民主主義者は、土地の収用は政治的に高価な方法で用い、家を破壊するよりも村や家を迂回して回ろうとする。もし、民主主義者が、所有権を無視するのであれば、彼らが保障する自由に基づいて、人々は、救済を求めて法廷に訴え出るか街頭で抗議するだろう。賢い民主主義者は、もちろんそうしたトラブルを避けようとし、貴重な資金は、多くの人々、とくに自らの選挙区民（影響力のある者）の利益になるように用いようとする。中華人民共和国における財産の収用の容易さと、香港における難しさは、信じられないほどである。かけがえのない盟友が少なければ、実に、何でもあり、である。

道路だけが独裁者にとっては私的な利益を、民主主義者にとっては公共的な利益を強調するインフラ建設ではない。独裁者も、民主主義者も送電網を必要とする。たとえば、近年の研究によれば、政府が大きな盟友集団を頼みとしているとき、電気料金と電気の供給可能性に関わる政策を産業優先から消費者優先へと方向転換している。すなわち、社会における豊かな層から大衆へとシフトしているのである。そして、モブツのように電気を自分の政治的生き残りのために使う輩《やから》もいる。

モブツは、ザイールの銅山への電力供給を近くの発電所から一〇〇〇マイル離れた水力発電所に代えた。これによって、彼はボタン一つで電力の供給を止めることができ、銅による富の流れを支配できるようになった。これは、送電線付近の人々を無視したもので、公共政策を自らの権力維持に用いるため、インフラプロジェクトを正当に利用したものである。

エジプトのアスワンダムや中国の三峡ダムのような大規模プロジェクトも、モブツの送電線と似ている。これらのプロジェクトは、独裁者にはすばらしいものである。多くの人が土地を追われ、多くの汚職の機会が生まれ、公共的なインフラとともに私的な見返りを生み出した。これらは、まずは公共の――私的ではなく――福祉に資することを旨とするアメリカやその他の民主国家における同程度のダムよりも費用がかかっていることにも注意すべきである。

あらゆるリーダーが、人々に働いて税金を払ってもらうために公共財を提供する。他の形態の組織でもまた然《しか》り、である。企業の幹部は、その従業員が孤立して生産に従事することを期待できない。コミュニケーション、訓練、そしてチーム作りの技術は、それをもとに従業員が幹部に反抗することになりうるにもかかわらず、生産性を上げることになる。だから、社内の内線電話は、どこにでも繋がるわけではない。

犯罪集団のトップも、その構成員が稼げるように公共財を提供する。これはおそらく、評価がもっとも大切だからである。構成員たちは、もしも、人々が彼らのバックに力がないと信じたら、金を得ることが難しくなる。マフィアは、武力と抑止力とをメンバーを守るために提供する。メンバーの一人を殺害することも、安易には行えない。彼らには弁護士を付けられる。それぞれの行為が、価値ある見返りを受けるのである。何よりも大切なのは、マフィアが稼ぎ続けられることである。独裁者のように、犯罪集団の幹部は、構成員が富を生み出し、ボスがトップに居続けられるように、公共財を提供するのである。

公共の利益のための公共財

小規模な盟友による政治においては、公共財はしばしばリーダーの狭い関心に即して用いられ、市民の利益に対しては間接的にしか用いられない。大規模な盟友による政権であれば、事情はまったく異なる。こうしたリーダーにとって、政権に居続けられることは、大規模な盟友の要求を満足させることにつながる。その要求とは、すべてのレベルでのいい教育へのアクセスや質の高いヘルスケア、そしてもっとも大事なのが、盟友集団の希望が、政府に知られる手段である。これは、現代においてもっとも一人あたり収入の高い二五ヵ国が、一つ（シンガポール）を除いてすべて自由民主主義国家なのは、偶然ではない。すなわち、法の支配があり、透明で説明責任のある政府が存在し、報道の自由や結社の自由が満たされている社会である。政治的競争を抑圧したり、阻害したりするよりも、それを促進させようとする国である。

もっとも豊かな国の中には、アイスランドやルクセンブルクのように、小さな国に少数の人口が暮らしている国がある。そのほかにはアメリカや日本のように多くの人口を抱える国もあるが、多くの国は、たとえばカナダやオーストラリアのように大きな領土に適度な人口の人々が暮らしている。いくつかの国は、デンマークやイタリアのように宗教的に均質であるが、その他の国は、イギリスやアメリカのように宗教的に多様である。多くの豊かな国は、ヨーロッパにあるが、アジアや北アメリカ、オセアニアにも存在する。いくつかの国は、イギリスやフランスのように帝国主義国家であったが、カナダやニュージーランドのように植民地であった国もある。

それでは、これらの豊かな国の共通点はどこにあるだろうか。それは、地理的、文化的、宗教的、歴史的、または領域的問題ではない。これらの国々に共通しているのは、それが民主国家であるということであり、したがって大きな盟友集団に依拠しているということである。そして、これらの国々では、安価であっても非常に価値の高い公共財である「自由」を共有している。

表現の自由や結社の自由、報道の自由は、金のかからないものであるにもかかわらず、独裁者たちはそれを伝染病のように遠ざけようとする。民主的なリーダーたちにしても、本当はこれらの自由を遠ざけたいだろう。なぜなら、これによって反対派が自らを追いやるために組織だって動くことができるからである。しかし、大きな盟友集団を頼みとする者は、これらから逃れることはできない。多くの人たちが、自分の希望通りに話し、読み、書き、集まって議論する自由を保障しなければ、盟友集団を集めることはできないからである。そして民主主義者は、選挙区において求められているものを聞き、そして提供しなければ、誰かがその地位に就いて同じことをするのである。

しかし、権力者が、小さな盟友集団を頼みとして力を得ているのであれば、汚職や縁故主義によって豊かになることで、その集団の人々は満足する。このように裕福になった者たちは、権力者が金を吸い上げ、公共政策に効率的に用いることを求めない。こうした状況では、リーダーは、公共財の提供を一般的に制限する。したがって、民主政治は、本物の自然状態を逃れ、独裁政治では逃れることができなくなる。実際、いかに自然状態から逃れられるかという点について、自然災害が起きたときに、何が起こったのかをみることで認識できる。地震やサイクロン、津波、そして干ばつといった天災が引き起こしたものをみると、これらは、確かに政治活動ではないが、支配者が、資源をどれだけうまく配分できたか、そしてどれだけの人々が自由に基づいて配分の決定に参加したかの結果である。

地震からの復興と政治体制

マグニチュード七は、マグニチュード六の一〇倍の大きさであり、マグニチュード八はマグニチュード七の一〇倍、六の一〇〇倍になる。イランのバムという町は、二〇〇三年一二月二六日に大規模な震災に見舞われた。そのマグニチュードは六・五から六・六で、九万七〇〇〇人の住民のうち、二万六二七一人が死亡した。イランと一人あたり収入がほぼ同じチリでは、二〇〇五年六月一三日にマグニチュード七・九の地震に見舞われた。これはバムの地震の二五倍の大きさであり、より人口が密集していた地域にある、人口二三万八〇〇〇人のイキケという町を襲った。しかし、死亡したのはたった一一人だった。これは運が良かったのか、それとも良い統治《グッド・ガバナンス》が機能したのか？

チリもイランも、地震を経験している。そのため、著者は、いずれの政府も地震の危険性とそれによる人々の被害に注意を払っていると期待していた。しかし、著者が、主張すべきは、こうした統治に関する楽観的な見方については疑いを持たなければならないということである。

過去五〇年を振り返ってみても、イランは、常に小さな盟友集団に支えられた体制だった。皇帝《シャー》の政権は、現在の神権政治的な体制に比べても、より少数の盟友を頼みとするものだった。しかし、これら二つの体制は、実質的にはほとんど違いがない。したがって、著者の見方からすれば、イランは政治的自由を大切にし、それにもとづいて、人々は何を求めているかを表明し、政府が、それを満たすために真剣に努力するとは思われない。

チリの過去五〇年間は、やや複雑である。この国は、一九六〇年から一九七三年までは比較的民主的な体制だった。そして、一九八〇年代終わりまでは小さな盟友集団による体制になった。そして、一九八九年に大きな盟友集団によって政府が維持される体制に引き戻された。このことは、実質的に、地震に対してより公共善が実施されるアプローチが、一九六〇年代と一九九〇年以降はイランよりもチリにおいて、みられるようになったということである。

チリは、一九六〇年にマグニチュード九・五の地震を経験した。これによって数千人のチリ人（さらに遠く離れたハワイではこれによる津波で六一人）が亡くなった。そして、約二〇〇万人が家を失った。比較的民主的な当時のチリ政府は、早急に新しく厳格な耐震基準をすべての新しい建築物に適用し、将来の被害から市民を保護しようとした。長年の軍事独裁政権においては放置されていたが、この基準は、一九九三年に再び民主政権となった政府によって見直され、技術の革新を反映させてより改善されたものとなった。これは、チリの耐震基準が単に厳格なものであるというだけでなく、充分に適用され、それによって地震の被害から多くの市民に安全をもたらしたことがうかがわれる。

チリと異なり、イランは、こうした民主的統治の期間というものが過去五〇年間には存在しなかった。その結果、政府に対して民衆を保護する政策を強化するように圧力が加えられることはなかった。

マサチューセッツ工科大学のイラン研究グループが、バムの地震の後に行った報告によれば、「イランにおける地震の頻度によって、一九九一年に総合的な防災プログラムがはじめられた。しかし、財源や組織的調整の欠如により、効果は限定的だった。……地域における脆弱《ぜいじゃく》性の主要な要因は、非効率的な公共政策、推進の遅れ、見当違いなインフラ投資にある」。すなわち、小さな盟友集団によるイランの皇帝《シャー》とイスラーム法学者による体制では、地震によって予測され得る危険に対する安全性を向上させるためではなく、個人の利益のために資金が用いられた。彼らは、民衆にその要望を明らかにする手段を与えず、また、地震による生命の危険や破壊に対して、民衆の安全を守る措置をほとんどとることはなかった。

イランとチリとの比較は、決して際立ったものではない。中国で二〇〇八年五月に発生したマグニチュード七・九の地震によって、多くの学校や高層住宅といった建物が崩壊し、七万人近くが亡くなった。チリや中国の人口や収入を考慮しても、中国での死者数とチリでの死者数とが、釣り合っていると考えるには無理がある。民主的なチリにおいて建築基準を守らせるような動機付けが、独裁的な中国やイランにはなかったのである。これらが特別なケースではないように、民主国家であるホンジュラスでは、二〇〇九年五月にマグニチュード七・一の地震が発生したが、六人しか死亡せず、二〇〇九年四月にイタリアで発生したマグニチュード六・三の地震では、二〇七人の死者にとどまった。日本における二〇一一年三月のマグニチュード八・九の地震と津波では多くの犠牲者が出たが、同様の震災が、小さな盟友集団によって支えられる体制において発生するよりも、確実に少ない被害でとどまっている。日本は、耐震構造の質が高いが、日本が経験したような地震や津波に対抗できるほどのものはあるまい。大きな盟友集団は、生命を救おうとする。なぜなら、大きな盟友集団を頼みとするリーダーは、彼らが一般市民を保護しなければ、それを保護する他の者に政権を追われるということを知っているからである。

地震や津波は予測できるものではない。しかし、その後については別である。多くの支持者がいるなら、救助活動は迅速に行われ、復興もまた早く、効果的に進められる。もしも、迅速かつ効果的に行われなければ、そして大きな盟友集団による体制において彼らがとくに迅速さや効果を望むならば、それを行うのは、政治的リーダーの仕事となる。これは後に見るように、ハリケーン・カトリーナが、アメリカで発生したときに見られたことである。著者はまた、小さな盟友集団を頼みとするとき、貧弱な救援活動が、リーダーの失脚につながるとはいえない。むしろ、独裁者は、より多くの支援資金を集めるために、大げさな被害を好む。一旦、支援が確保できれば、それは、政治的エリートの私的口座へと吸い込まれ、復興に役立てられることはない。二〇〇四年のスリランカにおける津波に対しての復興活動を思い起こせばいい。

こうした違いは、一つの国の中でも見られる。エドワード・ルースは、二〇〇四年の津波の後に南インドの東海岸にあるタミルナードゥ州の避難民キャンプを視察した。一万五〇〇〇人から二万人もが死亡し、大規模な被害があったにもかかわらず、約一年の間にほぼすべての人が再定住を果たし、政府は、人命や財産を失った者に対して、補償金を払った。人々は、比較的貧しいにもかかわらず、それらの手続きについてよく知っていた。その理由は、タミルナードゥ州においては選挙戦が非常に激しく、北インドにおいては未だに存在する栗田固め型の組織票がすでに失われているためである。ルースが、より北側にあるオディシャ州を訪れたとき、彼は、未だにテントに暮らしている人々を見た。しかし、その人々は、二〇〇四年の津波の被害者ではなく、一九九九年に発生したサイクロンの被害者だったのである。政府が、大きな盟友集団を頼みとしているとき、彼らは、政府の資源を割り当てて公共財を提供する必要が出てくる。その公共財には、建築基準や災害被害者に対する救助、そして、土手や堤防などの防災障壁などである。人々が、何を求めているかを知ることで、政府は、いかなる公共財が必要かを明らかにすることができる。そのためにもっとも安価で貴重な公共財が、自由である。

公共財の整備はリーダーを長生きさせる

公共財は、公共善となり得る。大きな盟友集団による体制の中で、市民から搾取する手段ともなり得るなかで、公共財は、公共の福祉を向上させる。小さな盟友集団を頼みとする体制においては、もちろんそうではない。民主制は、幸運によるものではない。彼らは、市民感覚を持ったリーダーを運良く引きつけるのではない。むしろ彼らは、生き残りをかけたリーダーを引きつけ、多くの支持者に依存するようにする。彼らは必要な公共財を明確にできたとき、政権の座に居続けることができる。小さな盟友集団を頼みとするリーダーは、同じ生き残り問題について我流で解決策を見いだす。盟友集団が小さければ、公共善はもっと小さなものとなってゆく。それは、生き残りの目的が異なっているからである。

著者は、市民感覚に訴え出て、独裁主義よりも民主主義の方がいかにいいかを説明する必要はない。盟友集団が大きければ、より高いレベルの教育にアクセスし得る。それが、小さければ、教育は、基礎的なものにとどまる。盟友集団が小さければ、ヘルスケアは、生産能力のある者にのみ向けられる。それが大きければ、赤ん坊や高齢者が、ヘルスケアの対象から排除されることはない。盟友集団が大きければ、質の良い水を誰もが得られる。そうでなければ、単に特権階級だけが、それを得られる。

そしてもっとも大切なことは、何が必要かを、またそれが得られなかったときに不服を述べる自由が、盟友集団が大きなときは充分にあり、盟友集団が小さければほとんどみられない。

大きな盟友集団を頼みとする体制における生活の利益についてみたうえで、次章では、民主主義の闇の部分、すなわち大きな盟友集団を頼みとする体制であることが、私的な見返りの提供を免罪するものではないことについてみる。また、小さな盟友集団を頼みとするリーダーにとっては、汚職は恩恵であり、実際に汚職や贈収賄、仲間《クローニー》に対する私的な利益供与は、小さな盟友集団を頼みとするリーダーを政権にとどまらせてきた。こうした利益は、大きな盟友集団を頼みとするリーダーにとってはコストとなる。したがって、汚職にまみれた体制が、常に小さな盟友集団を頼みとするものとなってきたのは、そのためである。

第6章

賄賂と腐敗

見返りをバラ撒いて立場を強化せよ

If Corruption Empowers, Then Absolute Corruption Empowers Absolutely

腐敗はリーダーを力づける

これまで、いかにしてリーダーたちが権力を握り、財源を手にし、公共財を提供し、ときに社会に利益を与えてきたのかをみてきた。しかし、数少ないいいリーダーたちは、まず、いい仕事をしようという動機から動く。誰もがいい印象を持たれたいはずで、力を持つ者が、愛されなかったり、賞賛されないようにするとは思われない。実際、政権に就こうとする多くの者が、善意に溢《あふ》れたリーダー像を追求しようとする。問題は、人々にとっていいことが、権力を保ち続けるにはまったく不都合なことにある。

政治的生き残りの論理は、第一に、国であれ、企業であれ、共同体であれ、リーダーは権力を握り続けようとすることを教えてくれる。第二に、彼らは、できるだけ歳出を支配しようとする。彼らが自らの裁量でいいことを行おうとするとき、彼らのライバルを倒すのに充分なだけ盟友との関係を構築し、それを保つことに留意しなければならない。そのためには、一般の人々や自分に利益をもたらす前に、まず盟友たちに利益を還元しなければならない。

これまで、いかにして公共財という形で盟友集団に、とくにそれが大きなとき、還元させてゆくかをみてきた。しかし、核となる盟友集団が小さければ、どんな支配者も、資源を仲間《クローニー》に私的な見返りという形で割り当てることに力点を置く。多くの者に公共財を提供するよりも、たとえ多額の見返りを少数の者が得たとしても、結局のところ少ない総額で済むからである。盟友集団が小さいときのみならず、多くの取り替えのきく者の集団から仲間《クローニー》に引き込むときにも、このことは当てはまる。いずれも、私的な見返りにアクセスするために、盟友集団に加わろうとする者である。

成功するリーダーは、良い行いをすることを、自らの政治的生き残りと恣意《しい》的な支配の次におかなければならない。私的な見返りは、盟友が忠誠を保つのを助ける。私的な見返りだけが、大衆から支持者を切り分けるものとなる。

このことから、次に、私的な見返りを権力を維持するために使うことについて検討する。資金を使うにしても、歳出の使い方について、アクトン卿《きょう》のことばを思い浮かべる。「権力は、腐敗する。絶対的権力は、絶対に腐敗する」。このことは、一般的に正しい。しかし、因果関係を捉えていない。権力は、腐敗を招き、腐敗は、権力をもたらす。腐敗はリーダーを力づけ、絶対的な腐敗は、彼らを絶対的な、あるいはおおむね絶対的なリーダーにする。ルイ一四世についてみたように、誰も、絶対的な権力をもつにはいたっていない。だから、リーダーには自分を支える盟友集団が必要であり、盟友集団にとっては、そのリーダーが、権力の座に居続け、自分たちのために富を得て、使ってくれるように力づける機会が必要になる。

成功するリーダーは汚れ仕事を厭わない

腐敗した政治家は、支持しようとしている者にとっては魅力的で、権力を握ろうとしている政治家は、腐敗した人々を引きつけることが目的達成の近道となる。リーダーは、権力を握り続けたいと考え、そのために必要なことは何でもする。成功したリーダーは、必要とあれば、抑圧、弾圧、圧政あるいは実際に、もしくは心の中でライバルを殺すことも厭《いと》わない。こうした汚れ仕事に手を染めることに躊躇《ちゅうちょ》する者は、リーダーの地位に就くことができない。もし、政治的生き残りに必要な悪しき振る舞いに関与する覚悟ができていないと皆が知るなら、その暴虐であることにためらう者の地位は、長続きしない。もし、賢いリーダーが酷《ひど》いことを行わないなら、それを厭わない者は他にいくらでもいる。そして、こうした悪事を働く輩《やから》に充分に金をバラ撒《ま》いておかなければ、かけがえのない盟友は買収され、豊かで力ある者に対して悪事を働くようになる。

モンゴルのチンギス・ハーンは、この原理を知っていた。もし、即座に降伏しなかった町に彼が来たら、彼はそこで暮らしているすべての者を殺し、そして、次の町にそのことを知らせた。そのため、結果的に、彼は多くの町の人々を殺すことなく終わった。他の町の人々は諦め、そして財産をチンギス・ハーンに差し出し、モンゴル人が通過することを認めることで、生き残った者が助けられる方がいいということがわかったのである。彼は、広く知られているように領土を支配し、そして六五歳で亡くなった。実際のところ、彼は（故郷のモンゴルでは崇敬されたにもかかわらず）西洋では偉大な評価は受けなかったが、しかし、成功したリーダーとしてその名を確実なものにした。

イギリスのヘンリー五世は、チンギス・ハーンより高い評価を受けた。彼の聖クリスピンの祝日における演説が、シェイクスピアの戯曲にあるが、それは現代の読者からみても驚きをもって受け止められる。我々は、時々、ヘンリーが残酷なことさえも行えたことを忘れがちである。多くのイギリス人が彼を崇敬するなか、彼が包囲したアルフルールのあるフランスにおいてはそれほど温かくは受け止められていないだろう。シェイクスピアは、暴虐なリーダーらしく、相手方が降伏しなかったときに発したヘンリーの言葉を描いている。

だからひとたび砲撃を開始すれば、
ハーフラールの町がみずからの灰燼《かいじん》に埋もれるまで
徹底的に破壊しつくし、中途で手を引くことはないと思え。
慈悲の門はことごとく閉ざされ、返り血を浴びて
心を鬼にした兵士たちは、情け容赦もあらばこそ、
残忍な手の許すままに、良心を地獄の口のように大きく開いて、
おまえたちの花の乙女も、蕾《つぼみ》の幼子《おさなご》も
草でも刈《か》るようになぎ倒してまわるだろう。

――『シェイクスピア全集』（小田島雄志訳、白水社）

アルフルールにとって幸運なことに、市長はヘンリーの言葉を聞いて降伏したのである。チンギス・ハーンやヘンリー五世、あるいはロシアのエカテリーナ二世のような、歴史上の力あるリーダーたちは、ほんの小さな盟友集団しか持たない独裁者になりがちである。もっとも成功した者は、とくに現代世界では、鉱山からの歳入のように多くの歳入を引き出す手段を確実なものにしている。このことは、完全なリーダーになろうとするなら、それを得られるということである。

独裁者が、あらためて権力をもって行うことは何だろう？　彼らは、高額な税金をかける。チンギス・ハーンは、征服の後、一〇〇パーセントの税をかけたといわれている。遊牧民である彼は、征服された者から翌年に金を得る必要はなかった。なぜなら、そのときまでに彼と彼の軍勢は、どこかに行ってしまっているからである。彼らは、執拗《しつよう》に人々を抑圧した。スターリンは、少数の「人民の

敵」を捕らえるために、多くの者を殺したが、それは、逆に多くの無実の者を失うという犠牲を払った。しかも、彼は、大臣たちに、人民の潜在的な力を削ぐ過度な誤りの割合も、受け入れられるべきものであるとした。彼らは、中心的な盟友に対して還元してゆく必要がある。エカテリーナは、彼女の元恋人の忠誠を得るために、広大な農地の領有、数千もの農奴、そして、そこからの収入を認めた。そして、最終的に彼らは自分のために金を持ち出し、それを不幸にもその地位から追いやられたときに使うために、万が一のための基金に入れるなどした。ハイチのデュバリエは、まさにこれを行い、彼が離婚するまでフランスで豪勢な逃亡生活を行った。

完全なリーダーは、どのように振る舞うべきか？　簡単に言えば、腐敗しろということになる。金が世界を駆けめぐるように、盟友たちも動き回る。盟友たちの忠誠をつなぎとどめるものが、金である。もし、リーダーが、抑圧し、弾圧し、圧政を加え、そしてその敵を殺しさえするのなら、そうした汚れ仕事をやってくれる人が必要になる。こうした野蛮な仕事は、高くつく。そのため、成功した支配者は、誰よりもこうした目的のために金を払う。言うまでもなくかなりの額を払う。

リーダー、盟友、そして独裁国家で勢力をもつ者は、とくに国民が貧窮し、飢え、そして死にそうになっているようなときにも、圧倒的に巨大な富を誇示することができる。にもかかわらず、彼らの独占支配は人々を苦しめ、そして金は少数の者を幸せにし、リーダーの権力を守る。

これは、独裁者にだけ当てはまる記述であるという前に、民主国家における私的な見返りについても検討する価値がある。多くの者が助けを必要としているときに、独裁者ほどではなくとも、民主主義者の支持者は何らかの見返りを受ける。

私的な見返りのコストパフォーマンス

我々の政治的論理からいえば、私的な見返りは、政府のより多くの歳出を、より小さなかけがえのない盟友集団がいるときに使うことになる。一つの理由としては、我々は、相対的に独裁政における汚職が、民主政よりも目を引くということで、おおむねそれは正しいといえる。毎年政府の腐敗の度合いをランク付けしているトランスペアレンシー・インターナショナルによれば、独裁政や専制主義に対する我々の考えはおおむね正しい。トランスペアレンシー・インターナショナルの二〇一〇年の報告によれば、二五のもっとも腐敗した体制に、成熟した民主国家は、ひとつとして入っていない。ロシアとベネズエラなどは、やや民主的であるといえるが、少なくとも、これらの国では複数政党による選挙が行われているようにみえる。「ようにみえる」というのは、野党のメディアに対するアクセスや大衆運動をする可能性が厳しく制限されているからである。したがって、確かに、高いレベルで腐敗している体制は、自由がなく、小さな盟友集団によって支えられているものである。しかし、このことは、大きな盟友集団による体制が、腐敗を免れているということではない。また、大きな盟友集団を頼みとする体制が、より独裁的な体制よりも腐敗の額で劣っているということでもない。

なぜなら、民主的体制は、小さな盟友集団による体制よりも、より低い税制を設け、生産性を向上させる公共財に多く支出するようになっているからである。その結果、小さな盟友集団を頼みとする体制よりは、多くの歳入を生み出そうとする。小さな盟友集団を頼みとする体制においては、より私的な見返りを優先させようとするが、私的な見返りの総額は、大きな盟友集団を頼みとする体制の方が、大きくなる。

それぞれの政府の歳出の一部を私的な見返りとして使うことは、それぞれの会社の支出の一部を使うのと変わりはない。しかし、私的な見返りが同じだけ流用されるのなら、小さな盟友集団による体制よりも大きな盟友集団による体制の方が、本当に不快な行いに関与する人々は少ない。歴史上、大きな盟友集団に依拠したリーダーのなかで、チンギス・ハーン以上に野蛮な者はいない。民主主義体制においては、私的な見返りは、賄賂《わいろ》や闇取引、縁故主義によるよりも公共政策を通じて行われがちである。

それでは民主主義体制では何が私的な見返りとして供給されるのか？　いかにして公共政策が誰かの利益を生み出すために用いられ、その他の者にとってのコストとなるのだろうか？

イデオロギーや、左翼・右翼のような言説をもとに政治について語ることは表面的である。左翼・右翼の問題について一般的な表現は、次のようなものである。自由主義者は、貧しい者を目にかけ、貧困問題をなくそうと力を尽くす。彼らは、しばしば裕福で力のある者から邪魔者扱いされる。豊かで力のある者は、しばしば保守的である。保守派は、豊かな者に目をかけ、税金の賦課や、保守派の支持者よりも比較的貧しい自由主義者への傾斜的な支出から支持者を守ろうとする。これらは、政治を単純化するにはいいが、ここではまったく異なった考え方をしてみたい。

いかにして人々を統治するかというルールは、政治家が本当に求めている政策と、彼らが語り行っていることとを、否応なく切り離す。政治家の、公共政策の良し悪しに対する真剣な見方について疑いを持っているというのではなく（そうした見方は大して重要ではない）、むしろ、彼らは、楽観的な政治的ご都合主義と真の信念との違いについてほとんど語っていないのである。

本書の観点からいえば、いわゆる自由主義者といわゆる保守主義者は、それぞれの選挙において勝つチャンスを得られる得意分野を設けているに過ぎない。アメリカの民主党は、富裕層に税金を課し、貧困層の福祉を向上させ、いずれの陣営にもつきうる中間層の有権者に大きな利益を与えようとしている。共和党は、富裕層の税金を削減し、再雇用プログラムを用いる代わりに貧困層の福祉を軽減させ、そして同様に中間層の利益を探ろうとする。多くの税金と予算バラ撒きのような支出政策は、単にそれぞれの政党の支持者に私的な見返りを配分しようとするものである。いずれの政党も中間層には目をかける。なぜなら、そこには多くの有権者がおり、彼らの票は、どちらにも流れ得るからである。彼らは、富裕層について定義づけることを好む。富裕層とは、より高い税金を払うことが求められる層であり、誰でも自分たちよりも高い収入を得ている層ということになる。彼らは、社会保障給付を不正によるものと思い、明るみにすべきものと考えがちである。そして政府による利益が得られるものにありがたみを感じる。たとえば、不動産の利益に対する税の削減、医療保険の拡大、大学の学費に対する補助金、およびインフレがない中での社会保障給付の拡大などである。

本当に貧しい者は、投票に行こうともしないが、ワーキングプアは、自分たちに利益を与えてくれる政策を進める者に投票しようとする。累進課税を好み、消費税を嫌う。より効果的な職業訓練プログラムの拡大や低所得者向け医療費補助制度、長期失業保険、そして収入レベルに応じた税率や税金の削減などであるが、候補者にこうした希望をかなえてもらおうとする。こうした希望はしかし、候補者の支持者集団の利益になるものである。彼らは共和党にはあまり投票しない。なぜなら、その候補者は先に述べたようなプログラムを支持しない者が多く、少なくともその数においては民主党の比ではないからである。したがって、こうした政策は政治的支援のための給付となり、私的な見返り以外の何物でもない。

富裕層は、補助金を好む。共和党の支持者は、こうした補助金を給付しようとする候補者を支持する盟友を集めようとする。このような共和党の候補者たちは、たとえば癌《がん》やアルツハイマー病、その他の富裕な年齢層の人々が罹《かか》り得る病気の研究に対する政府からの支援を優先する。さらにいえば、いい生活を送ってきた者は長生きをし、こうした病気に罹りがちになる。彼らは、キャピタル・ゲインをより低くすることも好む。それは、彼らが、充分な資本を持ち、株式の利益を求めて投資できるからである。これに対し、彼らは、相当の財産を相続人に遺し得ることから、相続税を好まない。貧困層は、これらの利益を享受することはほとんどない。彼らは、もし、税金を払うなら、富裕層を助けることになる。しかし民主党が、連邦と州レベルで共和党よりも議会で多数を占めるなら、四〇パーセントのアメリカ人（これは、多くが低所得層に入る）が、所得税を払わずに済む。このことは、結局のところ小さな盟友集団を頼みとする体制において、富裕層がほとんど税金を払わず、私的な見返りを得ることと変わらない。大きな盟友集団または小さな盟友集団がいるいずれの体制においても、私的な見返りは我々が考えるよりも経済に歪《ゆが》みをもたらしている。そして、もっとも民主的な政治体制においても、こうした私的な見返りは公平性、効率またはイデオロギーといった原理によらずとも説明できるものである。人々は、自分たちに利益をもたらしてくれるリーダーを支援する。いわゆるバラ撒きと呼ばれる援助が一般的には非難されるものの、そこに金が流れ込むとき、いずれの選挙区でも愛されるのである。

アメリカ以外でも同じである。民主政に向かっている、あるいはそこから外れた政府であっても、または、いかなるサイズの盟友集団に依拠しているリーダーであっても、彼らは私的な見返りを供している。

娯楽と金を追求するIOC

リベリアの曹長は、「まともな考えを持つ」小さな盟友集団による支配という点については、ありふれた事例だが、彼は取り巻きに対して私的な見返りを与えることの重要性を理解していた。アメリカ政府の援助の利用に関する報告書によれば、「大統領の関心は、政治的および物理的生き残りにあった。彼は、経済再建からもっとも遠いところに関心を置いていた。……ドウ大統領は、自分の出身部族と仲間《クローニー》に対しては関心を寄せていた。誤った計画によるプロジェクトに関わる地域集団への支援は、より高い社会目標の達成を阻んだ」。すなわち、簡単に言えば、私的な見返りは、物理的、政治的生き残りのためであり、より大きな社会目標のためではなかった。ドウについてもっとも明確なことは、政府の金の誤った使い方が、彼を一〇年にわたって権力の座に就かせたということである。彼の事例は、決して特別なものではなく、アフリカにおいて独特のものでもない。また、政府に限定されたことでもない。これは、すべての組織に当てはまるものであり、小さな盟友集団に依拠している場合は、とくによく当てはまる。世界の多くの独裁者について語る前に、私的な見返りが小さな盟友集団による体制においてはたらき、ときにそれが賞賛さえされているケースを見てみよう。ここで国際オリンピック委員会（IOC）と、国際サッカー連盟（FIFA）の二つのスポーツ団体についてみてみる。

IOCにとって、政治的および個人的歪曲《わいきょく》から解放された中で、国際的なスポーツ競技の質（およびおそらく量）の向上よりも大切なものは何だろうか？　答えは贅沢な娯楽と金である。

二〇〇二年のソルトレークシティー冬季大会は、おそらくスキャンダルと贈収賄の件で記憶に残るものだろう。ソルトレーク組織委員会は、接待と賄賂のために数百万ドルもの資金を費やした。これには、現金、豪勢な歓待、旅行、IOC委員の関係者に対する奨学金や就職斡旋《あっせん》、不動産取引および美容整形さえも含まれていた。その結果、一〇人ものIOC委員が解任されるか、または辞任し、そのほかに一〇人が訓告処分を受け、ソルトレーク組織委員会の幹部だったトム・ウェルチとデーブ・ジョンソンは、贈賄などの罪で訴追された。

しかし、これは稀《まれ》な事例ではない。実際、ソルトレーク組織委員会は、一九九八年の冬季大会開催を逃したのは、不公平だと考えていた。日本の長野市が、その開催権を勝ち取ったが、四四〇万ドル以上をIOC委員への接待に費やした。こうした不適切な行いは、すべての候補地が行っていた。一九九六年大会開催地の決定に際して、メルボルンは、メルボルン交響楽団の特別コンサートを、韓国出身のIOC委員の娘が、ピアノを演奏する機会のためにアレンジするなどした。大会を開催する機会を求めている都市は、豪勢な旅行や接待を行ってきたことは明らかだった。

汚職や個人的取引は、多額の賄賂に限られるものではない。支援者に対する私的な見返りとして金が流れ込むよう、様々なレベルで画策される。実際、一九九六年大会は、アトランタで開催されたのだが、IOCが、その仲間《クローニー》や支援者に金を移す機会が脅かされることがないということは、彼らの周囲で関心を払うには非常に小さい問題であることを示している。イギリスの『インディペンデント』紙が次のような記事を掲載している。

Tシャツ販売店からギリシャ料理店まで、たとえ小さな起業家であっても注意しなければならない。一九七八年アマチュアスポーツ法によれば、アメリカオリンピック委員会は、いかなるオリンピックのシンボルまたは言葉についても「特別な商標」を保有している。

アトランタ組織委員会が、権利を得るために四〇〇〇万ドルも出資した公式スポンサーに還元するために、これを厳格に適用した。公式スポンサーの中には、アトランタに本社をおくコカコーラ、IBM、コダック、ゼロックスおよびGMやBMWなどの自動車メーカーがあった。

しかし、オリンピックの商標を保護するためにとった措置は、驚きをもって迎えられた。アトランタの芸術家は、自らの作品に「USアトランタ」と商標を登録しようとしたが、これがアトランタ大会を想像させるとして、アメリカオリンピック委員会は、異議を申し立てた。

アトランタのスポーツ・スポンサーシップ・コンサルタントのジョン・ベビーラッカは、委員会に共感しながらも次のように述べた。「これは、少々やりすぎだと思う。彼女のロゴがオリンピック大会から利益を得ようとしてデザインされたと誤解するとは到底思えない」。

おそらくもっとも酷《ひど》いケースがテオドールス・ヴァツァカスの身に起きたことで、彼は一九八三年にアトランタにギリシャ料理店を開いた。これは、一九九六年大会の開催権を勝ち取るよりかなり前のことだが、その店をオリンピックと名付けた。一九九一年、彼は、アトランタ組織委員会から、一九七八年法に抵触し、店名を変更すべきだと告げられた。最終的に、彼は、一〇〇〇ドルの費用をかけてオリンピアレストラン&ピザという店名に変更した。

彼は、「私は非常に驚いた。しかし、これに抵抗するような資金もなかった。本当にばかげたことだと思う」と述べた。

本書の著者の一人であるブエノ・デ・メスキータは、オリンピック委員会がどれだけ資金の流れと私的な見返りを得る機会を得ようとするかを体験している。彼の妻アーリーンは、友人二人とともに、カートホィールという名の企業を設立し、Tシャツや、装飾品、文具、音楽CDなどすべて体操競技をテーマにしたもので、体操選手のための品を製作していた。彼女によれば、カートホィールは、IOCとアメリカオリンピック委員会からの規制を一九九六年のアトランタ大会まで受けることになった。

カートホィールは他の会社と同様、高い金を払ってIOCやアメリカオリンピック委員会に選ばれた業者から品物を購入し、私的な見返りのために資金を積み上げることに協力させられていたのである。そして、品質は低く、価格は高くなったのである。

オリンピックに関わる様々なビジネスにおいて、最終的にはソルトレークシティーにおいて露見した、あるスキャンダラスな汚職に関わる批判的な報道によって、IOCは、改革を約束し、開催を希望している都市による贈り物、豪勢な旅行等を規制することとした。しかし、独裁者の政治的生き残りからみて、こうした行いはなかなかなくなるとは思えない。なぜなら、オリンピック委員会などは小さな盟友集団によって運営されているからである。実際、BBCのニュース番組による調査によれば、賄賂は今でも贈られている。二〇一二年の開催地の発表の際に秘密裡《り》に録音された会議の内容によれば、IOCの投票について一〇万ドルから二〇万ドルが支払われていたという。スポーツを愛する者からすればがっかりすることだが、政治的生き残りという観点からみれば驚くほどのことでもない。

ＩＯＣが賄賂や汚職に感染しているなら、まずは、その国際的な構造から明らかにする必要がある。ＩＯＣは、一八九四年に設立された組織で、近代的オリンピックをすべての側面で運営してきた。ＩＯＣは、現在、現役アスリート（一五名まで）、国際的競技連盟のメンバー（一五名まで）、各国オリンピック委員会の幹部（一五名まで）および七〇名の無所属メンバーで構成されている。ＩＯＣ委員は、現任のＩＯＣ委員によって選任される。ＩＯＣは、理事を選び、競技団体や各国オリンピック委員会を取りまとめ、将来の大会開催地を選ぶ。

ＩＯＣ会長の選任や、大会の開催地を決定するのには、五八票が必要である。会長は、長年にわたってその職に就き、多額の予算を持つ。一八九六年の第一回近代オリンピック大会から今まで九名の会長しか就任していない。実質的には、しばしば五八票よりも少ない票数が必要とされたこともある。なぜなら、一一五人のＩＯＣ委員のうち、空席があることもあり、また、自国に関わる投票については欠格とされるからである。たとえば、二〇一二年大会の開催地について、パリを破ってロンドンが選ばれたときは、五四票対五〇票で決定した。ＢＢＣの番組「パノラマ」の見積もりによれば、一〇〇〇万ドル以下の経費で勝利したとされている。一方、実質的な経費で言うと、イギリスは、宿泊施設やインフラのために九三億ポンド（約一五〇億ドル）を支出する。すべてのオリンピック参加者、すなわち競技者、役員および観客にとって益のあるものである、より良い競技場の建設は、開催地選定の支援を得るための支出としては、限られた者に少しずつ一〇〇〇万ドルを分け与えるよりも高くつく。

ＩＯＣの構造が、スキャンダルの核心となる。五八票が勝利を確実なものにし、ＩＯＣの会長がＩＯＣ委員を選べるとするなら、政治と支配が常に腐敗と賄賂を生み出してゆく。ＩＯＣの組織が、現在のままでゆくなら、票の買収と汚職は、引き続き行われる。なぜなら、生き残りを図るＩＯＣ会長にとっては正しい戦略だからである。贈り物や旅行を規制したとしても、より良い運営や大会の施設よりも、私的な見返りにより争うという動きを変えることはできない。

何十億ドルもの金が動き、五八人ばかりの支援を得られればいいのならば、いかなる国もスポーツの質にのみこだわっていては勝つことはできない。ソルトレークは、このことを一九九八年大会の開催地争いで学んだ。彼らは、彼ら自身がそのプロセスの中にはまっているにもかかわらず、二〇〇二年大会において過ちを繰り返さなかったことである。多くのソルトレーク市民は、見せかけの怒りを示したが、実際には多くが喜んだだろう。結局、これに引き続いて出された主張にもかかわらず、大会の開催地が改めて決定されることはなかった。

オリンピックは一票一〇万ドル、ワールドカップは八〇万ドル

ＩＯＣだけが、腐敗に覆われている訳ではない。サッカーの国際的連盟であるＦＩＦＡは、もっと悪い例である。二〇一〇年一二月二日、ＦＩＦＡは、ロシアを二〇一八年、カタールを二〇二二年ワールドカップ大会の開催地として選んだと発表した。ロシアは、ヨーロッパのその他の立候補国であるイギリスや、共同開催を希望していたベルギーとオランダ、そしてイベリア半島の国々を破っての選出であった。ロシアの選出には、多くの魅力的な点があった一方、カタールが、オーストラリアや日本、韓国、そしてアメリカを抑えて選出されたのには不可解な点があった。

ＦＩＦＡの理事は、二四人に過ぎないため、開催地として選ばれるためには一三人の支持を得られ

ればいい。二〇一〇年一二月の投票では、二名がその票を売ろうとしていたということで投票が停止されていたため、一二票得ることができればよかった。そのうちの一人、アモス・アダムは、『サンデー・タイムズ』紙の囮《おとり》取材において八〇万ドルを求めた。この金は、名目的には人工芝ピッチを建設するためのものとされていたが、実際には、八〇万ドルは、彼に直接払うよう求められた。開催地決定の三日前にＢＢＣの番組「パノラマ」は、スポーツの世界における腐敗の傾向について、「ＦＩＦＡの闇の秘密」と題したドキュメンタリーを放映した。これは、ＦＩＦＡ幹部の賄賂や腐敗について報じたものである。このことが二〇一八年ワールドカップのイギリスの候補地落選に響いたと考えられた。というのも、訴えられた二人の理事が、二四人の投票者の中にいたからである。イギリスの首相キャメロンを含む立候補支援者が、訴えられたＦＩＦＡ幹部の忠誠に信任を置くと表明したことは、賄賂が、ＦＩＦＡにおいて一般的な手口となっていることを示していると思われる。なぜ調査を求めることが、イギリスの将来の展望を危うくすることになるのだろうか？

幸運なことに、スポーツと、賄賂や汚職に関わる競争とを促進する改革を立案することは、直接的なものである。二つの組織における賄賂の額の比較が、その理由を示している。オリンピック開催地を買収するためには、ワールドカップ開催地買収のおおむね四倍の金額が必要になる。それは、五八票と一三票の差である。そして提示された金額を信じるなら、賄賂の額は、実質的には小さく、オリンピックでは一票あたり一〇万ドルから二〇万ドルなのに対して、ワールドカップでは八〇万ドルとなっている。これが、各組織の実質的な役割を示しており、このことが解決策を明確にする。

必要とする支援者が増大するにつれて、私的な見返りはより重要性を失う。ＩＯＣを単純に拡張することによって、賄賂を過去のものとすることができる。たとえば、すべてのオリンピック選手が、理事の選任や開催地の投票資格を持つようにする。北京大会においては約一万一〇〇〇人が、バンクーバー大会では二五〇〇人以上が参加した。あるいは、メダリストを、またはチーム競技の偏重を防ぐため、一つのメダルにつき一人の代表がＩＯＣメンバーになるとする。そうすれば、数年のうちにＩＯＣの組織は増大し、役員や候補地は、豪勢な旅行よりもリーダーシップや競技の質、そして施設によって競争することになる。

善行は万死に値する

先に、「成功するリーダーは、抑圧、弾圧、または実際にあるいは心の中でライバルを殺しさえする」と述べた。これは、世界の小さな盟友集団を頼みとする体制の中で定期的に実行されてきた。アフリカでは、酷い事例が多く見受けられる。ブルッキングス研究所の主任研究員であるダニエル・カウフマンは、世界で数兆ドルが賄賂として使われていると試算した。その多くが公務員に渡されているという。これほど多額の金が流れる中で、彼はまた「反汚職運動の退潮がみられる。そして、非常に心の痛むことは、勇気ある反汚職活動家を見舞った運命であった。彼らは追い詰められ、殺害された」とも述べた。多くの事例の中でも、ブルンジのアーネスト・マニルンバと、コンゴのブルーノ・ジャック・オセビの二つの例が挙げられる。マニルンバは、ブルンジの高級官僚について汚職の調査を行ったところ、殺害された。彼自身何も奪われていなかったとされたが、『ニューヨーク・タイムズ』紙の報道によれば、「血まみれの紙ばさみが彼のベッドに放置され、書類やＵＳＢメモリが失われていた」とされる。これは偶然だろうか？

オセビの間違いは、コンゴの大統領によって奪われた財産を取り戻すために、トランスペアレンシー・インターナショナルと共同して法的措置をとったことにある。オセビは、自宅で銃撃されて殺された。

盟友が常に味方だと思うな

内部告発することとは、トラブルに巻き込まれる唯一の理由ではない。リーダーたちは、もし、その盟友の忠誠を当然のものと考えていれば、大きなリスクに見舞われることになりうる。支配者のためのルールによれば、リーダーたちは、たとえそれが盟友たちへの見返りであるか、あるいは一般人々へのものであるかにかかわらず、盟友たちへの払いを不充分なものにすべきではない。自分が豊かになりたいと思うのであれば、盟友のポケットからではなく、裁量の余地のある基金から引き出すべきである。人々の生活を良くしようと思うのであれば、盟友の払いに頼るのではなく、自らの財布から支出すべきである。リーダーたちは、ときに盟友たちを幸せにし続けるのに、何が必要かを考え違いすることがある。彼らがこの点を誤れば、そのリーダーとしての地位に影響を及ぼし、ときには命にも関わる。犯罪者集団のボスの〝ビッグ〟ことポール・カステラーノやローマ皇帝のユリウス・カエサルの話は、盟友たちに充分に見返りを払わないという誤りを犯す者に警告を与える。

ポール・カステラーノは、一九七六年にガンビーノ一家から稼業を受け継ぎ、後にこうした間違いを犯してしまった。彼は、一家のビジネスの中心を、建設業界に対する恐喝にシフトしていった。実際、二〇〇万ドルを超えるニューヨーク市でのプロジェクトでは、マフィアの許可がなければ一滴のコンクリートさえも使えないとさえ言われていた。このことは、こうした新しいビジネスからの利益が、そのメンバーたちに流れているか、または彼が、旧来の収入源への注目を怠っていなければ、悪いことではなかった。しかし、彼は旧来からのビジネスであるゆすり、高利貸し、あるいは売春を無視したのだが、これらは、彼の盟友であるマフィアたちの収入源だった。ある時、重要な支援者であるアニエロ・ニール・デラクロスの死が引き金となり、またカステラーノの支援者であったルディ・ジュリアーニ検事（のちにニューヨーク市長）が手のひらを返してマフィア裁判に訴え出たことによって、〝ダッパー・ドン〟ことジョン・ゴッチ、フランク・デチコ、〝ザ・ブル〟ことサミー・グラバーノとその他の幹部たちが、カステラーノをニューヨーク四六番街のスパークス・ステーキハウスの店外で射殺したのだった。

カステラーノは、彼の盟友からの資金をもとに自ら利益を得、その結果、自らの生命を犠牲にした。約二〇〇〇年前、ユリウス・カエサルが犯した誤りは、盟友の資金によって人々を助けようとしたものだったが、これは自らの生命を犠牲にすることに繋がった。カエサルの死は、彼のもっとも近い盟友によるもので、独裁政を倒そうとしたものとしばしばいわれてきた。しかし、実際にはそのように解釈しえないものである。

カエサルは、改革者だった。彼は、暦の再編や交通渋滞の緩和、雇用供給の安定といった重要な公共事業を実施した。彼は、また、貧困層を助けるための政策も実施した。たとえば、彼は元兵士に土地を与え、税制を改革して、年貢を廃止してより整った予見可能な税制を採用した。それだけではなく、民衆の債務を二五パーセントまで削減した。

これらの政策は人々に受け入れられたが、ローマの市民の支出に基づいて行われていた。もちろん、年貢の制度は、人々からこれを徴収できる数少ない幸運な者にとっては有利なものだった。負債についても、金を持つ者にとっては利益になるものであった。これらの者からすれば、カエサルの改革は、自分たちを直撃するものであり、したがって、好ましいものではなかった。彼の改革が多くの支持を集めたといっても、有力者たちから苦しみを受けている者にとってのものであり、したがって、これらの有力者が、カエサルを倒したのである。

カエサルの失敗は、人々を助けるために盟友の受け取るべき利益の一部を使ったことにある。人々の生活を豊かにすることは、リーダーにとって大切なことであるが、それは、リーダーのポケットからなされるべきことであり、盟友の財布から払うべきではない。カエサルやカステラーノの物語は、あまりに良い行いやあまりに欲張った振る舞いは、いずれも結果的に富を失う盟友たちによって罰せられるということである。

これまでみたように、盟友の忠誠を保つために充分に公共財を与えることと、与えすぎたり不足したりすることとのあいだには、絶妙なバランスがあるということである。どこでも金が正しく使われるというのは盟友にとってのことであり、そこには深刻なクーデタのリスクが存在する。盟友たちに、必要以上に多くの金が用いられるなら、権力の座にある者は、それを無駄にすることになる。

私腹を肥やすか、人々に施すか

リーダーたちは、盟友の忠誠を金で買う必要がないとき、金を使って何をすべきか？　これには二つの答えがある。秘密の口座に積み上げるか、人々に気前よく還元するかである。もっともうまく自らの利益にした者は、本書において殿堂入りとなる。市民のためと思って裁量の範囲内の金を使おうとしても、そのうちいくらかしかうまくいかないものである。自らの利益を得ることに成功した者は、我らが殿堂入りを果たし、市民生活の向上に役立たないという考えを持って、利益を得ることに失敗した者は、我らが恥の殿堂入りとなる。

民主化前のメキシコの政治家、ハンク・ゴンザレスによれば、「貧しいままでいる政治家は、その政治も貧困である」。この見方によれば、ザイールのモブツは天才的政治家である。彼は数十億ドルを盗み取り、彼の自伝を執筆したミカエラ・ロングによれば、「いかにアフリカの独裁者といえども、これほど狡猾《こうかつ》な生き残りを果たした者はいない。いかなる大統領も、これほど国が可能性を秘めながら何も成し得なかった者はいない。いかなるリーダーも、その国家経済から効果的に略奪し、あるいはこれほど豪華な生活を送ったものはいない」。実際、「盗人政治家」という言葉があるが、まさにモブツの統治のスタイルを示している。しかし、モブツは盗人政治を有名にしたものの、彼が発明したものではない。

小さな盟友集団による体制の下で、リーダーは、多額の金を自らがいいと思う方針で使うことができる。たとえば、彼らの中心的な盟友に補償できるにもかかわらず、多くが積み残されている。権力の座にある者の中には、市民のためその裁量の範囲内の金を用いる者もいるが、これについては、殿堂入りした人々について議論する際に取り上げる。しかし、多くの者が、万が一のために金を隠しておく。こうしたリーダーたちのために秘密の銀行口座が存在する。

国庫の金をうまく使ったフセイン

国庫を自分の口座のように使うとき、成功への階段を上るとするなら、イラクのフセインを取り上げなければならない。彼は、一〇億ドルもの費用で宮殿を建設し、一方、イラクの子どもたちは、簡単に治療できる病気で亡くなっていた。その他の国家的な盗人としては、ウガンダのアミン、ハイチのデュバリエとその息子のベイビー・ドックなどが挙げられる。彼らはいずれも、自分を豊かにする一方、盟友集団を構築し、維持し、財を供給してきた。しかし、彼らはすべて、モブツを除いて、殿堂入りした者たちに比べればリトルリーグの選手並みである。

超一流の盗人政治家としては、インドネシアのスハルト、ザイールのモブツ、フィリピンのマルコス、そして、現在在任中の者としてスーダンのアル・バシールが挙げられる。アル・バシールは、一九八九年に権力を握ったが、国際刑事裁判所によって、人権侵害、戦争犯罪およびジェノサイドの罪で訴追されているにもかかわらず、権力の座に居続けている。

スハルトは、『エコノミスト』誌によれば、盗人政治の王とされているが、ＮＧＯのトランスペアレンシー・インターナショナルによれば、国から三五〇億ドルもの金を盗んだとされている。彼の亡くなった妻、マダム・テンは、「マダム・一〇《テン》パーセント」として知られた。もちろん我々は、実際に彼の家族がどれだけを得たか知る由もないが、彼が、少数の盟友に依拠し、巨大な裁量権を行使し、三〇年以上も権力者の座に居続け、そしてインドネシアでその人生を終えるまで暮らし続けたことは、事実である。彼は、訴追するにはあまりにも体調に問題があると考えられたのである。

スハルトのように、ザイールのモブツは、三〇年以上その権力を握り続けたが、彼が、末期ガンに罹っていると知られたときに、失脚した。モブツは、何十億ドルもの金を自分のものにし、豪華な生活を送った。スハルトは、モブツの巨大な資産を考えるとまだ控えめな方である。モブツは、スイス・アルプス、ポルトガル、フランスのリヴィエラに別荘を持ち、ブリュッセルに多くの邸宅を所有した。これに加えて、彼は、ザイールの主要な都市に大統領公邸を構え、彼の故郷であるバドリテにも宮殿を設けた。一一万四〇〇〇人の人口を持つこの街で、誰も超音速のコンコルドが発着可能な空港が必要だとは考えていなかったが、ときおり居住する者のうちの一人がモブツだったのである。彼はコンコルドをエールフランス航空から私用のために借り上げ、発着できるように空港を建設した。

マルコスは、一見スハルトのように経済成長をもたらした。マルコスの統治期における経済成長率は、かなり良好であるが、フィリピンの人口は、経済成長よりも高い割合で増加した。スハルトが人口増加をうまくコントロールした一方、マルコスは、これに対処できなかった。しかし、彼はいわゆるクローニー・キャピタリズムを通じて、彼の盟友と自分を豊かにした。トランスペアレンシー・インターナショナルは、マルコスが何十億ドルもの金を国から得たと見積もっている。彼の妻イメルダは、膨大な靴のコレクションで有名だが、フィリピンの公金を横領したとして訴追され、政府は、六億八四〇〇万ドルを取り返すことができた。しかし、これは、マルコスとその家族が得た財産のごく一部に過ぎない。彼らが、大規模な横領を行ったにもかかわらず、マルコス一族はフィリピンで政治的に立ち直っている。このことは、金が、政治の世界を回していることを示している。

アル・バシールは、スーダンの大統領であるが、九〇億ドルを国から横領したとして訴追されている。これは、二〇一〇年にウィキリークスに関わって、アメリカの外交公電が暴露されたことによって知られた。国際刑事裁判所の主任検事であるルイス・モレノ・オカンポによれば、バシールの金は、ロンドンのロイズ保険組合によって保有されたとしている。ロイズはこれを否定し、もちろんバシールも否定した。『ガーディアン』紙は、駐イギリス・スーダン大使館の広報官であるアル・ムバラクが、「大統領が国庫を管理し、自分の口座に送金できるというのはバカバカしいことである。これは、国際刑事裁判所の検察官のくだらない主張に過ぎない」と述べたと報道している。

著者の見方からすれば、バカバカしいだけでなく、それは、小さな盟友集団を頼みとする小さな独裁者が、統治のために選ぶ道であり、それは、彼らのためのものでもある。政治的生き残りという観点からすれば、何がバカバカしいかといえば、バシールが「国庫を管理せず、金を自分の口座に移さない」ことである。バシールは、一七年にわたって権力の座にあり、国外からの法的措置にもかかわらず、権力と国の少なからざる資金を保ち続けている。

裁量とは、リーダーが選択肢を持っていることを意味する。著者が見る限り、リーダーがその裁量を自分を豊かにするために使うとか、マルコス、モブツ、スハルトそしてバシールのような振る舞いをしなければならない、ということはない。独裁者であっても、市民感覚を持ち、意識を高く持って、民衆にとって最善の策を取ろうとすることも可能である。こうしたよくできた者に信頼を置くことの問題は、多数の盟友に対しての説明責任による制限を加えることがなされていないということにある。もし、彼らが選挙によって選ばれておらず、報道の自由や結社の自由を認めていないがために人々が希望を示す手段がなければ、本当に人々が何を求めているかを知ることは困難である。小さな盟友集団を頼みとする当事者が、正しい感覚を持っていたとしても、彼ら自身と彼らのアドバイザーが最善だと考えることしか成し得ない。

腐敗した民主主義者、高潔な独裁者

ここで、恥の殿堂と真の殿堂に入りうる者の中から、意識の高いリーダーを挙げてみよう。すなわち、前者は、良いことをしようとしてできなかった者であり、後者は、何かを成そうとして成し得た者である。ソ連のフルシチョフは、恥の殿堂に入る者の代表と言えよう。

フルシチョフは、一九五九年にアメリカを訪問し、新しい農業政策を発表した。彼は、ソ連が肉、牛乳、バターの生産でアメリカを上回ると述べた。彼は、農業についてよく知らず、その目標を達成しなければならない人たちに対して直接の責任を負っているわけでもなかった。フルシチョフが、彼の誤った農業政策を通じて個人的に利益を得ようとしたことをうかがわせる根拠は、ない。実際に、彼が、公金を私的に流用したという証拠もなく、むしろ、彼は純粋に多くのソ連国民の生活を向上させようと望んでいた。

それにもかかわらず、彼の農業計画とその実施は悲惨なものだった。フルシチョフを喜ばそうとして、またその期待に応えられなかったときに起きる政治的な問題に敏感な地方の役人は、生産を増やすことで、彼の要求を満たそうとした。もちろんその目標を満たすという誓約は、当時のソ連で行われていた後進的な農業技術では困難なものだった。フルシチョフの、市民向けのアイデアのために、農民は、種牛を屠殺《とさつ》しなければならなかった。これは、肉の生産量の要求を満たすためであった。彼らは、公営の店から肉を買い、それを生産したものとして政府に売り戻すことさえした。これによって、生産の向上と価格の上昇という点で失敗におわった。種牛を屠殺することで、将来の家畜の数も縮減されてしまったからである。

計画が開始されてわずか数年で、食品価格は急騰し、反政府運動を引き起こした。ソ連の公式の報告によれば、二二人が殺害され、八七人が怪我をし、一一六人のデモ参加者が有罪判決を受け、七人が人々を煽動《せんどう》した罪で処刑された。二年後、ソビエト経済は低迷し、食糧不足が広がり、さらにキューバのミサイル危機で屈辱的な敗北を喫したことによって、フルシチョフは、平和的クーデタによって党書記長の座を追われた。二十数年後、ゴルバチョフが、フルシチョフと同様の道をたどった。彼は経済の安定のために、改革を導入した。彼の計画は、期待していたほどには成功しなかったが、彼の場合にはその座を追われるばかりか、ソ連の終焉をも導いた。

毛沢東《もうたくとう》と鄧小平《とうしょうへい》もまた、フルシチョフとゴルバチョフと同様であったが、大きな違いがあった。二人のリーダーのいずれもが、元来、その経済を向上させようという真摯《しんし》な希望に基づいて行動していた。彼らのいずれもが、その経済を動かした結果、自分の権力の座が、脅かされるようになったとみなされている。しかし、毛沢東、ゴルバチョフ、フルシチョフと異なり、鄧小平は、まさに殿堂入りに値する者である。他の三人と同様、彼は、直接には人々に対する説明責任を持たず、彼の統治に対する大衆運動を押さえつけることには躊躇しなかった。天安門広場における惨劇は、忘れ得ないものである。しかし、他の独裁者と異なり、彼は、いかにして経済活動を改善させるかということについていいアイデアを持っていた。

鄧小平とシンガポールのリー・クワン・ユーは、まさに現代世界の独裁者の殿堂における、二大巨頭といえる。彼らは、著者が知る限り、秘密口座に蓄財することはなかった。また、モブツやフセインのような豪勢な生活を送ることもしなかった。彼らは、その裁量権をもとに、市場を中心とした経済改革を成功させ、シンガポール人を世界の中でも裕福な国民に引き上げ、また数百万もの中国人を貧困状態から抜け出させた。彼らの行動は、いつまでも続く統治と矛盾するものでもなかった。彼らはその権力の座を脅かす者には厳しい態度で臨んだ。鄧小平は、暴力で対応し、そして、リー・クワン・ユーは、裁判を通じて反対者を追いやった。リー・クワン・ユーの手法は、鄧小平よりも格段に洗練されたものだが、にもかかわらず、それは、独裁的なものであり、政治的生き残りの論理にもとづく、独裁的権力の行使によるものである。そして、それが政治というものである。

多くの人々が、腐敗を減らすことが望ましい目標であると考える。一つの共通した手法が、追加的な立法を通し、汚職に関する条文を増やすというものである。しかし、残念なことにこうした手法は逆効果である。汚職をめぐって構築されたシステムにおいては、これに関わるすべての者、たとえばリーダーやその盟友は、この汚職によって汚名を着せられ得る。条文を増やすことは、単純にリーダーたちが追加の武器を持つことにしかならない。改革者や、告発者はどういうわけか訴追されることになる。アラファトは、パレスチナ自治政府の閣僚の汚職についての記録を保持していると噂《うわさ》されている。汚職に対する処罰を増加させることは、アラファトやその他の取り巻きたちのような影響力のある者たちを増やすに過ぎない。アラファトは、仲間に対して汚職を認め、それを監視することで効果的に彼への忠誠を導いた。そして、パレスチナ自治政府が破産状態にあるというとき、彼は巨額の資金を貯めこんでいた。アル・ジャジーラによれば、その額は四二億ドルから六五億ドルともいわれている。

汚職をなくす法的な手法は、機能せず、むしろより悪い状態に陥らせ得る。これに対するもっともいい方法は、根本的な動機付けを変えてしまうことである。盟友の規模を拡大させ、汚職を過去のものにしてしまう。ＩＯＣやＦＩＦＡの事例で述べたように、大会の開催地を決定する権限を持つ委員の数を増やすことによって、汚職をなくすことができる。このことは、いかなる組織においても同様である。もしも、政治家が銀行家の巨額のボーナスをなくそうとすれば、何百万もの株主にＣＥＯや役員たちが依拠するよう、会社組織を改革するように促進する法律を制定する必要がある。会社の幹部が、比較的少数の盟友を頼みにしている限り、彼らは、この少数の盟友に巨額のボーナスを与え続ける。巨額のボーナスというものは、一般市民あるいは多くの株主にとってさえ一般的なものではなく、彼らが退陣させ得るものでもない。銀行の内部にいる者が、できることである。報酬を制限する法令は、ＣＥＯたちに複雑で見せかけだけの法的手段を当てにさせるに過ぎない。こうした手段は、会社の透明性を改善させることにも、バランスシートを理解しやすくすることにも繋がらない。

会社の報酬を規制し、ビジネスを株主の利益が拡大するように真っ当な考えを持ってゆこうとする者は、綿密に会社を規制するルールを検討するだろう。政府の役人がしばしば求める、一見解決策にみえるものは、選挙区では機能してもガバナンスの論理を侵害しており、いいコーポレートガバナンスを弱体化させる。会社の不正行為を考えてみよう。証券に関わる不正行為は、財政問題を抱え大きな盟友集団のいる企業の方が、同様の財政的問題を抱えていても小さな盟友集団による企業より、多く見受けられる。結局、比較的大きな盟友集団に依拠する役員たちは、企業活動が低迷するときにその座を追われやすい。その座を追われるリスクを感じたとき、大きな盟友集団を抱える役員たちは、低迷している企業活動を粉飾した報告によって隠そうとする。さらに、企業が報告した活動結果から想定されるよりも、上級管理職たちに少ししか支払われていないとき、それは企業の不正行為をより早く示している。

政府についても同じことが言える。政治家は、すべての種類の立法や施策を導入し、汚職を探し出し、訴追することができる。このことは有権者にとってはいいことである。しかし、こうした手段は、見せかけのものであるか、またはライバルに対しての武器として用いられる。偽装行為も、魔女狩りも不正を一掃することには繋がらない。しかし、政治的リーダーが、より人々に対して説明責任を負わせることで、政治が賄賂や汚職によってではなく、政策によって競われるようになる。もちろんリーダーは、可能な限り説明責任を負おうとはしない。これは、彼らの人気を落とし、その裁量を狭めることになる。著者は次に、いかにしてリーダーたちにこのような行動を認めさせるかという難しい問題に取り組まねばならなくなる。

第 7 章

海外援助

自国に有利な政策を買い取れ

Foreign Aid

海外援助の政治的論理

民主政の宿命は、必ずしも幸せなものではない。常にその多数の支持者に還元するために、より良い政策を探し続けなければならない。しかも、その手は縛られており、政策を選ぶにあたってもほとんど裁量を働かせる余地がない。お気に入りの政策も多数の支持者の意向に左右され、自分のために不正蓄財することもかなわない。自分のことよりも、まずは人々のためを思う、まるで無私の天使である。しかし、これは海外に目を転じるまでのことである。

民主主義者は、外交政策となると天使というよりも悪魔のように振る舞いがちである。実際、外国政府に対する政策については、それらの国々を統治している独裁的な指導者よりもさほどいいものとも言えない。

本章では、海外援助に関わる次の五つの疑問について検討する。それは、誰が誰を援助するのか？どれだけ援助するのか？　なぜ援助するのか？　援助のもたらす政治的、経済的結果は何か？　そして、これらの疑問に対する答が、国家建設について何を教えてくれるのか？　というものである。

民主主義者が善人であると考える者にとって、この問題は、警告になり得る。我々の多くは、海外援助は貧しい人々を助けるためのものだと信じている。アメリカ国際開発庁（ＵＳＡＩＤ）は、アメリカの対外援助を割り当てる機関であるが、自らを「海外で、より良い生活を望んでいる人々、災害から復興しようとしている人々、あるいは自由で民主的な国家で苦しい生活をおくっている人々に助けの手を差し延べる」とし、これが「世界中でアメリカの名誉ある地位を証明するためのものとなっている」と高らかに述べている。世界全体を、人々にとってより良く暮らせるところにするというのが、援助国の目標である。しかし、被援助国の人々は、しばしば援助国に対し憎しみを募らせる。そして被援助国の政府は、（そして援助国も）しばしば、その金がどのように使われるべきか、という点について異なった視点を持っている。これからみてゆくように、民主主義者はその大きな盟友集団によって自国において正しいことをなすよう強いられている。しかし、こうした国内的な強制は、他国の人々を情け容赦なく搾取することに繋《つな》がりうる。

胸が締めつけられるような飢えた子どもたちのイメージは、援助を促進させる確実な方法である。穀物を貯蔵する技術は、ファラオの時代から知られ始めていたのに、なぜ北アフリカの子どもたちが飢餓に苦しめられ続けなければならないのか、不思議に思わざるをえない。一つの説明としては、リザルド・カプチンスキーの観察に基づくものがある。エチオピア皇帝ハイレ・セラシエについて記述した中で、カプチンスキーは、一九七二年の干ばつと飢餓に襲われたエチオピアで、何百万人もの人々を救った援助機関の努力への対応について次のように述べている。

突然これら海外の援助機関についての報告が来た。これによれば、我々の貪欲《どんよく》な民衆が暴動を起こしたなかで食糧援助をしようとしたが、その積み出しができなかった。というのも、財務大臣イエルマ・デレサは王室財産を肥やすために、援助機関に対して高額な関税を払うように命じたからである。大臣は「あなたがたは、援助したいのか？」と聞き、「それならばしなさい。そのかわり関税を払わなければならない」と言った。そして援助機関は、「関税を払うとはどういう意味か。我々は、援助をするのだ。それでも関税を払わなければならないのか」と述べた。大臣は、「そうだ、これは規則である。あなたがたの言うように援助するのならば、皇帝は何も得られないではないか？」と言った。

エチオピア政府のばかげた騒ぎは、それほど驚くことでもない。独裁者は、その盟友たちに払う金が必要なのである。ハイレ・セラシエは、一九三〇年代のイタリアの侵略による一時的な亡命を除けば、一九三〇年から一九七四年の失脚までその座に居座り続けていた。長期間にわたって成功した独裁者として、セラシエは彼のかけがえのない盟友が望む以上には、人々に対してその要求を満たすべきではないと理解してきた。

セラシエは、まず自分の支持者を満足させ、自分をその次に置いた。飢えた民衆は、自分たちの順番を待たねばならなかった。そして、その時は、永遠に来なかったのである。彼が冷淡に民衆の飢餓を無視したことは酷《ひど》いものだった。少なくとも彼の後継者と比べてみるまでは。メンギスツ・ハイレ・マリアムは、セラシエの統治を引き継ぎ、軍事政権を敷いた。彼は、一九八〇年代中盤のティグレおよびウォロといった北部諸州の干ばつを、さらに悪化させるような政策を推進した。これらの州では激しい内戦が勃発したうえ、二年間の干ばつの後に、彼は、強制的に集団農場化をすすめた。数百万もの人々が、集団農場に強制移住させられ、何十万もの人々が、これらの州から完全に追いやられた。その結果、大規模な飢餓が発生した。これによる死者は、三〇万人から一〇〇万人とも推計されている。軍事的観点から言えば、飢餓は、反政府勢力を確実に弱体化するものであり、メンギスツにとってはいいものであった。我々の多くは、ボブ・ゲルドフが組織した「ライブ・エイド」（＊訳注——一九八五年七月一三日に行われた、二〇世紀最大のチャリティコンサート）が、災害援助のために活動したことを記憶に残している。残念なことに、これらの援助は、政府の統制下でなされた。たとえば、援助物資を配給するためのトラックは、人々を強制的に移動させるために徴発された。こうした移住によって約一〇万もの人が亡くなった。

こうした事例は少なくない。援助は被援助国によって使い込まれたり、流用されたりした。ひとつの有名な事例で言えば、アメリカは、二〇〇一年から二〇〇八年にかけてパキスタンに六六億ドルもの軍事援助を、タリバンと戦うために提供した。このうちたった五億ドルだけが軍によって利用されたとされる。にもかかわらず、援助は、パキスタンの国庫に流れ込み続けた。援助機関によれば、援助金が盗用されたことが明らかになれば、その援助は停止されるとしている。しかし残念なことに、停止されることはなかった。

援助が人々を苦しめたケニア

援助機関の目を欺く偽りを一掃することについて、ケニアの事例はみてみる価値があるだろう。ミカエラ・ロングは、『我々が食すとき（It's Our Turn to Eat）』において、理想的な官僚であるジョン・ギトンゴの偉業を記述している。彼は、反汚職の旗手であり、新しいケニア大統領ムワイ・キバキによって任命された。その前任者であったダニエル・アラップ・モイの大規模な汚職を受け、キバキは反汚職運動をすすめた。国際援助機関は、魅力的な利率で融資を行い始めた。ＩＭＦがケニアに対して二億五二八〇万ドルの融資を行ったとき、『エコノミスト』誌によれば「財務大臣が、天国から金が降ってきたと述べた」と報道している。

ギトンゴは、政府が彼に期待することは、汚職を根絶することよりも、汚職を取り繕うことにあると気づいた。彼は、汚職が大統領にまで及ぶと認識したとき、会話を秘密裡《り》に録音して、イギリスへ渡って国際機関や銀行に汚職の証拠として提供した。イギリス大使のエドワード・クレインは壮麗に飾りたてた言葉で、「大臣たちが大食漢のように食い散らかし、支援者の靴の中に吐き出した」と汚職のことを表現した。

ＩＭＦと世界銀行が徐々にケニアに対する融資を停止して数年が経ったにもかかわらず、このことについて迅速な対応はなされなかった。実際、国際金融機関は、犯罪者よりもギトンゴを遠ざけた。彼の情報は無視され、彼は、開発関連の会議でのけ者になった。銀行と官僚は、保健所から台所でネズミが発生していると警告を受けながらも、それを無視しつづけた食堂で食事しなければならない人々のような振る舞いを行ったのである。ギトンゴは、現在では講演を行ったり、コンサルタントをしたりして細々と暮らしている。エドワード・クレインは、ケニアにおいてペルソナ・ノン・グラータ（外交上好ましからざる人物）とされ、イギリス政府をひっそりと退職した。両者とも、正しいことを行ったがために、そのキャリアを終えたのである。

信じ難いことに、援助機関は、いかにその資金が悪用されているかということを理解しようとはしない。おそらく、これにはアメリカ国際開発庁のもう一つの目的、すなわち、アメリカの外交上の利益を高めるということに真実が隠されている。アメリカは、世界的テロリズムに対する戦いを行う際に信頼できる仲間を持つことや、インド洋でソマリア人の海賊と戦う際に援助が必要なことに関心が高いのだろう。

この厳しい見方に対して、援助は、援助国が海外からの歓心を買うためのものという厳しい見方に対抗するのが、ケニアの初代大統領ジョモ・ケニヤッタの言説の中に見受けられる。彼は一九六三年の独立記念日の演説で次のように述べた。

我々は、賄賂《わいろ》を通じての友好は一切認めない。そして西側からであれ、東側からであれ、こうした国々が我々の目標を理解することを望む。我々は、すべての国に対して友好的であろうとし、そしていずこからの援助をも受け入れる。しかし、次のように言うような人々または国からの援助は、求めない。「大統領よ、もし、援助が欲しければ、閣下はこのようにしなければならない」。私は、技術的には自由でありつつも縛りつけられているよりは、たとえ貧しくとも自由でいつづける方がいいと考える。馬は、管理され、その所有者の思う通りにしか動けない。我々は、そのような馬のように縛りつけられるような援助を受け取るつもりはない。

さも厳格な演説に見えるが、ケニヤッタは、実際には率直な発言をしていない。援助機関は喜んで金を浪費するだろうか？　あるいは、彼らは、何か見返りを得るだろうか？　ケニヤッタの演説の中で鍵となる言葉は、西側だろうが東側だろうが、というところである。彼の理想的な言葉遣いにかかわらず、ケニア政府は東西いずれからの援助にも門戸を開いている、ということを仄《ほの》めかしているのである。

政治的論理で言えば、民主的援助国は、必要であれば横領や汚職にもその目をつむる。リベリアのドウは、彼が在任中の一〇年間に五億ドル以上をアメリカから受け取った。そして、アメリカは多くの見返りを受けた。

冷戦の終結とともに、アメリカは、ドウへの援助の必要性を失い、逆に道徳的な問題が発生した。

本当のところを言えば、海外援助は、それ自体の論理を持っている。援助とは、貧困や困窮をなくすために行うのではなく、援助国の有権者を楽にするためのものである。援助によって貧困が撲滅されなかったのは、援助国が貧困を救うに足るだけの金を送らなかったためではない。むしろ、被援助国の有権者の生活を向上させ、それによって在職中の指導者が再任されるという目的を達するのに充分な額が送られている。このように、援助は送られるべき人々に送られていないのではない。地域の企業や慈善団体のような、より賢くお金を使うようなところではなく、政府がこれを盗み取っているのである。多くの援助が腐敗した政府に送られているが、それは仕組まれたものであり、偶然そうなっているのではない。むしろ援助は、自らの政治的保身のためには国民さえ売るような盗人国家に送られているのである。援助国は、自国の有権者の生活を向上させるという援助国の保身的政策と引き換えに、被援助国の指導者の保身に貢献しているのである。

現実には、援助は世界にとって僅《わず》かばかりしかいい影響を与えておらず、むしろ悪影響を及ぼしている。この仕組みが再編されないかぎり、援助は悪い結果を残すばかりのものでしかない――さらに言えば、いいことをしていると思い込みながら、本来よりいい生活を送りうる多くの貧しい人々を苦しめていることには気づかないでいる、善意の人々によって進められてゆくのである。

海外援助の損得勘定

民主主義者は、「身内の」人々の援助を必要とするために、この種の人々の生活を守ろうとすることを、今一度確かめておこう。彼らは、その善意からではなく、「身内の」人々――すなわち、多くの支持者――にのみ関心を持って援助する。民主主義者は、かけがえのない盟友に多額の現金を渡して豊かにさせることはできない。あまりにも多くの人々が、見返りを待っているからである。したがって、盟友集団が望むような公共政策に取り組まなければならない。

逆に独裁者は、限られた数のかけがえのない盟友集団に、豊かな見返りを現金の形で与えることができる。金は、良い統治《グッド・ガバナンス》の観点からすれば大衆の公共財のためのものであるが、（独裁者の観点からすれば）効果的に盟友たちへの見返りとして手渡すことのできるものなのである。そして私的な見返りは、関わりのある人々（良き指導者は、「関わりのある人々」がすべてであることを知っている）への集中的な利益供与を生み出すので、独裁者たちは公共的政策目標を捨てるのである。これは、彼らが民主主義者よりも人々の福祉を考慮に入れる必要がないというのではなく、人々の福祉を向上させることが自らの権力を脅かすことに繋がるからなのである。ユリウス・カエサルのことを思い出してほしい。

ここに、海外援助をみる基礎をおく。いずれの者も、相手方が大切に思うような、与えるものを持っている。民主主義者は人々が求める政策を求め、独裁者はその盟友に払う金を求める。

アメリカは、リベリアのドウに対して、彼の反ソ連の姿勢への見返りとして、毎年平均五〇〇〇万ドルを供与した。この援助は、リベリア国民の生活のためではなく、偶然にもその総額は、ドウとその取り巻きが、在任中に盗み取った額と一致していた。生き残りを目指す独裁者の観点からみれば、援助の理由付けは明白であった。冷戦が終結すると、アメリカはもはや反ソ連政策を必要とせず、彼らを援助しようとは思わなくなった。ドウ政権は、アメリカに援助を要請するほかなかったが、それは切り捨てられた。ドウは、盟友たちに内乱を抑えるために充分な資金を与えることができず、プリンス・ジョンソンの手によって残酷な死に方をした。

高くついたアメリカの中東政策

これまでの話が嘘《うそ》っぽいと思われる読者のために、最近のアメリカによる、政策の買収失敗事例を挙げてみよう。二〇〇三年のイラク侵攻に備えてアメリカは、イスラーム勢力の強いトルコに、基地を置く許可を得ようとした。基地を置くことによって、イラク軍との交戦能力を上げようとしたのである。トルコは、北大西洋条約機構（NATO）を通じてアメリカと同盟関係にあるとはいえ、基本的にキリスト教国であるアメリカが、イスラーム国家のイラクに侵攻するのを助けることは、国内ではいい印象をもたれなかった。二〇〇三年二月の交渉を通じて、アメリカはトルコに対して、六〇億ドルの無償資金援助と二〇〇億ドルの有償資金援助を行うことを申し出た。トルコの人口が約七〇〇〇万人であることから、これらの援助の総額は一人あたり三七〇ドルにもなる。

トルコは、比較的民主的な国である。おおざっぱに考えて、指導者は、国民の四分の一の支持が必要であるとしよう。すると、アメリカの申し出た援助の総額は、支持者一人あたり一五〇〇ドルとなる。これは相当な額だが（今日のトルコにおける一人あたり収入の一〇パーセントを少々超えた程度である）、政治的譲歩をするには危険な額でもある。実際、アメリカ人の読者が、外国の軍隊がカナダを攻撃するためにアメリカに基地を置くとしたとき、これを認めるのにはどれほどの補償金を求めるか、考えてみればわかりやすいだろう。

一人あたり一五〇〇ドルでは不充分であることが明白になり、いくどかの協議の末、トルコ政府は申し出を断った。彼らは、より高額な補償を求めて、そこから政策協議を行い得る金額があることがうかがい知れた。しかし、アメリカは、申し出以上の額を払うつもりはなく、その結果取引は成功しなかった。最終的にトルコは、より低い額で許可を与えた。アメリカは、撃墜されたパイロットを救出するために、トルコの基地を使うことができたのである。

民主国家から政策を買い取ることは、高くつく。多くの人が、その好ましからざる政策に対する補償を求めるからである。独裁国家から政策を買い取ることは、やや容易である。トルコが、独裁国家であり、その指導者は国民の一パーセントだけに配慮していたと仮定しよう。このような条件下では、トルコによって拒否されたアメリカの申し出額は、支持者一人あたり四万ドルにもなる。アメリカに同様に申し出があったとして、一五〇〇ドルで北の隣国を売り渡そうとする者は少ないかもしれないが、四万ドルならば多くの者にとって魅力的に映るであろう。アメリカのイラク侵攻が、小さな君主国家であるクウェートとサウジアラビアから始まったことは、おそらく偶然ではなかろう。

いかにして盟友を操作するかという論理は、誰がどれだけ援助するかということについて、いい手がかりを与えてくれる。人々が求めているものを得ることは、民主的リーダーがその地位に就き続けることを助ける。したがって、多くの海外援助が、民主国家から送られていることは、驚くべきことではない。譲歩を買い取るための金額は、問題の特徴と、受け手の指導者の盟友の規模による。盟友の規模が大きくなれば、受け手の指導者は援助国の求める政策を受け入れるために、より多くの人々に補償しなければならなくなる。すなわち、受け手の盟友集団が大きくなれば、政策的譲歩を買い取るための金額も上昇することになる。これが、興味深い動きを生み出すことになる。

国家が民主的になるにつれ、その政策を買い取るのに必要な援助の額も高くなる。価格が高くなるのは、援助国が政策的譲歩を買い取ろうとしなくなるからではなく、単に高額になるからである。貧しい独裁国家は、もっと援助を受けようとするが、充分に受けることはない。彼らは大きなニーズを抱えているにもかかわらず、安値で買い叩《たた》かれる。この、盟友集団の大きさと援助を受ける機会、そして（得られたとすれば）受けた援助の額との相関性は、アメリカとその他の裕福な民主国家、すなわち経済協力開発機構（ＯＥＣＤ）メンバーについての統計からもみてとれる。

盟友集団の大きさだけが、援助の受け手あるいは譲歩を買い取るのに必要な額を決定する要因ではない。問題の特質――何のために政策的譲歩を行うのか――が、援助の額を決定する重要な要因である。既に述べたように、ニーズが重要な要因なのではない。実際、豊かな国よりも貧しい国の方が援助の価値はあるとしても、ニーズの高い国は、しばしばニーズの低い国よりも少額の援助しか受けられないのである。

政治的取引のために高額な援助がなされたのが、一九七九年のエジプト・イスラエル平和条約締結である。この協定の一環として、エジプトはアラブ諸国の中で初めてイスラエルを公式に国家として承認した。イスラエルとエジプトは、一九四八年から名目的に続いてきた（そして実際に一九五六年、一九六七年、一九七三年には戦争に発展した）紛争を終結させた。一九七九年の取引のひとつとして、イスラエルは、一九六七年の六日間戦争で手に入れたシナイ半島から撤退し、両国はスエズ運河の自由航行を認めることになった。エジプトとイスラエルの和平は、アメリカにとって非常に重要であった。イスラエルに対する国内での強い支持を超えて、アメリカは一九七〇年代のオイルショックによる影響に苦しんでいた。原油価格の高騰はインフレを引き起こし、原油を輸入に頼るアメリカやその他の西欧諸国の経済を悪化させた。さらなるオイルショックを避けることに必死のアメリカ

図7-1　2008年までのエジプトに対するアメリカの援助

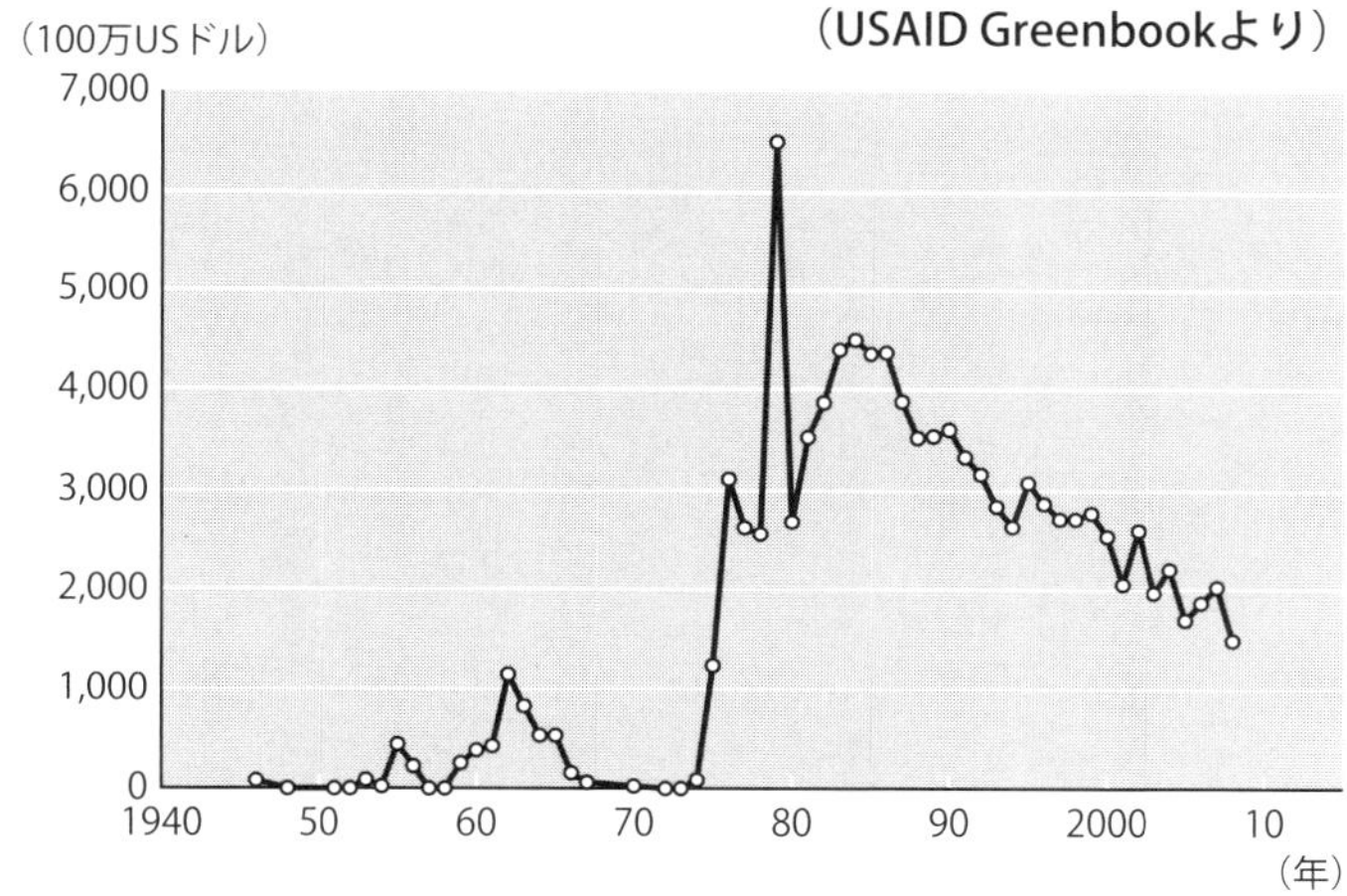

は、中東地域における状況を安定化させるためと思われる和平協定を支持した。アメリカは、エジプト大統領のサダトがイスラエルを訪問し、キャンプ・デービッド和平会談に参加し、合意に署名するきっかけとして巨額の経済援助を送ったのである（図7－1）。

イスラエルの承認は、エジプトにおいてもっとも不人気な政策転換であった。それゆえに、サダトはアメリカから多額の援助を引き出せたのである。不幸なことに、サダトにとっては、これが一九八一年の自らの暗殺をも招いた。原理主義者たちが、開戦記念日のパレードの際に手りゅう弾を投げつけ、自動小銃で襲撃したのである。公式にイスラエルを承認したにもかかわらず、エジプト政府は、国民のイスラエルに対する憎悪の念を和らげる策をほとんどとらなかった。BBCの調査によれば、キャンプ・デービッド合意から約三〇年が経過した後も、エジプト人の七八パーセントがイスラエルについて世界に悪影響を及ぼしていると考えており、その数字は他のどの国での調査よりも高かった。もちろん、イスラエルに対する否定的な姿勢の変化によって、エジプト政府がアメリカから引き出せた援助額は削減された。

近年エジプトでは、民主化の動きの中で民主的援助国によるジレンマが明らかになっている。エジプトにおける民主化を祝福し、イスラエルとの和平を歓迎していた人々が、問題を抱えている。既に述べたように、イスラエルとの和平のために援助をするという取引は、独裁主義的なエジプトにおいて指導者とその盟友とが、市民の間に存在する反イスラエル感情に対して補償を受けるということで行われたのであるが、その感情だけは残り続けたのである。新たに政権を担当した者にとっては、エジプトがイスラエルとの和平を捨て去ろうとすることは自然なことであった。

これを阻止するためには、サダト＝ムバラク独裁体制の時期よりも多額の海外援助が必要となった。イスラエルとエジプトの間の和平が、アメリカとイスラエルの有権者に与える重要性から、多額の援助が供与された。しかし、この巨額の援助は、軍を強化するために使われたのか、またはエジプト国民一般の生活向上に役立てられたのか、どちらなのかという疑問が残る。

貧困を救わない援助をなぜ続けるか

エジプトの事例と同様に、アメリカによるパキスタンへの援助も、貧困削減の手段としてではなく、自らの利益のために供与されているということを明解に示す事例として挙げられる。二〇〇一年に、アメリカはパキスタンに対して五三〇万ドルを、ネパールに対しては三〇四〇万ドルを援助した。パキスタンへの援助は、その核兵器実験が一九九八年に実施されて以降、議会の決議に基づいて削減されてきた。しかし、二〇〇一年九月二二日、アメリカ大統領ジョージ・W・ブッシュは、援助の制限を撤廃した。二〇〇二年に、パキスタンは八億ドルを受け取った。一方、アルカイダやタリバンとの戦闘の前線にはなっていないネパールも、二〇〇一年に受けた援助よりもやや多く、三七〇〇万ドルを受け取った。インドもまた、テロとの戦いにおいて最前線に立つか、または中心的な立場にたっているわけではないが、一億六六〇〇万ドルをアメリカから受け取った。これは、二〇〇一年にインドが受けた額、一億六三〇〇万ドルからやや増額されている。これらの国々において、二〇〇一年から二〇〇二年にかけて、貧困状態が変化したことはなかったが、アメリカの有権者たちにとっては確かに重要なことであった。

民主主義者はしばしば、自らは運転席にいて、独裁者たちに条件付けをするものと考えている。しかし、別の側面では、彼らは制限される立場にある。彼らは、その支持者たちが求める政策を実行しなければならない。また、もしも彼らが援助を削減したり、厳しい条件をつけたりすれば、独裁者たちは政策的譲歩を打ち切る。

アメリカとパキスタンとの関係は、この押したり引いたりの援助関係についての明白な事例として挙げることができる。二〇〇一年九月一一日のテロののち、援助は増大したが、二〇〇三年にアフガニスタンにおけるタリバンに対する戦闘で勝利が明らかになるにつれ、援助額は先細りになっていった。パキスタンが、タリバンやアルカイダにとっての避難所になったとき、すべてが変わってしまった。パキスタンは、自らが困難な状況に陥ったことに気付いたのである。もしもパキスタンが、アフガニスタン国境地帯で勢力を伸ばしつつあるタリバンに対して敵対する姿勢を見せれば、内乱状態を引き起こしかねない。しかし、もしもタリバンを支援すれば、アメリカからの強い圧力を受けることになる。このジレンマが、パキスタン政府からアメリカに対して、タリバンへ対抗するために、さらなる援助を依頼するということに繋がった。こうした希望に対して、アメリカ議会は、パキスタンへの援助は議会の希望に沿わない形で流用されているとの意見つきで、援助増額に反対した。この流用とは、一部が使途不明となり、あるいはイスラーム原理主義者の民兵よりも、インドからの危機を回避するために用いられたことが含まれている。

アメリカは、パキスタンに対して不満を呈し、パキスタン政府がその国内でタリバンやアルカイダと戦うために必要になる援助の増額には合意しなかった。結末はどうなっただろうか？　これまでみてきたように、パキスタンの指導者はアメリカの圧力を無視し、タリバンとの協働のみちを探り始めた。援助とは、基本的には支払うか、または機能しないかの事業である。アメリカは支払おうとせず、パキスタンは機能しようとしなかった。

二〇〇八年まで、パキスタン大統領のザルダーリは、民兵を追い払うことについて、リップサービスに終始した。ブッシュ政権は、さらなる援助がなければ、ザルダーリの考えを変えられないことを認識した。実際、二〇〇八年後半では、ザルダーリ政権による民兵との戦いは形だけのものであった。タリバンに対する小規模な戦闘があっただけで、六月二八日に始まって七月初頭には終わり、民兵一人が殺害されただけであった。その後、タリバンはパキスタン領土で勢力の及ぶ地域を拡げようとし、パキスタン政府はそれを黙認した。二〇〇九年二月に、民兵たちと戦うよりも、パキスタンはタリバンと取引を行い、不確かな停戦と引き換えに、六〇〇〇万ドルを支援したうえ、スワート渓谷においてイスラーム法を強制することに合意したのである。しかし、その停戦は五月には破られることとなった。このころまでにザルダーリ政権は危機を迎えつつあり、アメリカ政府は、タリバンがパキスタンをも支配するのではないかという懸念をもった。こうした危難に際してアメリカは、パキスタンがタリバンをより強く叩く動機づけになるのではないかという希望を持って、援助を増額することにした。

二〇〇九年九月末に、アメリカ議会はケリー＝ルーガー＝バーマン法案を可決した。これは、パキスタンへの援助を三倍にもするもので、その額は一五億ドルにも達した。それでもなお、パキスタンはこの援助を受けることをためらった。というのも、この法案には、パキスタンが援助の使途について説明責任を負うことが盛り込まれていたからである。パキスタンからの抵抗に直面し、ジョン・ケリー上院議員は、主権国家たるパキスタンの決定に対して、いかなる介入も行おうとするものではないと明言した。すなわち、パキスタンの指導者の決定を保障し、アメリカは詳細を監視しないということを意味した。その直後、パキスタン政府は援助を受け入れ、国境地帯での民兵の掃討を強めた。二〇一〇年二月までにタリバンのナンバー２の幹部を逮捕したが、タリバンの脅威を完全に払拭《ふっしょく》しないよう注意を払った。タリバンの一掃は、アメリカからの援助の流入の終わりを意味するからである。

アメリカ政府は、一五億ドルもの援助を送ったにもかかわらず、パキスタンがタリバンを一掃するまでの効果を得られなかったことには不満をもっていた。その結果、アメリカは、無人機での攻撃や、パキスタン領内でのアメリカ軍によるタリバンの追撃を行い、ザルダーリ政権は公的に、あるいは私的にではないかと疑われるが、落胆することとなった。これは、援助国と被援助国とのダンスのようなもので、受益者はより多くの援助を求め、援助者はとくに重要で、政治的に価値のある事柄、すなわちタリバンの破壊についての譲歩を求めたのである。

おそらくこうした話は、援助が貧困をなくすためのものだというおとぎ話を支持したい人からすれば、不快なものに映るかもしれない。元来、援助の一部は、純粋に人道的な動機からなされるもので、自然災害ののちに行われるものなどはその中に入る。しかし、エジプトやパキスタンに対する大規模な援助は、こうした理想的な目標から根拠づけられるものではない。もし、援助が本当に貧しい人たちを助けるものであれば、被援助国の民衆は援助に感謝し、援助国を賞賛するだろう。しかし、真実はかけはなれたものである。エジプトやパキスタンに対する「善行」に対し、アメリカはこれらの国の民衆から悪態をつかれている。それも、理由あってのことである。

二〇〇二年に、ピュー・リサーチ・センターは、世界の四二ヵ国で調査を行った。その質問の一つが、アメリカに対する民衆の評価であった。パキスタンでは、六九パーセントの人が、アメリカに対して、とくに好ましくないと答えた。エジプトにおいては、七九パーセントもの人が同様に答えた。その他の四〇ヵ国において同様に答えた人の割合は、平均して一一パーセントにすぎなかった。パキスタンやエジプトは、二〇〇二年に平均一六億ドルの経済援助あるいは軍事援助を受けており、これに対して残り四〇ヵ国の受けた援助額は、平均して九七〇万ドルでしかなかった。このパターンは、詳細な統計の分析から裏付けられる。アメリカから多額の援助を受けている国の国民ほど、アメリカを嫌いがちである。もちろん、二〇〇二年から多くのことが変わっているだろう。また、我々の評価が将来の調査からも裏付けられるのか、興味深いところである。

我々の援助への見方からすれば、アメリカは国際的な悪党の頭目ということになるかもしれない。しかし、アメリカだけが援助国ではない。アメリカは最大の援助国である一方、その経済的規模からすれば比較的小さな割合しか援助に割いておらず、GDPの約〇・二パーセントでしかない。スカンジナビアの国々は、経済支出の一パーセント以上を海外援助に充てている。政治的見返りによって支持者たちが得られるものは、直接購入されるよりも得られる利益が大きいので、民主主義者は援助を擁護するのである。アメリカが行うほどの規模ではないにしても、その他の国や機関も、利益を買い取るのである。実際、注意深く見てみると、寛大にみえるスカンジナビア諸国であっても、利他的な理由からというより政策的譲歩と引き換えに、援助を行っている。彼らはとくに貿易面での譲歩や、被援助国のうちでも親社会主義体制に援助する傾向がある。

援助の合意は、援助国を助ける条件に縛られていることが多い。すなわち、いかにして、さらに重要なのは、どこで金が使われるかを指定することが、往々にして行われる。たとえばドイツは、自国のトラクターを購入するために援助金を送るとする。これはトラクターのメーカーからすれば非効率な方法にみえるかもしれないが、国際取引法では、しばしば直接的な補助金は禁止されているのである。さらに、ヒモ付き援助が、予備の部品やサービスなど、将来のビジネスに繋がり得る。カナダはヒモ付き援助の割合が非常に高く、援助全体の六〇から七五パーセントにも及ぶ。スカンジナビア諸国やイギリスはこうしたヒモ付き援助の割合がもっとも低いが、非公式のヒモ付きは一般的である。たとえば、デンマークは、バングラデシュに対して、船舶の修理のため四五〇〇万ドルを援助した。デンマークは、船舶を現地で修理するのではなく、デンマークに回航して修理するよう求めた。これは、現地で修理するよりも四倍の費用がかかるものであった。バングラデシュの抵抗を受け、デンマークは事業全体をキャンセルすることを決めた。この結果、バングラデシュも、デンマークも、利益を得ることはできなかった。

アメリカが援助で安全保障や貿易上の譲歩を買い、ヨーロッパ諸国がビジネス上の譲歩のために援助を行うように、日本も援助を行っている。クジラへのニーズは、日本の善行を脅かす。アメリカの有権者が豚肉を好むように、日本の有権者はクジラの肉を好む。そして日本の指導者は、その実現のために力を尽くす。一九八六年、国際捕鯨委員会は、商業捕鯨の停止を決めた。これは多くの国の国民にとって好意的に受け取られた一方、アイスランド、ノルウェー、日本の市民は捕鯨の再開を望んだ。現在、日本は調査捕鯨の名目で少数のクジラを捕っている。もちろんこれらのクジラは、最終的に食用に供される。日本政府は、海外援助を通じて国際捕鯨委員会での票を買った。近年、日本の努力によって、国際捕鯨委員会のメンバーは、捕鯨の歴史を持たない国にまで広がっている。そうした国には、ラオス、マリ、モンゴルといった内陸国もある。日本の努力は、捕鯨再開を支持するというかたちで、見返りを受けつつある。

「病院が患者を殺す」のか

事例をみてゆく限り、貧困を削減するための援助よりも、政策的譲歩の引き換えとしての援助の方が、一層速やかに、かつ一層大量になされているという単純な事実が明らかになる。第二次世界大戦の後、豊かな国々は純粋に、自らの思いやりによって世界を貧困から解放できると考えていたようである。しかし、援助がなされ始めるとただちに、悲惨な状況をなくしてゆくという崇高な目標は、生き残りの政治学によって蝕《むしば》まれていった。政治が善行に勝ることは、驚くべきことではない。記録は明確で、海外援助が貧困をなくし、経済成長を進めることには効果がないことは証明された。

第二次世界大戦後、ヨーロッパの国々は様々な問題に直面した。勝者でさえも甚大な人的および経済的損失に苦しんだ。アメリカは、マーシャル・プランと呼ばれる大規模な援助計画を実施した。インフレを抑制し、一九四六年から一九五二年にかけて一八二〇億ドルをヨーロッパ各国に経済援助として供与した。イギリスが最大の受益国であり、これに西ドイツ、フランス、イタリアが続いた。アメリカの目的は、共産主義に対抗する堅固な国家を築くことだった。このために、アメリカは経済的に強固なヨーロッパを必要としていた。共産主義と対決する立場を明らかにし、アメリカの指示した経済計画に従った国は援助を受け、そうしなかった国は、援助を受けられなかった。

戦後全体を通じて、アメリカによる経済援助の総額は一・三兆ドルにもなり、同時期の軍事援助は六億五〇〇〇万ドルに達した。これらの経済援助と軍事援助とを足した額は、おおむね二〇〇九年の緊急経済対策と不良資産救済プログラム（ＴＡＲＰ）とを足した額の二倍にもなる。

マーシャル・プランの成功を再現することは難しい。何兆ドルもの金が発展途上国に注ぎ込まれたが、生活の質という点でいえば、ほとんど改善が見られない。これまでみてきたように、援助はおよそ貧困の解決に役立たなかったのである。

こうした事実によって、政策立案者のなかで、援助の効果ということについて激しい議論が引き起こされた。批判的にみる者は、多くのアフリカにある援助依存国家では独立の頃よりも貧しくなっていると指摘している。これに対して開発業界の者は、そうした直接的な比較は不公平だとしたうえで、援助依存国家の経済活動が低い状態にあるとしても、援助がなければ一層悪い状態にあったはずだとしている。こうした援助擁護論は、誤っているものの、ニーズについては真剣に扱うべきだという思慮深い意見でもある。

我々は、援助を受ける国家のガバナンスがひどいものだからといって、援助機関を単純に非難することはできない。なぜなのか、ということを考えるために、「病院が患者を殺す」という挑発的な意見を検討してみよう。この意見を裏付ける証拠は多くある。死ぬ可能性は、病院にいる人の方がいない人よりも格段に高い。もちろん、我々の多くはこの証拠の誤りに気づいている。病院にいる人は病気にかかっており、健康な人が病院にいるはずがない。しかし、統計を見るに当たって、その出所を考えることなくこうした誤りを犯すことは、よくあることである。

病院や、特定の治療や、薬の本当の効果を測定することは、誰が治療を受けているのかを理解していない限り難しいことである。医療の世界では、薬の効果を試験するために、ランダムに治験を行っている。患者たちはランダムに二つのグループに分けられる。一つのグループは試験中の薬が与えられ、もう一つには偽薬が与えられる。薬の効果は、これら二つのグループの結果を比較することで決定される。もしも、薬が本当に病状の重い患者にのみ与えられたとすると、たとえそのグループは効果的な治療がなされたとしても、これを受けていないグループよりも悪い結果が出てしまうことになる。同様に、援助機関が本当に危難に直面している国を援助の対象にしたとしても、その援助は効果がなかったかのようにみられてしまう。

理想的には、援助の効果を測定するには、国際社会が管理した実験を行うしかない。すなわち、ランダムに選んだ国に援助をし、その他の国には援助を抑制するのである。しかし、援助がこのように割り当てられることはないため、エコノミストたちは結果について調整するために、複雑な（そして矛盾した）統計処理をする必要がある。こうした複雑な処理について掘り下げて考えるよりも、ここでは国連安全保障理事会（安保理）を中心とした、より単純な事例で検討してみよう。

安保理は五ヵ国の常任理事国（アメリカ、ロシア、中国、イギリス、フランス）と一〇ヵ国の非常任理事国から構成される。非常任理事国は二年の任期で選出され、任期終了後二年間は被選挙権を失う。非常任理事国として選出されることは非常に名誉あることであり、価値あるものということになる。ただ残念なことに、その価値には代償が必要である。すなわち、選出された多くの国では、国民に苦難がもたらされてきたのである。平均してみると、非常任理事国に選出された国は選出されていない国に比べると、その経済成長はゆっくりとしたものになっており、やや民主主義が抑制的になり、また報道の自由が制限されがちになっている。たとえば、安保理での二年間の任期中に、選出された国は選出されていない国に比べて、経済成長率は一・二パーセント下回っている。四年間（任期の二年と終了後の二年）でみると、成長率の差は三・五パーセントになり、一年あたり約一パーセントになる。こうした結果は、民主国家よりも独裁国家において顕著である。

非常任理事国になることによる経済成長への影響は興味深いものであり、なぜ国連がこれほど重要視されるのかという疑問をも生み出す。それは、援助の効果に関する証拠の重要な部分を示している。非常任理事国に選出された国は、より多くの援助を受けているのである。非常任理事国になると、安保理において彼らの票というかたちで、価値ある支持を売ることができるということであり、彼らが受ける援助はその経済にとって悪影響を及ぼす。近年の多数の研究によれば、非常任理事国に選ばれた国は、国際社会から財政的見返りを受けていることがわかっている。彼らはアメリカや国連からの援助をより多く受け、ＩＭＦや世界銀行からより良い条件で多くの融資を受け、そしてその他の機関の援助対象ともなる。非常任理事国になることによって、その国の指導者は、国際政治を語るようになる。多くの指導者たち、とくに独裁国家の指導者たちは、この影響力を、国民の利益を代表して行使するよりも、売りに出すことを好みがちである。

非常任理事国になることは、ランダムにテストされることと似ている。選出自体はランダムになされるものではないが、援助の必要性とは関係がない。実際、人口だけが選挙における制度的な決定条件となっている。とくにアフリカの国々は、持ち回りの原則を採用しているように思われ、順番に選出されているようである。重要なのは、選挙に先立って、選出された国も他の国と変わるところがなかったにもかかわらず、一度選出されると、その働きが低迷する点にある。医療のたとえ話に戻ると、非常任理事国に選出された国は、選出されていない国よりも病状が重いわけではない。しかし彼らは余分な注射（援助）を打たれ、その結果病状が重くなっていく（貧しくなり、民主主義が抑制され、報道の自由が制限される）のである。

非常任理事国になることは、指導者たちに特定の政策についての支持を売りつける機会を与える。これまで繰り返しみてきたように、独裁者はその盟友に対して見返りを払いつづける必要がある。援助はそのための資金を供与するもので、指導者たちの生き残りを助けることにもなる。さらに援助は、二つの理由から独裁者たちが自由を制限することを促進させる。一つ目は、援助による収入が得られることで、指導者たちは民衆の働く意欲に依存する必要が弱まり、その結果、自由から生まれるリスクを負う必要がなくなってくるためである。彼らの収入と労働者の生産性が、民衆の間でコミュニケーションをとることを認めることに依拠しているとき、彼らはリスクを負うことになるのである。二つ目は、政策的譲歩は、基本的に人気がないものであり、そのため反対者を抑圧する必要が出てくる。非常任理事国になることは、その国を目立たせることに繋がり、名誉にもなる。独裁者からすれば、さらに容易に稼ぐ手段にもなる。独裁国家の国民にとって、安保理とは自由の抑圧、民主主義の抑制、富の削減、そして苦難の増大を意味する。

歴史的記録をみても、援助は、被援助国を貧困状態から引き上げることにおおむね失敗している。援助は貧困をなくし、経済成長を促進するだけのものがなされてきたにもかかわらず、これとは逆方向に進むような政治的動機付けを生み出すばかりであったことは、皮肉なものである。アメリカの駐エジプト大使（一九九四〜一九九七年）であったエドワード・ウォーカーは、簡潔にこう述べている。「援助は、エジプトが改革を拒む逃げ道を提供している」。

海外援助を効果的にするために

それでは、海外援助についてどのように考えたらいいだろうか？　政策的にいいものなのか、あるいは単に政治的にいいものなのか？

確かに成功した事例は存在する。マーシャル・プランというかたちの海外援助は、西ヨーロッパの主に民主的な国々を、経済的危難から救い出した。しかし、プランに賛同することは、不利な条件をももたらした。アメリカは、ソ連の拡張的動きに対抗するため、経済的に強力なブロックの構築を進めようとした。したがって、プランは、経済成長を促進させるものとなった。民主主義者は、政策面で成功する必要があり、相当な援助と引き替えにアメリカの政策目標に喜んで従った。しかし、すでにみたように、その後に引き続く援助では、マーシャル・プランの成功を再現することはできなかった。

援助が成し得たことは、独裁者がその地位に執着することと自由を抑制することとを助けたことである。しかし、援助が貧しい人々のためになるよう追い求めることは、いつまでも力の限り上昇し続ける不死鳥のようなものかもしれない。あるいは、シジフォスのように、ただ落ちていくためだけに同じ丘をくり返し登っているのかもしれない。

約一〇年ごとに、援助国は「援助を機能させる」ための取り組みを立ち上げている。もっとも最近の政策表明が、ミレニアム開発目標である。国連開発計画によって設定され、二〇〇〇年に承認されたこのプログラムは、貧困、健康、ジェンダー面での平等、教育、および環境に関する目標について、二〇一五年までに達成することを示したものである。たとえば、貧困撲滅に関わる目標としては、一日一ドル以下で生活する人の数を半分にまで減らすことが目標とされている。こうした宣言は、賞賛されるべきものではあるが、貧しい人々をより豊かにするのか、あるいは少なくとも貧しさの度合いを減らすのかは、まったく違うことである。

ミレニアム開発目標は、貧困をなくそうと宣言した初めてのものではない。これは、一九四〇年代から一九五〇年代にかけてなされた、インフラ開発を通しての「自立した成長」、科学技術面での進展を貧しい国でも直ちに活用できるようにしたアメリカのP－4プログラム、ジョン・ケネディにより宣言された「開発の一〇年」としての一九六〇年代に引き続くものである。これらの目標は、一九四〇年代終わりに設定されたものであるが、乏しい証拠によれば、世界ではこうした目標の達成が、一九五〇年代や一九六〇年代に比べて容易になっているといわれる。

援助について完全に悲観的になる必要はない。いかにして援助を機能させるか、という点についての知識は大幅に増大している。たとえば、援助事業は、良い統治《グッド・ガバナンス》がなされている中ではうまくいっている（たいてい悪しき統治がなされているところで事業が進められていることも知られているのだが）。開発援助の擁護論者は、ＮＧＯによって請け負われた事業の成功を指摘する。そうした事業のうち、一部は大きな成功を収めている。たとえば、不衛生な水を飲むことで寄生虫に感染する、ギニア虫感染症への対策事業は、一九八六年にカーター・センターが開始したものであるが、アジアとアフリカの一七ヵ国で三五〇万人いた患者が、二〇〇九年までに、ほとんどが南スーダンに居住する三〇〇〇人へと激減したのである。

ＮＧＯは、自らが基礎保健や初等教育の分野で効果的に事業を進められることを示した。しかし、小さな盟友集団による体制における公共財についての議論を思い起こせば、こうした利益は、まさに多くの独裁者さえ促進しようとする、公共政策プログラムの一種であることを示さざるをえない。ＮＧＯは、高等教育の提供にあたっては充分な成功を収めていない。被援助国における独裁者は、民衆が教育を受けて、政府に対抗するために組織化できるよう、自ら考えられるようになることを望まない。

ＮＧＯの初等教育、基礎保健、公衆衛生その他の基本的な需要――井戸掘り、村の電化、小規模なビジネスローンなどの分野における成功は、すべてにおいて援助プログラムの基本的な失敗を提示しており、多くのＮＧＯやその支援者が、被援助国を無意識に傷つけていることもまた示している。これは、援助された金は代替可能であるという単純な事実による。すなわち、被援助国政府は、資金を一つの事業から別の事業へと流用する裁量をもっているということを意味する。政府から政府への直接的な資金の移転の場合、なぜこうなるかは簡単にわかる。独裁者は、私的な見返りを彼らの支持者に提供したいからである。ＮＧＯは一般的に、裕福な者がさらに豊かになることを望まず、特定の事業に資金協力するか、自ら事業を実施する。しかし、実際には、受け手は、援助者が望む供与先ではなく、彼らの望む見返りへと流用する術《すべ》に長《た》けているのである。

評価基準は「比較優位性」

援助の効果を測るにあたってもっとも思慮深い基準は、どれだけの金が使われたかや、どれだけの井戸が掘られ、学校が建設され、あるいは村の電化が進んだかということを聞くことでもなければ、どれだけの人が救済されたかを聞くことによるものでもない。NGOは、自らの援助の効果を測るために、どれだけの金を使ったかを計算するが、これは欠陥のある基準である。これは、もっとも届きやすく、目にみえやすい事例に善意の手が差し延べられがちになり、より困難で手の届きにくい、そしてもっとも援助を必要とする人たちにほとんど届かないということに繋がる。救済された人の数を数えることも、援助機関が政府になりかわって仕事をすることを進めるばかりになる。NGOは、独裁者でさえも求める、初等教育や基礎保健といった基礎的公共財の提供にもっとも成功していることを思い出す必要がある。援助の資金が、政府の支出を補完するために用いられるとき、もしも政府が自由に使える金を一般大衆のために、他の事業で用いることがなければ、ほとんど誰も、あるいはまったく救済されない。もちろん、政府はそのようには金を使わない。彼らは、自らの政治的地位と、かけがえのない盟友たちの忠誠を買うために金を使うのである。

カンボジアは、その一つの例である。カンボジア政府の予算の半分は、海外からの援助によって成り立っていた。政府の事業を補完するというよりも、こうした援助は主に、政府官僚の銀行口座へと流れた。実際、カンボジアは世界でもっとも腐敗した国の一つに挙げられているのである。アメリカ国際開発庁が報告するように、「援助の資金は、教育や医療のために用いられ、一部は一般の市民にわたったが、学校、教員、教科書または診療所、医療従事者および薬剤に用いられるはずの資金のうち、かなりの部分は流用されたのではないかと疑われる」。

これは、民衆のための資金が、カンボジアの富裕層への見返りのために流用されたことを意味する。NGOが援助したとき、その総額は、結果が反映された数よりも実質的に少なくなることが多い。あるNGOがある村の一〇〇人の子どもたちに、一年に一人あたり一〇〇ドルの予算で基礎教育を提供したとしよう。すると、総額は一万ドルになる。いかにも一〇〇人の子どもたちがNGOに助けを受けているようにみえ、支援者はそれで喜び、さらに寄付することだろう。しかし、実際に何人の子どもが助けられたかは、よくわからない。政府は、援助がなくとも半分の子どもたちには教育を受けさせることができたかもしれない。名目的にはNGOは一〇〇人の子どもに援助したことになるが、現実には五〇人の子どもたちに対し、倍のコストをかけて支援したことになり、指導者は、五〇〇〇ドルを持って姿を消してしまうのである。これはいいことだろうか？　確かに、五〇人の子どもたちにとってはそうかもしれない。これは悪いことだろうか？　確かに、すべての人にとってはそうだろう。なぜなら、NGOが政府に金を盗み取る機会を与え、さらには悪しき政府がその地位を保てるようにして民衆の厄災が続くことを手助けしているからである。

単なる慈善活動でさえも、政府の支配や無責任さを強めるということに繋がる。個人的な経験をここで紹介しよう。アラスターは、子どもとともに、二〇〇九年にケニアへのツアーに参加した。ツアー中、ある小学校で足を止め、教室をペンキで塗る手伝いをしようということになった。いかにも人々の手助けになるいいアイデアで、多くの参加者は教室を明るくするため、喜んでハケを手に取った。しかしアラスターはこの考えに反対し、建物の外に出て子どもたちにデジタルカメラの使い方を教えた。これは白けさせる行為だったのだろうか？　それとも、より良い経済政策を推し進めたのだろうか？　経済的観点からすれば、高度な技術を持った旅行者とその家族が教室をペンキで塗るというのは、せいぜい非効率であるといえ、悪く言えばまったくためにならない行為であった。

比較優位とは、経済学の核になるものである。だれもが比較的優位なものについて専門化し、財やサービスを取引する。これによって、何でも自分でやろうとするよりも良い結果を得ることができる。ケニアと、アラスターのツアーにおいて参加者の多くの出身地だったイギリスとを比べてみよう。ケニアは教育レベルは低いが、非熟練労働者は多数いる。ケニアの比較優位は、非熟練労働者を多く必要とする産業ということになる。実情がそれを示している。ケニアは莫大な数の花を輸出している。花の栽培に適した気候であり、栽培、摘花、梱包といった労働集約的な業務に多くの人が従事している。これらの花は西ヨーロッパで売られるために海を越える。これに対して、ヨーロッパは生産にあたって人的および物的資本の必要な生産物を輸出する。薬、機械、あるいはコンピューターソフトなどである。ヨーロッパは比較的、豊かな人的および物的資本に恵まれている。こうした資本集約的な生産物と、ケニアの労働集約的な農業製品が取引され、両者は互いに利益を得る。

教室のペンキ塗りについて、これを当てはめて考えてみるとどうだろう？　たしかに、教室にペンキを塗ることは楽しい反面、現地の仕事を求める労働者の仕事を奪うことになる。もしも教育を受けた西洋人が現地の人々から単純労働を奪ってしまったら、彼らは今の時点で手にしている技術や資本をもって、太刀打ちできるだろうか？　いかにすれば彼らが生活するのに充分な収入を得て、場合によってはその子どもたちを学校へやり、さらなる技術を習得させて、大きくなったときにより競争力を持つことができるようにさせられるだろうか？　裕福な旅行者がペンキを塗ることは、何人かの労働者を苦しめるのである。何千回も、そして何千もの方法で、心地のいい慈善活動が、援助を必要とする人たちが得られるよりも莫大な利益を援助者にもたらしてきたことは、見てきた通りである。

もっと大きな規模でみると、必要とする国に援助する方法は、比較優位を積み重ねることで劇的に改善する。たとえば、ヨーロッパや北アメリカでは、農業は価格維持制度や補助金によって、かなり保護されている。農業は、関税及び取引に関する一般協定（ＧＡＴＴ）や、賛否両論存在する世界貿易機関（ＷＴＯ）が設定してきた戦後の貿易協定から、意図的に排除されてきた。これは、一部の国においては農村地帯が偏っており、多くのヨーロッパ諸国の指導者にとっては、農民がかけがえのない盟友だったからである。途上国の農民に比較優位に基づいて競争を認めることは、貧弱な対象選定と高度な官僚化に基づく援助よりも、一層の経済成長をもたらす。学校のペンキ塗りは、いかに支援することが、たとえ善意からのものであれ、発展を阻害しうるという小さな例にすぎない。

災害援助は誰のふところに入る？

本章の初めに、ハイレ・セラシエの援助者に対するたかりを紹介した。これまで、こうした行為は一般的によくみられることであり、ＮＧＯによる援助の実態を反映していることが明らかとなった。ＮＧＯが援助するとき、政府はその一部（これは、つまるところ、小さな盟友集団による体制への援助の価値となる）を得るために取引をしようとし、もしもそうした取引がなければ、ＮＧＯに対したかろうとするのである。いずれにしても、政府は援助の一部を得ようとするか、あるいは支援活動ができないようにする。たとえば、ミャンマー政府が二〇〇八年のサイクロン・ナルギスにともなって行った事例が挙げられる。彼らは、国連からの支援は政府に行われるべきだと主張し、そうでなければ国外へ追放すると述べた。なぜ？　それは、すでに述べたように、軍事独裁政権が食糧を必要としている人々に配給するのではなく闇市場で売り、私腹を肥やそうとしたのである。これはどうしようもない体制による、とんでもない振る舞いであり、天災の後の政府幹部の反応としては特別な例だと思うかもしれない。しかし、そうではない。二〇〇四年のスリランカでの津波被害に対するオックスファムの事例をみてみよう。

二〇〇四年一二月二六日、巨大地震に引き続き津波が押し寄せ、一四ヵ国の合計で二三万人が死亡した。援助総額は、一四〇億ドルにも達した。援助機関の目的は被害にあった人々を救援することであったが、多くの被援助国はこれを自らの利益とする機会ととらえた。

援助物資を配給するため、オックスファムは二五台の四輪駆動トラックを現地に送った。スリランカ政府はこれを押収し、オックスファムに対し三〇〇パーセントの輸入税を払うよう主張した。一ヵ月（津波発生後のもっとも重要な一ヵ月である）経っても、トラックは動けないままで、人々は、食糧や住居もなく避難していた。最終的にオックスファムは一〇〇万ドル以上を払って、トラックを取り戻した。

寄付する前、多くの人々はこの寄付のうちどれだけが人々を助けるために使われ、どれだけが経費として使われるのかを知ろうとする。オックスファム・アメリカは、慈善団体を格付けする機関であるチャリティ・ナビゲーターから最高で四つ星のうち三ツ星を獲得している組織である。このオックスファムの例によれば、収入の六パーセントを経常経費に、一四パーセントを寄付獲得活動に充て、残りの八〇パーセントを事業に費やしている。つまり、人々を助けるためである。しかし不幸なことに、一ドルのうち八〇セントでは、援助の効果が得られない。トラックと三〇〇パーセントの税金のことを考えてみよう。もしこのような事例が基準であれば（そして普通そうなのだが）、実際に援助されるのは一ドルのうち二〇セントでしかないことになる。オックスファムのような組織でもたかられているとすれば、他ではどうなっているのかと疑わざるを得ない。

どれだけの援助が、援助者の目的よりも被援助国政府の目的のために流用されているかを量ることは、事実上困難である。しかし、その数字は巨大だろうことは想定できる。根本的な問題は、被援助国政府が、問題解決のための適切な動機付けをもっていないことにある。二〇一〇年にパキスタンで起きた洪水の例を取り上げてみよう。誰も政府に対して、雨が降ったことについて文句をつけることはできない。しかし、これに引き続いた破壊に対しては、彼らには大いに責任がある。二〇〇〇万人以上が被害を受け、四〇〇万人が家を失い、二〇〇〇人近くが亡くなった。

一九七〇年代のいくつかの洪水の後、パキスタンは、連邦洪水委員会を設置した。記録の上では、この組織は九億ドル相当の堤を建設した。もちろん、実情はまったく異なっていたのである。灌漑《かんがい》と洪水対策は汚職の源泉であり、公共政策ではなかった。そして堤が完成すると、それは富裕層、すなわち盟友たちの利益になり、民衆の利益にはならなかった。洪水が下流域を押し流し、多くの人々が被害を受けたとき、「ミスター一〇パーセント」と呼ばれた（これは自らのものとして一部を得ようとする姿からつけられたあだ名であるが）ザルダーリ大統領は、良き独裁者がなすべき振る舞いを見せた。彼は、政府を多数の者を犠牲に、少数の者を助けさせるために残して、ヨーロッパに向けて派手な外遊を行った。政府は、支持者を保護できるよう堤を補強し、一方貧困地帯に洪水が流れ込みつづけることは放置した。少数民族や野党の支持者たちはとくに洪水の被害を受けた。

アメリカのアフガニスタン・パキスタン問題担当特別代表であるリチャード・ホルブルックは、この洪水は「誰にとっても平等な災害」であったと記述した。しかし、これはまったく事実とはかけはなれている。少数の者のために、パキスタンの指導者は多数の者を犠牲にしたのである。彼らは支持者たちの家や農地を守るために用水路や堤を補強し、町や村の窮状を無視した。ある地方公務員はこう語っている。

シンド州にある地方政府は、有力な地主とともに、他の洪水に対して脆弱《ぜいじゃく》な地域を犠牲にして、土手を補強して地主らの土地やその他の財産をやりすごせるようにたくらんだ。……これは貧しい人たちを洪水の可能性から保護するだけの能力がなかったからではなく、もしも洪水が起こったら貧しい人々が被害を受けるようにしむけようとする明白な考えによるものだった。

明らかに、良い統治《グッド・ガバナンス》の観点から見れば、この行動には意味がない。しかし、統治者が自らの生き残りをかけるという観点からみると、巧みな行動である。支持者たちは、かけがえのない盟友の枠外に置かれる末路を思い起こすことだろう。忠誠という点でもいいこととなる。そして、援助機関は、資金を供与しようと押しかける。国連事務総長の潘基文《パンギムン》は、この洪水がこれまでみた中でも最悪のものであるとして、大規模な海外援助を呼びかけた。多くのパキスタン人は、被害を受けた人々に直接支援することを求めた。「我々は政府に寄付しない。なぜなら、それが官僚の資金源になるからだ」と言っていた。国際社会はそれほど慎重ではなかった。パキスタンに対して、当初の三ヵ月で一七億ドルが送られた。これは、被災者一人あたり八三ドルにあたる。おそらく、その多くは流用され、災害対策のために効果的に用いられてはいないはずである。

二〇一〇年に大規模な洪水が発生したのは、パキスタンだけではない。ベニンもまた歴史的な洪水に見舞われ、国土の三分の二が浸水した。ベニンは、パキスタンと比べても非常に小さな国であり、人口規模も小さいにもかかわらず、その国土と比べ災害の規模は、パキスタンとほぼ同じであった。援助額は少なく、被災者一人あたりの額は、パキスタンの場合の一二分の一であった。しかし、それにもかかわらず、その対応は広く賞賛された。これはもちろん、ベニンがパキスタンよりも民主的であったからである。二〇一一年には大規模な地震と津波が日本を襲ったが、ベニンの場合と同じようなケースになると、自信を持って言える。民主国家である日本は、大規模な支援を受けるだろう。そしてその援助は、二〇〇四年に津波の被害を受けた国々よりも賢明に使われるだろう。

なぜザルダーリが民衆への洪水の被害を最小にしようとしなかったのか、そして明らかに事態を悪化させたのかという点は、容易に理解できる。彼には、資金面での強い動機づけがあったのである。災害の規模が大きくなればなるほど、援助額は増大する。彼の生き残りは、多数の者に利益を与えることではなく、少数の者に見返りを与えることで成り立っていた。援助は、独裁者に、問題解決を妨げようとする動機を与えてしまう。パキスタンが、効果的な洪水対策計画を口先だけでなく本当に実施していれば、人々の状況はより良いものになっていただろう。しかし、ザルダーリからすれば、援助国からさらに金を巻き上げる口実がなくなってしまうのである。

同様の動機付けは、テロへの戦いに関わる支援でもパキスタン人を悩ませる。二〇〇一年のテロリストによる攻撃の後、アメリカは繰り返し、タリバンやアルカイダとの戦闘と国際テロリスト（とくにアルカイダの指導者であるオサマ・ビン・ラーディン、彼はパキスタン北西部の少数民族地域に潜伏しているとみなされていた）の捕捉のため、支援を依頼してきた。二〇〇八年を通じて、アメリカはパキスタンに対して六五億ドルの経済援助と軍事援助を行った。もしもパキスタンがビン・ラーディンを捕まえ、タリバンのパキスタン領内での活動をやめさせれば、アメリカはきっとパキスタンに対して感謝の念を示したことだろう。しかし、それはもはやパキスタンに対して援助をする必要がなくなることを意味する。効果的な災害対策が被災者の数を縮減するように、ビン・ラーディンを捕まえることはパキスタンの指導者に泡銭《あぶくぜに》が入る機会を失わせることに繋がるのである。

いかに援助が機能しているかを理解するためには、政策を立案する指導者の観点からの動機付けを考慮に入れることが大切である。もし、援助が、彼らの動機を変えるために再構成されないのならば、パキスタンは内戦とテロリズムを終結させる理由をもたないことになる。もし、西側諸国が援助をやめようとするとき、両者の騒ぎを続け、さらに拡大させることを認めるだろうか。幸いなことに、問題ある動機を特定したうえで、問題解決への動機付けを生み出すために、援助を再構成する手段を提示したい。

目的達成の報奨としての援助

国際共同体のやり方として、被援助国の問題を解決するために援助するというものがある。よく聞かれる意見として、現地の人の方が、遠く離れた人よりも彼らの問題を解決する手段をよく知っているといわれる。おそらくそれは正しいが、いかにして現地の問題を解決するかということと、解決のための意思や関心を持つということとはかなり異なったことがらである。この、被援助国が問題を解決するであろう、という予測に基づいて援助するという政策はやめるべきである。アメリカは金を預託するのではなく、目的が達成されたときに払うようにすればいい。

ビン・ラーディンを捕まえるときのことを思い出してみよう。アメリカはビン・ラーディンを捕らえることに対して四〇億ドルの懸賞金をかけた。しかし、思い起こすがいい。アメリカ政府が六五億ドルを支出するまで、何の成果も得られなかったのである。この金は、いわゆるスイス銀行に預託されていた。ビン・ラーディンの逮捕にともない、パキスタンは二〇億ドルを受け取り、さらにその後二年間は毎年一〇億ドルが供与されることになっていた。この取引は、パキスタン国民のための援助だというような話なしで、パキスタンの指導者に直接支払われていたら、もっと安く済んだだろう。

もし、援助が「預託のなかの報奨金」形式のものであれば、ザルダーリは金を受け取るためにビン・ラーディンを引き渡す必要があった。しかし、彼の支援が不要になったときに、金は干上がるという怖れなくしては、彼はその職責を全うすることができなかった。ザルダーリは、四〇億ドルではビン・ラーディンを捕まえようともしないし、捕まえることもできないということを証明しようとしたのである。しかし、この事例でアメリカが失ったものは何もなかった。ザルダーリは金の流入を保つため、ビン・ラーディンを探すふりをし続けなければならないというなかで、彼を引き渡すつもりはなかったのである。そして、これが現在機能している仕組みなのである。

間違いなく、預託の中での援助という方式を実施するには、機能的あるいは手続き的な問題が存在する。そして、これらの問題は災害対策のための預託された援助を制度設計することに関して、より困難であるということができる。しかし、援助国の問題を解決しようとする指導者が考える枠組みの中で、このような技術的問題に取り組むことは、誤った政策をただ続けるよりもいいことである。

「貧しい国は助けたいが、自腹は切りたくない」

ある組織が、他の組織に介入するときの、基本的な動機は何だろうか。民主国家は、しばしば他国の民主化を望むと発言している。彼らは、援助も軍事介入も、これを理由に正当化することが多い。しかし、実際に彼らが民主化を促進している様子は見られない。こうした考えを擁護するために、第二次世界大戦後のドイツと日本の事例を引き合いに出すことがあるが、これらは六〇年以上前の話であり、しかもこれらの国はすでに長年にわたり発展した(あるいは発展が認められた)独立した外交政策をもっていた。現実には、多くの場合民主国家は、さらに民主国家を生み出そうとは思っていないのである。

一九三九年、アメリカ大統領フランクリン・ルーズヴェルトは、野蛮なニカラグアの独裁者アナスタシオ・ソモサ・ガルシアについて、「奴は、ろくでなしだ。しかし、少なくともこっち側もろくでなしだ」と述べた。ここに摩擦が生じる。独裁者を買収するのは安価で済む。彼らは、民主的リーダーとその有権者たちが望む政策を執行してくれ、しかも比較的少数の盟友をケアしているだけであるが故に安価な援助で済むのである。彼らは、民主主義者の金への希望を独裁者の必要へと、通商政策を誘導することができる。民主主義者を買収するのは、さらに高くつく。ほとんどすべてのアメリカ大統領は、世界における民主政を助けると述べている。しかし、アメリカの有権者たちの好まない政策を実行する、民主的な、あるいは民主化しつつある国の指導者たちを選んだ国民を弱体化させることについては、その大統領たちは抵抗しないのである。

民主主義を弱体化させるということについては、コンゴで初めて選挙によって選ばれた首相、パトリュス・ルムンバに対するアメリカの敵対という例がある。彼は一九六〇年六月に選出され、わずか半年後の一九六一年一月一七日に殺害された。ルムンバは、権力を奪ったからではなく、彼が選んだ政策によって、西洋の民主国家との間で窮地に陥ることとなった。彼は、コンゴを支配したベルギー統治時代に対して強い反対意見を述べた。首相として選出されてから一週間と経っていない独立記念式典の際に、次のように演説した。

「我々は、もはやあなた方の猿ではない」

ベルギー軍とその外交官をコンゴから追放し、モイーズ・チョンベ主導のカタンガ州独立運動を倒すため、ルムンバはソ連軍の支援を求めた。これが、大きな政治的失敗となった。多くの証拠から、現在ではアメリカとベルギーがルムンバの殺害について共謀したと指摘されている。後に、アメリカはモブツ・セセ・セコと緊密な関係をもった。モブツはルムンバと異なり、民主的でもなければ、親ソ連的でもなかった。金のために（結局就任から失脚までの三二年間に数十億ドルを手に入れた）モブツは、アメリカの政策へと立ち戻ったのである。民主的に選出されたルムンバは、そのような路線はとらず、その結果追いやられたのであった。

ルムンバだけが民主的リーダーの手にかかって追いやられた者ではない。ハワイの女王、リリウオカラニは、一八九三年に廃位させられた。彼女の罪とは？　彼女は、巨大なアメリカやヨーロッパの企業がハワイで追い求める搾取的な農場経営や輸出の機会などから、ハワイとハワイの人々（間違いなく、彼女自身を含めて）の利益を得ようとしたところにある。これらの経済的関わりを持つ者が、彼女を退位に追いやった。アメリカは海兵隊を派遣し、中立的立場から治安を維持するとしたが、実際には、ハワイの王が自らを守ることを不可能にしたばかりであった。また、忘れるべきでないのが、一九六五年のアメリカ軍の関与による、ドミニカ共和国の民主的に選出されたファン・ボッシュ大統領の失脚である。彼の罪は、彼がフィデル・カストロを好きだったことにある。または、チリのサルバドール・アジェンデ、イランのムハンマド・モサデク、あるいはパレスチナ政府で民主的に選出されているハマスに対するアメリカの敵対など、枚挙に暇《いとま》がない。すでにみてきたように、アメリカは中東地域で民主主義を推進させようとすることには、消極的である。アメリカは、便利な独裁者を利用してきた長い歴史がある。実際、アメリカのこうした歴史の闇は、民主化の危機の完璧な例として挙げることができよう。中東地域での民主政の初期においては、アメリカの国益に対して前向きになるとは思われなかった。それは、政策の違いもあるが、長年にわたって彼らを抑圧してきた体制に資金援助をしてきたということも理由に挙げられる。

さまざまな事例はあるが、その内実は同じである。民主主義者は、海外においては民主的な体制よりも、従順な体制を好む。民主的介入者は、民主化を求めるために軍事力を行使する一方、その対象の民主主義の度合いを低下させる方向性を示し、また、容易に買収される独裁者による、政策への迎合が増加してゆくことになる。

本章を読む前は、民主主義者は、独裁者と異なり、天使のようなイメージで捉えられていたことだろう。本章はそうしたイメージを傷つけ、また、それ以上に傷つけたものもあるかもしれない。しかし、ヨーロッパや日本の首相、アメリカの大統領などに対して道義的にみて遺憾に思うよりも、一度立ち止まって、彼らは何を、どうして行っているのか考えてみる必要がある。

民主主義者は、人々の求めることを実行する。彼らは選挙で立候補し、当選してゆかなければならないので、民主主義者は性急に結果を求める。彼らには短期的な視点しかなく、彼らにとって長期間とは、次の選挙までのことであって、決してこれから二〇年先の国の有り様をみてはいない。しかし、「我ら、人民」であるかぎり低価格のガソリンや、農業産品が山積みにされているような豊かな市場を求め、貧しい国における真の発展を目の当たりにしようとし、そして指導者はその願いを叶《かな》えようとする。これがまさに民主主義であり、人民の、人民による、人民のための、我が国での政治なのである。

教室での経験であるが、ブルースは学生たちに、ナイジェリアやマリで、貧困を削減するために手伝いたいか、と聞いたという。この考えは、「世界的支援」といったものを生み出すものである。そして事実上はすべての者が、政府に対して援助を行ってもらいたいと考えている。しかし、いざとなったら、その熱意は薄れていく。たとえば、先ほどの例で学生たちに、どれだけの人がナイジェリアを助けるために携帯電話をあきらめることができるか、と尋ねると、ほとんど手は挙がらないという。そして、ナイジェリアを助けるために、学生たちが授業料を払うために利用している、低金利の政府系ローンを削減してはどうか、という質問に対しては、たとえブルースが、学生たちが世界の中でも信じられないくらい「豊かな」貧困者であることを伝えても、ほとんど手は挙がらなかった。そして彼らは、世界の本当に貧しい国を助けたいけれども、自腹を切らずに支援したいというのである。

援助は、影響力と政策を買い取る手段である。我々市民が、本当に発展に価値を置くこともなく、その目標に向かっての自己犠牲を厭《いと》うようであれば、援助は失敗に終わり続ける。民主主義者は、残忍な悪党ではない。彼らは単に自らの地位を守ろうとし、そのために人々の求める政策を実行しなければならない。誰かの理想的な言説にもかかわらず、我々は西アフリカや中東の本当の変化よりも、安い価格の原油を求めているのである。したがって我々は、リーダーが我々の希望することがらを実行しようとするのに対して、不満を言うべきではない。これはつまるところ、民主主義とはこのようなものだ、ということを示している。

第８章

反乱抑止

民衆は生かさず殺さずにせよ

The People in Revolt

抗うべきか、抗わざるべきか

成功するリーダーは、常に人々のニーズよりもかけがえのない盟友のニーズを優先する。盟友集団の手助けがなければ、リーダーは何もできず、あっという間にライバルに取って代わられるだろう。しかし、リーダーの支配が、ごく少数の者たちを頼みとするときには、盟友集団に与える見返りは、高くつく。盟友集団は、大抵の場合、社会の犠牲の上に見返りを手にする。確かに市民の生活を良くして殿堂入りするような独裁者もいるにはいるが、大方は、そうではない。そして、在任中に国家経済の衰退に手を打とうとしないリーダーでも、自らの盟友集団の利益のためには様々な手を尽くす。実際、事態は、重荷に耐えきれなくなる人が出るくらいまで悪化する。そして、事態の悪化は、リーダーの生き残りを脅かすほどになるかもしれない。盟友集団が離反する可能性という脅威がおなじみであるわけでもないにもかかわらず、もし、人々が一斉に街頭に出て起ちあがれば、国家権力を圧倒するかもしれない。だから、このような革命の脅威をいかに防ぎ、対処するかは、独裁者と革命を起こそうとする者の双方にとって、向き合わなければならない重要な課題である。

独裁国家では、人々は、不当な扱いを受ける。人々が額に汗して納めた税金は、独裁者がかけがえのない盟友たちのために浪費する。独裁者は、最低限の保健医療や初等教育、労働に耐えるだけの食糧を配給するだけである。もし、小さな盟友集団を頼みとする独裁者に、幸いにも天然資源や気前のいい援助国のような別の財源があれば、独裁者は、最低限の施策さえ廃止してしまうかもしれない。

独裁者は、決して政治的自由も与えない。もっとも小さな盟友集団を頼みとする体制の下では、人々の人生は、汚れて、孤独で、貧しく、粗野で、そして短い。人々は、お先真っ暗だと覚《さと》ったとき、必然的に変革を求める。人々は、自分たちの面倒をみてくれて、安全、安心で生産的な人生をおくれる政府を求めるのである。

なぜ、長い間厳しく抑圧されてきた人々が突然に、そしてしばしば大勢で、政府に抗《あらが》って起ちあがるのだろうか？　答えは、既存の政府の下で、反乱を起こすのに確実にかかるコストを費やすだけの価値があるくらい、前途が決定的にはかばかしくないとき、あるいは天下をひっくり返す転換点を覚ることにある。人々は、最初に起ちあがった数人に似つかわしい成功のチャンスと、庶民の生活を良くするに似つかわしいチャンスがあると信じるからに違いない。

そこにはデリケートなバランスがある。もし、体制側が　人々に秩序を乱せば途方もない災難に見舞われ、死ぬかもしれないと確信させるくらい勝《まさ》っていれば、反乱は、起きそうにない。つまり、このような政府の下での生活はぞっとするが、革命失敗のリスクと失敗したときに起ちあがった人々が払う代償も高い。彼らは投獄されるかもしれないし、殺されるかもしれないし、仕事や家や家族まで失うかもしれない。だから、ヒトラーやスターリンや金正日《キムジョンイル》は、反乱を免れた。もし、締めつけが本当に苛酷《かこく》なら、人々に効果的に反抗を思いとどまらせることができるのである。

まず、とりわけ勇敢な数人が、反乱に起ちあがる。彼らは、自分たちの国を民主的にすると主張する。あらゆる革命や大衆運動は、民主的改革、新政府が虐げられた者を掬《すく》い上げ、苦しみを和らげることを約束するところから始まる。これは、起ちあがる人々を仲間に引き入れるための必須の要素である。もちろん、いつも上手くゆくとは限らない。

たとえば、中国共産党は、一九三一年一一月七日に中華ソビエト共和国臨時政府を樹立し、「国家が、抑圧され、搾取された人民、農民、兵士のために戦う」と宣言したし、ケニア独立運動の父で、初代国家元首となったジョモ・ケニヤッタは、一九五二年七月二六日のケニアアフリカ民族同盟（KAU）の会合で「我々は、KAUの旗の下に結集し、暗黒から民主主義へと繋《つな》がる道を進もう」と呼びかけた。

毛沢東《もうたくとう》もケニヤッタも上品な言葉を使ったが、いずれも平等、民主主義、庶民の自由という約束は果たさなかったし、二人とも、党に忠実な者による汚職と特権をなくさなかった。ほとんどの革命家は、一旦、権力の座に就けば——もし、やりおおせることができるなら——つまらない独裁者になる傾向がある。つまるところ、人々が求めた政策を生み出すような民主的な制度は、リーダーがその地位で生き残るのを難しくする。リーダーは、人々が自分を屈服させることができなければ、人々の求めに応じはしない。いつ、人々は、上辺は頑固一徹な旧来の独裁者や最近勝利して新たに権力の座に座った革命家たちを用心深く注視して、屈服させることができるのだろうか？　この問いへの答えは、いつ体制が独裁主義を続ける代わりに民主主義への道を選択するかという問いへの答えである。

デモに加わろうとする者は、革命家たちの約束に賭けることを決める前に、反乱がない場合に見込まれる生活条件と蜂起が成功した場合に得られる成果を天秤《てんびん》にかけて、我慢することができる反乱のコストとリスクを見極めなければならない。だから、キューバのバチスタ、チュニジアのベン・アリ、エジプトのムバラク、ソ連のゴルバチョフといった中途半端な独裁者は、仲間に比べて多くの大衆蜂起を経験したのだと考えられる。これは、生活が良くなることを期待して人々が起ちあがるのが正しいと言っているわけではなく、人々がリスクを計算しての上だと言っているのである。人々は、革命が成功すれば生活が良くなる見込みはあるが、すべての革命運動が、民主主義に帰結するとは限らないし、人々のための公共財が湧き出る結果になるとも限らないことをしっかりと理解している。

多くの革命は、単にある独裁政治が別の独裁政治に取って代わるだけに終始している。ときには、後継政権は、前政権よりも酷《ひど》いかもしれない。ドウによる真正ホイッグ党政権の打倒や毛沢東による蔣介石《しょうかいせき》の国民党政権打倒がその例に当てはまる。しかし、人々が革命に参加したときの望みは、民主化によって盟友集団が大きくなるか、少なくとも新しい盟友集団に加わることによって、生活がたいそう良くなることだった。

大衆運動の芽を摘み取れ

リーダーが、革命の脅威に対応できる方法には、正反対の二つの方法がある。リーダーは、民主主義を促進させて、人々がもはや革命を望まないほどに生活を良くすることができる。あるいは、独裁政治を徹底して、以前よりももっと人々を悲惨な目に遭わせて政府に対する反抗が成功すると確信できるチャンスを奪うこともできる。

軍の忠誠がどれくらい得られるかが、権力の座にある者が、脅威の萌芽に対応する方向性を決める上で、ひとつの重要なファクターである。リーダーは、人々がバラバラであれば政府の脅威にならないことを知っている。このことは、なぜ、政府のリーダーが、人々の自由な集会や反政府組織の結成を嫌がるかを示している。もし、人々が、一斉に街頭に出て起ちあがる方策を見つければ、権力の座にある者には、生き残りたいなら、大衆を弾圧するというあからさまな汚れ仕事を喜んで買って出てくれる忠誠の厚い者が必要になる。

著者は、これまでに肝心なときに盟友集団に見捨てられたリーダーを数多く見てきた。一九九〇年、反対勢力がドウに刃向かったとき、彼の兵士は、脅威と戦うよりもむしろテロに走り、国民から略奪の限りを尽くした。一九七九年、イランの皇帝《シャー》は、軍がホメイニ派に寝返って権力の座を失った。同じようにフィリピンのマルコスも、一九八六年に子飼いの治安部隊が裏切ったのが命取りになった。ロシア皇帝ニコライ二世は、一九一七年に民衆がサンクトペテルブルクの冬宮に押しかけたとき、安月給で第一次世界大戦の最前線に駆り出されていた兵士が、民衆を押しとどめなかったために帝位を失った。フランス革命からソ連とその衛星諸国の崩壊に至る近現代政治史の重要局面で、盟友集団の中核勢力が、決定的なタイミングで人々を弾圧するのをしくじった例も数多くある。エジプトでの民衆蜂起のほか、近年のいわゆるカラー革命（二〇〇三年のグルジアのローズ革命、二〇〇四年から二〇〇五年にかけてのウクライナのオレンジ革命、二〇〇五年のキルギスタンのチューリップ革命、チュニジアのジャスミン革命）も、同様の現象の表れである。

それぞれのケースにおいて、リーダーが、決定的なタイミングに盟友集団の支持を失ったのは、リーダーが、盟友集団にもはや体制の維持に必要な汚れ仕事に見合うだけの見返りを約束できなかったからである。ロシア皇帝、フランスのルイ一六世、ソ連は、すべて盟友集団に対する見返り資金が底を突いていた。フィリピンのマルコスとイラン皇帝《シャー》は、ともに病で死期が迫っていた。新しいリーダーは、盟友集団を入れ替えるので体制を支えた主要な盟友集団は、後継者によって盟友集団に残してもらえるかどうかが不確かになる。彼らが見返りを受け取り続けられるかどうかの確証が得られないとき、彼らは、一歩下がって、反抗する人々に道を譲る。

革命運動は、自然発生的かもしれないが、市民は、成功するという現実的なチャンスを信じたときに起ちあがるものだとしっかりと理解する必要がある。成功する独裁者は、反抗をまったく割の合わないものにする。彼らは、まず、最初に起ちあがった人々を素早く厳しく処罰する。これは、二〇〇九年のイラン大統領選挙の後に我々が目にしたことである。政権は、素早く介入して人々が反抗し続けるのが怖くなるまで反抗分子を殴打し、逮捕し、殺害した。

分別のある独裁者なら、反乱の芽を摘み取る。著者が繰り返し述べてきた通り、本当に汚い行いをやってのけるつもりのある者だけが独裁者になることができる。心根の優しい者は、あっという間に放逐される。

民主国家における反乱と独裁国家における反乱

政府がやることへの不満というものは、民主国家と独裁国家ではまるで違う。民主国家では、抗議活動は、比較的安上がりで容易である。人々には実際に集会の権利と自由がある。また抗議活動を段取りし、組織する術《すべ》もある。先に述べた通り、大きな盟友集団を頼みとする政府は、自由一般に含まれるような一連の公共財も含めて、たくさんの公共財を生み出している。たとえば、報道の自由、言論の自由、集会の自由といったものである。こうした自由が、人々に自分たちが政府にどのような感情を持っているかという情報を共有させ、何であれ意にそぐわない政策に反対を表明するのを容易にしている。

こうした自由のお陰で、抗議活動をするのも容易になっている。しかし、人々がこうした自由を気に入っていて、自由が人々の政府を倒したいという欲求を霧散させているのも事実である。民主国家では、抗議活動はありふれたことだが、統治機構の破壊を目指す革命は、滅多に起きない。民主主義者が人々の望む政策を実行するのは、人々が抗議活動をしようと思えば自由に集まることができ、リーダーには彼らの望みを叶《かな》える以外にできることは皆目ないからである。もちろん、ときには民主主義者でも、人々の望みを叶えるのをしくじることはある。そうすれば、人々は起ちあがって、特定の政策が意にそぐわないと表明する。こうしたことは、一般的には、たとえば民主国家が、戦争に向かおうとするときに起きる。戦争に賛成の人々も反対の人々もいるとする。戦争に反対する人々は、大抵、街頭での抗議活動によって自分たちの不快感を表明するが、その人数が膨らみ、抗議活動が充分に長引けば、政策の変更を迫ることができる。たとえば、アメリカ大統領リンドン・ジョンソンは、ベトナム戦争に対する不満に直面して自らの大統領再選を諦めた。

民主国家では、抗議活動は、人々がリーダーに不満を持っていると警告するもので、もし、政策が変更されなければ、彼らは権力者の邪魔をし始める。これに対して独裁国家では、反乱は、統治機構をひっくり返して、人々を統治する方法を変えるというもっと深い意味を持っている。

独裁者が自由を嫌うのは、それが、人々がともに経験した悲劇を共有し、協力して政府に反抗するのを容易にするからである。独裁者は、いつでも自由自在に集会の自由、報道の自由、言論の自由を剝奪《はくだつ》することができ、それによって自らを人々の脅威から遠ざける。独裁者にとって不幸なのは、こうした自由から得られる公共財なしには、人々は職場の改善についてさえアイデアを交換することが難しくなって効率的に働けなくなることである。そして、人々が効率的に働けなければ、リーダーは税金を集めることもできなくなる。

一方、独裁者は、ちょうどいいバランスを図らなければならない。充分な自由がなければ人々は生産的でなくなってほとんど働かなくなるが、自由を与えすぎると独裁者にとって脅威となる。したがって、独裁者がどの程度、政府の歳出を税収で賄っているかによって、どの程度、人々を抑圧できるかが決まる。

天然資源や気前のいい外国援助に恵まれた国々は、滅多に民主化しない。そうした国々は、世界でもっとも抑圧的な国々である。また、そうした国々の独裁者は、人々を力づけなくても、かけがえのない盟友集団に見返りをバラ撒《ま》くだけの金を持っている。そのような社会では、人々が変革を渇望しているにもかかわらず、彼らの望みに従って行動を起こすことはできない。集まることもままならないので、反政府運動を組織することは、難しい。さらに人々は、独裁者が自分たちを弾圧するための金を持っていることも知っている。成功の見込みがないので、人々はうなだれるしかない。だから、稀《まれ》に反政府運動を起こしても、さらなる抑圧を招く結果に終わる。

しかし、もし、金が底を突いたらどうなるだろうか？

アメリカの対エジプト援助は、イスラエルとの和平が年を重ね、成熟するにつれて減少した。エジプトの援助受取額は相当に減少し、そのことは、軍の忠誠を買い続けなければならない当時の大統領ムバラクの立場がますます弱くなってゆくことを意味した。また、世界経済の低迷も相まって、援助は、ムバラク政権にとって重要さを増していた。資金の払底によって反抗の機は、熟した。実際、二〇一一年の初頭にムバラクは、低迷する国内経済と援助の減額に追い打ちをかけるように大規模な反政府運動に見舞われた。

独裁者は、その潤沢な資金を失ったときに人々を統制するのが困難になる。独裁者は、まず何より、かけがえのない盟友集団に見返りを与えなければ、彼らに見捨てられる。外国援助、天然資源、借入など使い勝手のいい財源を持たない独裁者は、人々を働かせて税収に頼るほかない。リーダーにとって不幸なのは、生産性を向上させる公共財の多くは、同時に、人々の組織力をも高め、反乱を招くことである。さらに、リーダーは、労働者が納める税金が必要なので、こうした反乱によって、天然資源産出国や莫大な資金を有する国においてよりも譲歩を迫られるだろう。

反乱に繋がるファクターは、複雑ではない。リーダーが公共財の提供を通じてどれほど人々の福祉の向上に努めているかが、人々が反抗したくなる欲求を規定する。そして、自由の度合いが、人々が欲求に従って抗議に起ちあがる容易さを規定する。

そればかりか、どちらかのファクターの度合いが高ければ、世界中の国々でそうであるように、反乱は、滅多に起こらないことが知られている。そうした国では、反乱の引き金となるきっかけが必要なのである。

反乱の引き金

反乱の引き金となるようなショックは、様々な形で起こる。反乱が、自然発生的に始まることは滅多にない。むしろ、反乱には統治機構を揺るがし、反乱の引き金となる出来事が、必要である。一九八九年にソ連と他の東ヨーロッパの社会主義国が崩壊したときには、隣国の影響が、大きな役割を果たした。ある国が崩壊したのを見た周辺国の人々は、もはや自分たちの国も弱体化していると気がついた。たとえば、社会主義国だったポーランドでの自由な選挙は、東ドイツでの反乱の引き金になった。治安部隊が、デモ隊を粉砕せよという国家評議会議長ホーネッカーの命令に服従しないと知るや、人々による反乱は、より激しくなった。さらに、東ドイツでの反乱の成功は、チェコスロヴァキアほかの周辺諸国に飛び火した。ひとつ、またひとつと続く政権の崩壊は、シグナルを強めながら社会主義体制が残る周辺諸国へと伝播し、ドミノ倒しとなって、さらに次々と政権を崩壊させた。こうした国々の経済は疲弊していたので、もはや独裁者たちは、盟友集団に人々を弾圧する見返りを確保することすらままならなかった。むしろ、独裁者は、国が崩壊して政権の栄光とともに焼け落ちるくらいなら独裁者を見放した方がマシだと考えるような取り巻きのいる国に変えてしまった。同じような話は、二〇一一年に中東で繰り返された。チュニジアの政権が崩壊すると、エジプトの人々は、自分たちのリーダーが張り子の虎であることに気づいた。こうした感染性が、盤石の安定を誇った中東地域を反乱が成功する大衆運動のお祭り広場に変えてしまったのだと信じられた。そして、バーレーン、ヨルダン、イエメン、シリア、リビアの人々も自らの運命を変えようと挑戦し始めた。

大きな天災、予期せぬ後継者問題、あるいは独裁者が取り仕切ってきた自国の経済を崖っぷちに追いやるか、崖から転落して破産に追い込むような世界経済の停滞は、反政府デモの原因になるかもしれない。それに加えて「計画的な」ショック、すなわち独裁者がリスクを見誤って自ら引き起こしてしまう事態もある。よくあるのが、インチキ選挙である。

独裁者は、選挙が好きなのかもしれない。国際的な圧力に応じる（そして、もっと外国援助を引き出す）ためか、国内の社会不安を払拭《ふっしょく》するためか、あるいは正統性を偽るためか、彼らは得票数をインチキする。選挙は、すばらしく、選挙に勝つことはもっとすばらしい。それでもときには、人々は、本当の投票結果をごまかせないくらい圧倒的な票を誰か他の候補者に投じて、選挙の機会に権力の座にある者に鉄槌《てっつい》を下す。

リベリアのドウ曹長は、愚かにも選挙を実施した。選挙の過程で人々の反抗にはずみがついたが、幸運にも当選した。一九八五年の選挙で選挙管理委員会が開票に数週間を要した後に、クィオンパ陸軍司令官が起ちあがった。クィオンパは、選挙管理委員会が時間を浪費するのは広範な支持と同時に選挙管理委員会が自分を支持していない表れだととった。彼が率いる暴徒の群れは、ドウ政権に反旗を翻して首都モンロビアに向かった。彼らにとって不幸だったのは、ドウのかけがえのない盟友集団には忠誠心が残っていたことだった。反乱の代償は、とても高くついた。ドウの部隊は、報復として数百人を虐殺した。

ソ連崩壊後のヨーロッパでは「正統性を賦与する」選挙は、市民の蜂起を助長した。選挙は、政権を権力の座にとどめるよりも、政権交代の機会となった。二〇〇四年、ウクライナ大統領クチマは、再々選を禁止した憲法を尊重して引退し、支持者を驚かせた。彼が後継者に指名したのは、首相のヤヌコヴィッチだった。選挙の前哨戦に際して、ジョン・ル・カレのスパイ小説を地で行くような事件が起こった。伝えられるところによれば、野党候補のユシチェンコがダイオキシン中毒にかかり、容《よう》貌《ぼう》がすっかり変わってしまうほどの後遺症が残ったのだった。

一一月に行われた第一回の投票で、両候補は、ともに三九パーセントの支持を得るにとどまり、一一月二一日に決選投票が予定されたが、得票結果の公式発表は、出口調査の結果と大きく異なっていた。そこでユシチェンコは、決選投票が終わる前に、人々に抗議行動を呼びかけた。選挙管理委員会は、ヤヌコヴィッチが勝利したと発表したが、反乱は盛り上がり、治安部隊はそれを止めなかった。ついには、最高裁判所が、決選投票を必要とした第一回の投票に大規模なインチキがあったと判決し、ユシチェンコは、堂々と選挙に勝利した。
なぜ、治安部隊が人々の抗議活動を許したかを説明する上で鍵となるのは、盟友集団の力学である。大統領の交代にあたって、現職のクチマはヤヌコヴィッチを推したものの、治安部隊にいる盟友たちに、彼らが政権移行後も盟友集団に居続けられると確約できなかった。

災害というチャンスに何をすべきか

ときに、革命を引き起こす衝撃が、驚きとして表れることもある。人々に苦難を与える天災は、人々が力を得る機会にもなりうる。地震、ハリケーン、干ばつによって多数の人々が家を追われる。もし、彼らが避難民キャンプに集まることを許されたなら、それは政府に反対する組織をつくる機会となる。避難民キャンプが、意図せず自由な集会を促すという結果につながる。地震、嵐、そして火山が、もはや失うものもほとんどない絶望的な人々を集結させる。彼らは、実質的に民衆を支配する政府の能力を弱める。

一九八五年九月一九日の朝、マグニチュード八・一の地震がメキシコ・シティーから三五〇キロ離れた、太平洋にあるミチョアカン断層で発生した。メキシコ・シティーは、テスココ湖の跡地である柔らかい地層の上に建設されていて、地理的に脆弱《ぜいじゃく》な都市であった。湖底が粘土と砂で構成されているうえ、土中の高い水位が液状化を引き起こす。しかも民主的統治はなされておらず、建築基準もほとんど適用されていなかった。その結果、距離の離れた地震にもかかわらず、市内全域で大きな建物被害がみられた。死亡者の数は様々な意見があるが、一万人から三万人の間であったといわれている。さらに二五万人が家を失った。政府は、事実上何もしなかった。市民は、自分たちで救援作業をしなければならず、救助隊を組織して生存者を捜し出し、避難キャンプを設営した。

必要性から生まれたものであったが、これらのキャンプはメキシコ・シティーにおける重要な政治勢力の拠点となった。個人が政府に対して不満を持つ代わりに、地震が絶望的な人々をまとめることになった。人々は、混雑したキャンプに押し込められ、政府に対する幻滅を語り合った。したがって反政府デモを組織するのも突然容易になった。やる気に満ちた参加者に失うものはなかった。政府はほとんど何もせず、こうした社会グループが、大規模な反政府デモを展開するなかで、重要な政治勢力になっていった。政府は、これらのグループに反対できないので、懐柔しようとした。こうしたグループが、メキシコの民主化において重要な役割を担ったといわれる。

一九七九年におきたニカラグア革命による、アナスタシオ・ソモサの失脚もまた、おおむね同じ展開であった。一九七二年、マグニチュード六・二の地震が首都マナグアを襲い、五〇〇〇人が死亡し、二五万人が家を失って避難民キャンプへと流入した。ソモサとその取り巻きは、災害援助から私腹を肥やしたが、市内の避難民キャンプに集結した多くの人々の移住については何もしなかった。こうしたキャンプがソモサの支配を終わらせる活動家たちの拠点となったのである。

すべての独裁者が、災害や避難民キャンプの設営を無視するという過ちをおかすわけではない。二〇〇八年のミャンマーの事例をみてみよう。タン・シュエはビルマ（公式にはミャンマーと称している）の軍事指導者であった。彼は、傑出した人物だと言われつつも、その地位にとどまり続けるのに必要なものは何かを理解していた。二〇〇八年五月二日、ナルギスという名の巨大サイクロンが南部ビルマのエーヤワディー河デルタを襲い、大きな被害をもたらした。デルタに居住していたのは、多くが貧しい漁師か農民であったが、サイクロンが来ることについて何ら警報を受けていなかった。嵐は、町と村を完全に破壊した。公式には死者が一三万八〇〇〇人とされたが、その他の推定では五〇万人にまで達するともいわれている。

誰も、嵐の発生や、標高の低い位置にある村が、嵐に弱いことなどについてタン・シュエを非難することはできない。しかし、ビルマの軍事政権は、住民に警報を発することなく、また、生存者を救助することもなかったのであり、この点については非難されるべきである。実際、彼らは何もしない以上にひどかった。行われようとした救援作業も妨げられた。南部ビルマの主要都市であるラングーン（現ヤンゴン）の多くの市民が、自らも嵐で被害を受けながらも、デルタの住民を助けようとしたが、これは認められなかった。小商人や仲買人たちは、なけなしの食糧さえも奪ったのであった。

国際社会は、支援を求めて抗議活動を行った。何万人、あるいは何十万におよぶ人々が、嵐の後の飢えと渇きによって死亡した。しかし、救助物資を満載した船は、岸壁でとどめ置かれていたのである。軍事政権は、救援ワーカーの入国を拒否し、ビザの取得はほぼ不可能だった。情報は極端に不足していた。政府は援助を要請したが、あくまでも二国間の政府対政府の支援に限って依頼した。事実上、タン・シュエは「金を送れ、しかし人は来るな」と言っていたのである。

災害発生から一週間が経過し、軍はデルタにある大きな町や村に入った。しかし、それは生存者を救助するためではなく、彼らを、身を寄せ合っている学校や寺院から追い払うために来たのである。たとえその数は数百人を超えた程度だとしても、生存者たちは避難所から追われ、自分の家に帰るように告げられた。多くの場合、彼らは、村が完全に破壊され、食糧も、水も、衣服も、また戻るべき家も持たなかった。現実に、ある報告では次のように記載されている。

生存者たちはボートに乗せられ、彼らがまさに逃げてきたばかりの破壊された村に送られることとなった。場所によっては清掃が行われはじめた。緊急事態の期間が公式に終了し、行政は、住民を六月二日までに元の居住地へと帰そうとした。これは、次の学期が始まる予定になっていた日程である。しかし、生存者からすればなぜ帰らねばならないのか、わからなかった。もはや、以前住んでいた場所には何が残っていただろうか。そして、食糧や水を、いかに手に入れればよいのだろうか。

政府は、こうした疑問に答えようとさえしなかったのである。

ＰＢＳ（アメリカ・公共放送サービス）のドキュメンタリー「台風の目」の中で、高齢の将軍が生存者のグループに話をしているシーンがある。飢えと困窮の中にある生存者たちは、一握りの米を求めた。将軍は、私は今まさにこの地にやってきたばかり（とはいえいかなる支援も申し出ていない）なので、あなた方も村へ戻り、「必死に働かなければならない」と語った。軍はわずかに流入を許した援助物資を押収し（そして、闇市場で売却し）たうえ、住民には、カエルが食べられると告げていた。つまり、政府はこれらの生存者を追い散らし、静かに死なせようとしたのである。極限状態の中での非人道的な振る舞いであるが、小さな盟友集団による政治としては、上手いものである。死者は、抗議できないのだから。

ビルマの「理想的な」独裁政治

まだ予測されていない地震、後継者問題、あるいは財政的崩壊など、いかなる理由であれ、抵抗運動は起こりうるものであり、指導者は、稲妻に打たれる可能性がある。こうした危険性に対する正しい対処法は何だろうか？　歴史的にみれば、ある者は、断固たる措置をとり、ある者は、打倒されてしまう。そしてある者は、自らを修正してゆく。政治を動かすルールから、異なった状況が、これらの選択肢の中から異なった選択をさせるということが理解できる。

成功した反乱や大衆運動、そして革命は、平凡なものではなく、また、極端に珍しいものでもない。民主政への変化に成功した反乱は、本当に珍しいものであるが、実際に起きている。約束したこと、すなわち民主主義を作りだし、民衆生活の改善を実行する革命または革命家を特徴づけるのは、どのような点にあるだろうか。そして、うまくいかない革命や、民主化を進めない革命家の特徴は何だろうか？　まずは、ビルマのタン・シュエの事例をみてみよう。

タン・シュエ政権は、ビルマの人々を貧しく、疎外され、そして無視される状況におき続けた。報道の自由はなく、人々は集会をすることも認められていなかった。入国できる外国人は限られており、彼らは常に警察の監視下に置かれている。これらの措置はすべて、連携し、組織を作って政府に抵抗しようとする民衆の行動を難しくさせていた。民衆は、変革に対して絶望的になり、政府は、変革を成し遂げることをほぼ不可能にしていた。二〇〇五年のことであるが、いかにビルマ民衆が自らを不幸だと感じていたかということについて、『エコノミスト』誌の記者は何度も、いかにしたらアメリカを侵略に向かわせるよう説得できるのか、と聞かれたという。そして、「ビルマの民衆にとって外国による侵略は希望であり、恐怖ではなかった」と述べている。ビルマの人々は、次のイラクになりたかったのである。こうした変革への希望からみれば、タン・シュエが抵抗を恐れ、それを予防することに集中していたことは決して不思議ではなかった。

タン・シュエは、他の多くの者と同様、独裁者が好む道として、大衆による政治運動の恐怖を消し去ろうとし、人々を弾圧した。ありがたいことに、あるいは、いまいましいことに（これは読者諸賢の視点により異なるが）、自然資源があることで民衆の支持を買い取る必要がなかったのである。ビルマは、天然ガス、木材、宝石、金、銅、そして鉄の一大輸出国である。たとえば、一四〇万から一六〇万立方メートルの木材――その多くはとりわけに価値の高いチーク材であるが――を輸出することで、年間三億四五〇〇万ドルを稼いでいたとみられる。ここで「みられる」と書いたのは、正確な数字を知ることが非常に難しいからである。二〇〇一年に、中国はビルマから五一万四〇〇〇立方メートルの木材を輸入したと報告しているが、ビルマ側の報告では、三二四〇立方メートルの輸出にとどまっている。おそらく、木材輸出による収入の一部は民衆の福祉のために支出されたのではなく、将軍たちのポケットに入ったのだと思われる。インフラ整備に使われたということでもない。実際、材木業者が輸出前に木材の加工をするという試みは、インフラの欠如によりほぼ不可能だった。もちろん、道路が整備されていないことによって、民衆が集結し、政府を脅かすということも難しかった。このことは、二〇〇五年以降さらに現実となった。政府は、その首都を辺境の山岳地帯に移転し、市民がほとんど入れないようにしたのである。

ビルマはまた、ヒスイとルビーの世界的な産地である。二〇〇七年、宝石の販売によって、この国は三億七〇〇〇万ドルの収入を得た。しかし、ビルマでもっとも外資を稼いでいるのは天然ガスである。現在、沖合の天然ガス田によって、一〇億から一五億ドルを得ており、こうした収入は今後も、さらなるガス田の開発や、中国向けのパイプラインの建設によって増大していくものと思われる。しかし、こうして得た金の多くは政府の勘定に入っていない。公式の為替レートは一ドル六チャットであるが、実勢レートはその二〇〇倍にもなる。これは、天然ガスによる収入のすべてを政府勘定に公式レートで入れ、九九・五パーセントを自分たちの手元に置いておくことができることを意味する。

ビルマは、貧しい。しかし、タン・シュエは豊かである。彼は幸運だった。なぜなら、彼は民衆の労働に依存する必要がなく、冷酷にも弾圧することができたからである。民衆は、悲惨な状況に耐えているにもかかわらず、反乱を起こすことが容易ではないのである。もし起こしたとしても、タン・シュエは軍の忠誠を金で買うことができ、その地位を確実なものにできた。

二〇〇七年二月、いくつもの新聞が、ビルマで小規模なデモが行われたことを報道した。一五人（報道によっては二五人）が抗議のために集結した。彼らの希望は、基本的人権の保障だった。開始から三〇分の間に、報道していたジャーナリストを含む多くの者が逮捕された。政府は、それらしい口実をつけて、いかなる抗議行動も政権の生き残りにあたっては潜在的脅威となるとみなした。

タン・シュエは、一九九二年に権力を握った。彼の政権は、二〇〇七年二月の抗議活動をなきものとした。しかし、軍事政権への抗議行動は、二〇〇七年八月の弾圧によって高まった。燃料価格上昇の発表に抗議して、かつて学生運動を指導した者たちによる五〇〇人規模の抗議行動が、八月一九日から数日にわたって行われた。軍による大規模な取り締まりが実施されたことから、参加者は二桁にまで縮小したが、九月に数百人の僧侶《そうりょ》がデモ行進を行ったことによって、再度、行動に火がついた。

二人の僧侶が兵士に街灯に鎖で縛りつけられて暴行を受け、一人が死亡した。

僧侶は、ビルマでは尊敬の対象である。彼らに対する暴力は、さらなる抗議を引き起こした。現地に派遣された政府の代表は、六時間にわたって足止めされた。ビルマ各地において、僧侶たちは政府に対して、托鉢《たくはつ》の鉢を裏返すという象徴的な行動に出た。これは文字通り「ボイコット」として知られる行為で、軍人に対して、いかなる宗教的儀式も行わないということの表れである。そして僧侶たちの行進が全土で行われた。こうした動きは日に日に強まり、人々はこれをサフラン革命と呼んだ。サフランとは、僧侶の法衣の色である。これこそ、タン・シュエがもっとも恐れていたことにほかならない。

九月二五日、政府は、一斉検挙を命じた。抗議者たちは、まずゴム弾で、次に銃や鞭《むち》で攻撃された。軍は寺院を襲撃し、夜のうちに僧侶を連行した。多くの残った僧侶たちも集結することを防ぐため、農村へと追い散らされた。抗議活動は、三日余りでほぼ完全に終息した。政府は、反対勢力をほぼ完全に打倒したにもかかわらず、それは高くつく作戦となった。僧侶たちへの尊敬の念から、多くの兵士たちは彼らを傷つけようとはしなかった。軍は、寺院を襲撃しようとは思っていなかったようである。最終的に、政府は軍の忠誠を買うために多くの資源を費やさざるを得なかった。

シュエの行動は、非人道的なものであったが、良き独裁政治を体現していたといえる。彼は支配者として、さらに生き延びた。シュエだけが良き人間である前に指導者であろうとしたわけではない。資源の豊かな独裁国家では、民衆は悲惨な生活を送ることになる。こうした体制において、政府は民衆が協働するのを防ごうとする。彼らの人生は孤立させられ、貧窮し、そして非生産的になる。しかし、革命も抗議活動も、まったく希望のない行動とはいえない。このことは、次の事例で明らかになるだろう。

パワー・トゥ・ザ・ピープル

歴史上の革命家で成功したといわれる者は、それが腐敗した体制を打倒したからだけではなく、民衆にやさしい政府をその国に打ち立てている。アメリカのワシントン、南アフリカのマンデラ、インドのネルー、そしてフィリピンのアキノなどがそれらの中に入る。おそらく、さらに興味深いことに、革命の恐怖にさらされた何人かの指導者は、自らの地位を確保するために、民主化への動きをみせることもある。ガーナのジェリー・ジョン（J・J）・ローリングスは、その完璧な例である。民主化を進める者たちに共通する点、それは、ある独裁者から次の独裁者へと置き換わるような革命の存在しないところでの共通点とはいえ、後者には中国の毛沢東、キューバのカストロ、メキシコのディアス、そしてケニアのケニヤッタなどが挙げられる。

民主革命は、その前の支配者を打倒したのちに地位を確保するための天然資源の巨大な富を手にすることのできない民衆によってなされることが多い。こうした「いい」革命は、リビアのカダフィ大佐やカザフスタンのナザルバエフほど幸運な事例ではない。二〇一一年、海外からの影響が、カダフィの政治的生き残りに深刻な危機をもたらしたにもかかわらず、原油による富が、戦うチャンスを与えた。彼は、兵士たちの忠誠を金で買ったが、資源に乏しい隣国のチュニジアやエジプトの指導者にはこれができなかった。彼らは、いい革命家のように支援者への見返りに必要な収入を生み出させるため、民衆の生産性に頼るほかなかった。民衆の生産性を上げるために、いい革命の指導者は、民衆の自由を拡大させる必要がある。人々が出会い、語らうことができれば、さらに稼ぐことができる。単純な事例をいえば、もし、農民が電話や新聞、ラジオにふれることができれば、市場での価格を知ることができるようになる。これによって、彼らは収穫を適当な市場に、適切な価格で持ち込むことができる。道路や交通機関の整備によって、輸送のコストも削減される。さらに稼ぐ可能性が与えられれば、農民はさらに働き、経済は改善される。不幸なことに、指導者からすれば、こうした自由は民衆の組織化を許すことに繋がる。同様にメディア、通信、そして道路は、生産性を上げるものであるが、農民が反政府デモについて聞き、それに参加することを容易にするものである。一九八五年のメキシコ・シティーでの地震の事例がまさにそれで、これによって、民衆の協働と組織化への障壁が低くなり、自由という公共財が、抗議をより起こし易くしている。

一九八〇年代後半、ゴルバチョフは、ジレンマに陥った。ソ連経済は下降状態にあった。追加の資源がなければ、かけがえのない盟友に見返りをバラ撒くこともできなかった。彼は、急場をしのぐために（ロシアには大量にあった）原油を頼りにした。しかし、原油価格は下落し、彼の反乱を追い詰める会心の策が、ソビエト経済の自由化だった。これは、生活に関わる権力を民衆に与えることを意味したが、ゴルバチョフはそのリスクを喜んで背負うという姿勢をみせた。

ゴルバチョフはタン・シュエよりもいい人物であるというかもしれない。確かにそうかもしれないが、アゼルバイジャン、ラトビア、リトアニアそしてエストニアにおける、憲法上認められている独立運動に対して、弾圧を加えた。ソ連軍は、これらの共和国における人々の自由を求める努力に対する対応は、決して賢明な指導者による対応ではなかった。ソ連軍の「ブラック・ベレー」部隊はリトアニアで一四人を殺害し、一五〇人に怪我を負わせた。その一週間後には、ラトビアの独立に向けた努力を弾圧し、四名が殺害され、二〇人が怪我をした。

なぜ、聡明なゴルバチョフがこのような手荒いことをしたのだろうか？　彼は、身内である盟友からの圧力に応えたのである。ソ連軍の最高幹部たちは、ゴルバチョフに対して、連邦を離脱しようとしている地域について、クレムリンの直接統治を行うよう強く求めた。彼らは、公開書簡を送り、人民代議員大会において配布した。それには、「もしも憲法上の手段が分離主義者には効果的でないとするならば、犯罪的な山師と民兵たちが、人民の血を流し続けるだろう。そこで我々は、非常事態を宣言し、大規模な紛争が発生している地域に対して大統領が直接介入することを勧告する」とされていた。ゴルバチョフは、軍と政治の両面で盟友集団を無視することが政治的に危険であることを理解したのである。

ゴルバチョフが分離独立主義者を鎮圧したことの失敗は、それが彼を追い落とすためのクーデタを起こそうとする強硬論者の決断を助けたことにある。エリツィンに支援された民衆が赤の広場を占拠し、クーデタの首謀者に対して退陣を求めたとき、ゴルバチョフは権力を一時回復した。しかし、彼にとってダメージは大きかった。権力の座に戻ったものの、リトアニア、ラトビア、エストニアの独立を承認し、自らの政権を維持するどころか、ソ連を維持することすら困難であることが明らかとなった。ソ連はその三ヵ月後、公式に崩壊した。

ゴルバチョフの政策であるペレストロイカは、ソ連の政治・経済システムを再構築することを目的としていたが、それは分離独立運動やその後の政治問題などを見越して、政府の歳入を増やそうとしていたものと考えることができる。それは彼のためにもソ連の政府のためにもならなかったが、リスクを負うつもりであったということなのである。ときにそれは思う通りになり、ときにその通りにはならない。

今日、ロシアは民主化から後退している。ゴルバチョフの後継政権を担ったエリツィンの時代には、自由な競争にもとづく選挙が実施されたが、現在ではこれが当てはまらない。ソ連の国家保安委員会（ＫＧＢ）元職員でエリツィンの後継者となったプーチンは、徐々に大きな盟友集団に依拠し、良い統治《グッド・ガバナンス》に基づくものになりかけていた政治システムを、急激に後戻りさせた。彼は、集会の自由を厳しく制限することで、野党が活動するのを非常に難しくさせた。彼はまた、国営化されたテレビや多くの印刷メディアで野党の候補者がメッセージを発することを難しくさせた。さらに彼は、政府を軽視するような主張を公にすることを犯罪とし、民衆が、政府への不満を発言することを困難にした。簡単に言えば彼は、民衆の希望に沿わなければならないように民主政府を強制する、自由というものを制度的に削減したのである。なぜ、それが可能だったのか？　既に述べたように、ロシアは原油による富であふれていた。プーチン政権の時期は、哀れなゴルバチョフの時代と異なって原油価格は記録的に高騰しており、彼は中核的な盟友たちに、反対者を鎮圧させることを手助けしてもらえるように、見返りを払うことができた。しかも、原油からの富が民衆を満足させており、自由を失うことに対して反乱を起こすような気にさせていなかったのである。

自由の拡大は、差し迫った民主化の確かな表れである。経済的必要性は、こうした動きを生み出す一つの要因である。もう一つが、既に大きな盟友集団を背景とした者が権力を握る場合である。これは、ワシントン、マンデラ、ネルーなどのような状況である。それぞれに異なった理由から、彼らは大きな盟友集団とともにその活動を開始し、その政権の生き残りのために必要なかぎり、盟友を維持しようとしていた。

ワシントンがアメリカの大統領に就任したとき、「合衆国（合州国）」とは多様な意味をもつ言葉であった。人々のアイデンティティからいえば、国家よりも州に強い意識をもっていた。彼が軍の司令官となったとき、軍は一三州から徴兵した兵士で構成されていたが、それぞれの州は独自の政府をもち、独自の部隊を自らの予算で賄っていた。ワシントンは、広く植民者の支持を必要とし、最初から大きな盟友集団の構築については行き詰まりを見せていた。このような状況のなかで、彼は大きな盟友集団を頼みとする指導者としてなすべきことをした。すなわち、私的利益よりも格段に、公共財を提供したのである。公共財の中でもはじめに提供されたものが、権利章典である。これは民主的な、大きな盟友集団を頼みとする統治において核となる自由を保障するものであった。これなくして、植民地諸州は憲法を承認し、単一の、統一された政府の下に集まることはなかった。

マンデラの物語はこれほど複雑ではない。彼の政治運動体であるアフリカ民族会議（ＡＮＣ）は、何十年にもわたって南アフリカにおける白人支配のアパルトヘイト体制と闘い続けてきた。その努力と長期間にわたる暴力的活動にもかかわらず、武力によって体制を覆すだけの力を育てるにはいたらなかった。マンデラは、反政府活動によって、そして非暴力的観点から早期の釈放を拒絶したことから、二七年間にわたって投獄されていた。彼は、徐々に新たな道を見いだしはじめていたのである。

経済制裁の効果からか、南アフリカ経済は一九八〇年代に急速な下降線をたどった。一九八〇年、一人あたりの収入は三四六三ドルであったが、デクラーク大統領がアパルトヘイト体制の下で新憲法を制定し、すべての人種に参政権を与えた一九九三年には、一人あたり二九〇三ドルにまで下落していた。デクラークやその前任者であるボータは、苦境に立たされていた。なぜなら、経済の悪化によって、民衆を抑圧させつづけるのに必要な忠誠を買うだけの充分な資源がなかったからである。こうした状況の中で、政権を維持するためにはさらなる資金が必要になった。その資金は民衆から獲得するしかないが、その民衆の多くはアパルトヘイト体制に対する反乱に参加していた。こうした厳しい環境にあって、アパルトヘイト体制は選択を迫られた。最後まで戦い抜くか、それともマンデラと取引をするか。彼ら（そしてマンデラ）は、後者を選んだ。

大きな盟友集団が、マンデラやＡＮＣと取引するように妥協したということは、すべての南アフリカ人に同じ権利を持つことを認めることを意味した。実際、これによって投票上の多数者は、アパルトヘイト時代にもっとも虐げられていた人々に移るということになる。この結果、南アフリカはより民主的になり、国民はより自由になった。ＡＮＣが政府の中で強い影響力を持ち続けるかどうかはまだわからない。もし、野党が勝利し、政権交代がない状況が続けば、南アフリカにはジンバブエがみせたような危険が生じうる。南アフリカのように、ジンバブエもまたジョシュア・ンコモ率いるＺＡＰＵ（ジンバブエアフリカ人民同盟）、ロバート・ムガベ率いるＺＡＮＵ（ジンバブエアフリカ民族同盟）、そしてイアン・スミスによる白人のみのＵＤＩ（一方的独立宣言）政権の間で大きな盟友集団に依拠する民主政へと動いていた。しかし、ムガベが安定的な地位に就くと、ロシアのプーチンのように、民主化に向けた動きを後戻りさせるようになった。彼はジンバブエを汚職、利潤の追求、そして小さな盟友集団による体制へと変え、白人、黒人を含め多数の者を犠牲にして少数の者の利益に貢献するものにした。

しぶしぶ民主主義国となったガーナ

ワシントンやマンデラ同様の成功が、全く異なった出発点からなされたのがガーナの事例である。革命が民主化をもたらしたのではなく、革命の予防がこれをもたらしたのである。

ガーナのＪ・Ｊ・ローリングスは、ガーナ経済を自由化し、民衆を力づけることが、自らの権力の座を脅かすものであることを理解していた。彼はまた、自由化によって民衆が必ず反対行動をやめたり、盟友がその指導者の下に集まったりするものでもないことを理解していた。彼はＩＭＦや世界銀行の広告塔となり、それらが求める経済改革を実行し、経済を活性化させ、民主的改革を行い、そしてガーナ大統領として二期を務めたのちに退任した。しかし、これは彼がいかにして仕事にとりかかったかという問題ではない。少なくとも学者にして政治的批判者でもあるアドゥ・ボアヘンが言わずにいられないことを信じるなら、民衆は彼の描く楽観的な将来ほどには幸福ではなかった。

彼は、ガーナ人の受動性に対してのローリングスの説明について述べている。

ローリングスは、「民衆は苦難に直面し、また直面し続けている。普通は、民衆は不満を述べるものだ。しかし、ガーナ人は物資の不足、交通の困難、低所得、あるいはその他の問題にも大規模な抗議運動を起こすことなく、耐えることができた。これは、我々の誠実さ、すなわち暫定国家安全評議会（ＰＮＤＣ）の誠実さと強さとに、彼らが信頼をおかれているからである。他国からの訪問者は、もしも、自分の国がこの国と同じ状況であれば、きっと暴動が起きるだろうと言っている。しかし、民衆は腐敗した政府を豊かにしているために苦しんでいるのではなく、公正で豊かな社会を築くためにすべての資源を集中しているから苦しんでいるのだ、ということを理解している」のだという。

これに対し、ボアヘンは次のように反論している。「私は、ローリングスの言うガーナ人の受動性については賛同できない。我々が抗議をしたり暴動を起こしたりしないのは、PNDCを信頼しているからではなく、PNDCを恐れているからだ。我々は拘禁されたり、粛清されたり、治安機関に引きずり出されたり、さまざまな性的虐待を受けたりすることを恐れている。……彼らは、非常に繊細で静かな方法で抗議してきた。だから、沈黙の文化なのだ」。ボアヘンは、一九八九年のガーナは抑圧が広がったときだったと述べている。しかし、その年までに状況はずいぶん良くなっていた。なにしろ、このときボアヘンがこのように述べることができたということが、それを物語っている。

ローリングスが権力を握ったのは一九八二年一月一日で、しばしば聖書の用語でこのことを記述することがあった。彼のイニシャル「J・J」から、「幼きイエス」と称し、自分はイエスの再来だとした。彼は、一九七九年の軍の反乱のときには名目的指導者だった。ローリングスは映画俳優のような容姿とカリスマ性にあふれていた。しかし、そうした魅力だけが彼を権力者の地位にいさせ続けたわけではない。抑圧と盟友への豊かな見返りとは、小さな盟友集団による体制の下で指導者にとって不可欠なものであるが、ローリングスについてもそれは例外ではなかった。彼が統治を始めた六ヵ月のうちに、一八〇人が殺害され、一〇〇〇人以上が逮捕されて拷問を受けた。彼の忠実な兵士たちは悪党のような残虐さをもってあたり、ローリングスは大幅な軍事費の増大という形で、忠誠を買い取っていた。経済の悪化と財政の崩壊にもかかわらず、彼は誰の支援が必要なのかを理解しており、優先的に見返りをバラ撒いたのである。

ローリングスは、抗議を防ぐ能力をもっていた。彼は、紙の供給を制限することで、報道の自由を抑制し、スパイを労働組合に潜入させることで長年にわたって効果的にストライキを実施できないようにさせていた。また、いかなる場所でも集会の自由は認められていなかった。彼の統治が年月を経るにつれて、彼は組織面での能力をみせるようになってきた。一九八三年、ナイジェリアがガーナ人労働者一四〇万人の国外退去を発表した。その後数週間に、人口の一〇パーセントにあたる若者が貧窮状態にあるガーナに流入することになった。数十万人の不満を抱えた失業者が首都の周辺をうろつくという予想があるなかで、これを恐れた政府関係者の中には、国境を封鎖して入国を妨げようと進言する者もいた。ローリングスは帰国者を歓迎する代わりに、彼らを即刻出身地に戻るようにした。この大規模な移動にともなって、メキシコやニカラグアでみられたような避難民キャンプの問題は避けられた。しかもそれは、タン・シュエに比べれば随分人道的な手段だったのである。

ローリングスの根本的な問題は、ガーナが破綻しており、その経済もほぼ崩壊状態にあったということである。ガーナの食糧生産は、チャドに次いでアフリカで下から二番目であり、見せかけの為替《かわせ》レートがガーナの経済と政治的見返りの中心的問題としてあった。ガーナの通貨であるセディの公式レートは、闇市場のレートよりもかなり高く設定されていた。かけがえのない盟友たちは公式レートで両替することを認められており、彼らはそれを道端で換金した。不幸なことに、これは農民のやる気を削ぐことにも繋がった。一九八〇年代初頭まで、農産物を市場で売って手にする額よりも、市場に運ぶために必要な燃料代の方が高くついた。市場に運ばれる農産物の七〇パーセントが、彼らの頭上に乗せられて運ばれたのである。コートジボワールとの国境を越えての密輸は日常的なものとなったため、政府は、密輸を死刑に相当する罪とした。輸出に充てる生産量が小さいため、ガーナは借入することができず、破産状態に陥った。

ローリングスは大きな課題を負った。彼は権力を掌握し、革命的社会主義的計画を追求しようとしていた。しかし彼は金を必要としていた。ナオミ・チャザンが言うように、「問題は、資源がどこにあるかではなく、本当にあるかどうか」なのである。はじめに、彼はすべての大学を閉め、学生を収穫の手伝いに送った。しかし、こうした方法では充分ではなかった。民衆は飢えていた。ガーナは、食糧の輸入や軍事費に充てるだけの充分な資金を持っていなかった。統治を長続きさせるいい独裁者として、ローリングスは優先順位を知っていた。まず軍に払え！　間もなく、痩《や》せた民衆の間で浮き出た鎖骨が広くみられるようになったことから、「ローリングスのネックレス」という遠回しな表現をした言葉が一般的になった。彼はソ連に助けを求めたが、ソ連自体が財政問題を抱えていたため、政治的には社会主義志向を示していたにもかかわらず、彼への支援は削減されていった。

ローリングスは板挟み状態になっていた。彼は金が必要であった。しかし、それを得るには民衆を労働へと駆り立てなければならなかった。一九八三年はじめ、彼は急激に後戻りする政策をたて、通貨セディは切り下げられた。農民に支払われる生産者価格は引き上げられ、ガス、電気、あるいは医療への補助金は削減された。ＩＭＦや世界銀行のような国際金融機関は、彼らの政策を忠実に実行する姿勢を評価した。しかし、多くの彼の盟友の多くはそうではなかった。政策の転換は、彼の人間性をも変えた。ローリングスは政変を画策し、彼の標的が報復行動を準備する前に既成事実としてしまった。一夜のうちに、彼の支持者たちは自らの影響力を失ったことに気づいた。中には、アマーティ・クウェイのように処刑された（裁判官殺害に関与したということになっているが）者もいれば、急進的学生活動家であるクリス・アラムのように亡命した者もいた。

一九八五年までに、ローリングスがＰＮＤＣの創設メンバーの中で唯一の生き残りとなった。ローリングスの統治の方向性を示すものとして、評議会のメンバーが六人から一〇人に拡大されたことが挙げられる。いかなる指導者も、自発的に自分を監視し続ける者を増やそうとはしないものである。そうすることによって、自らの権力の座の生き残りにつながらない限りは。

ローリングスは、しぶしぶ民主主義を受け入れた。単に彼には、ほかに選択肢が残っていなかったのである。彼は金が必要だった。それを手にして、民衆を力づける政策を実行した。徐々に、彼らはより多く要求するようになった。「ローリングスは、自らの成功の犠牲者である」と言われた。彼は、経済の自由化と放送電波の開放によって民衆に発言権を与えた。経済危機の解決によって民衆は「誰かにこうしろと言われなくとも、自分たちで成し遂げられる」と感じ始めていた。

これまでみてきたように、一九八九年までにボアヘンは、ローリングスに対し自由に批判できるようになった。彼でさえ、改革が経済状態を改善させたことを認めざるをえなかった。「ローリングスのネックレス」は、「ローリングスのベスト（太った胴回りを指す）」に置き換えられた。大衆に幸福感を味わわせるために、彼は公共財の拡大とともに、徐々に盟友の拡大を認めていった。一九八八年と一九八九年には、地方選挙が実施され、大規模な抗議行動が引き起こされる前に、ローリングスは一歩先を行っていた。政治的利害が近い者による緩やかな集まりが「自由と正義のための運動」へと繋がり、複数政党制の選挙を求めたのに対し、ローリングスは、政敵がまだ組織化されていない間に選挙を実施することで、彼らの主張を除去できた。一九九二年には大統領選挙が行われ、彼は新愛国党を率いるアドゥ・ボアナンを破った。いくらか意見の相違はみられるが、国際選挙監視団はこの選挙結果を公正なものだったと表明した。

これ以降、選挙は基本的に公正であった。ローリングスとその政党である国民民主会議は、一九九六年にジョン・クフォーを倒して再度勝利した。二〇〇〇年にはローリングスは引退し、その後二期にわたりジョン・クフォーが大統領の座に就いた。二〇〇八年には国民民主会議の候補者であるアッタ・ミルズが、激しい選挙戦の末当選し、大統領に就任している。

ローリングスは金を必要とし、それを得る唯一の方法は、民衆を力づけることであった。集会や通信の自由を認めることで、生産性を高めた。しかし、彼はそうすることで、自らに対抗して協働し、組織化することをも容易にさせた。彼が抗議行動や革命をまぬがれたのは、特権を与えることで民衆の常に一歩先を行っていたからである。しかし彼がまったく抗議を受けなかったわけではない。一九九五年、五万人から一〇万人の人々が、「我々はもうたくさんだ」と称される行進を首都アクラで行った。政府はこの行進を妨げようとしたが、裁判所はこれを却下した。独立した司法は、起業家的な熱意を後押しし、民衆の市民的自由を保護したのである。

今日、ガーナは経済的に活発な民主国家となっている。その独裁主義から民主主義への移行は、伝説的なローリングスの指導の下で実行された。しかし、彼がしぶしぶ民主主義者となったことを忘れてはならない。もし彼が資源を持っていたら、社会主義革命を永続化させようとしただろう。ガーナは近年沖合での油田開発に着手している。もし、その資金をローリングスが活用できたら、あるいはソ連が彼の後押しをしていたら、彼は今も権力者の座につき、ガーナはより貧しく、より抑圧的な国家となっていただろう。

経済崩壊が革命のチャンス

これまでガーナ、南アフリカ、そしてソ連の事例でみてきたように、革命のチャンスというものはしばしば経済がほぼ崩壊しているときに訪れる。ほぼ崩壊しているとき、指導者はもはや軍の忠誠を買うことができない。こうした状況は、実質的に多くの独裁国家において避けられないものである。彼らの利潤追求、腐敗、そして非効率な経済活動に満ちた手法がそれを確実にする。

政府が危機に陥ったとき、その苦難について国際社会を非難しがちである。その結果、政策的譲歩と引き換えに、抑圧的な指導者たちは、豊かな国や国際金融機関から比較的有利な条件で借入を手にすることができる。現在、これらの政府は債務超過に直面し、弁済する資金を持てないでいる。さらに多くの金を手にすることは、債務不履行の危機をもたらしかねない。そして、多くの善意に満ちた人々は、これらの国のために声を上げる。債務の免除を、と。

今一度、これまで示してきたことを繰り返す必要がある。財政危機とは、独裁者の観点からすれば、政治的危機である。指導者たちは、公金から盗み取ることによって自国の経済が破壊されてしまうことなど、ほとんど気にしていない。金がこのように短期的に供給されるとき、彼らは盟友集団の忠誠を維持することができず、そこに政治的変革の機会が生じる。債務を免除しても、指導者は取り巻きたちに見返りを払い、自らの権力を確保するために、あらためて借入するだけである。ニコラス・ヴァン・デ・ヴェールは、経済危機の間のベニンとザンビア、そしてカメルーンとコートジボワールを取り上げ、その体制の終末を比較した。前者については、国際金融機関の撤退が民主化を招いた。後者については、フランスによる財政支援があったが、変革はみられなかった。

そこで、外部者にとって、独裁者が国家的破産に直面しており、抵抗者がそのあとについていこうとしているとき、なしうる第一の政策的勧告とは、独裁者を助けるな、というものである。独裁者が集会の自由、報道の自由、彼に反対する政党を結成する自由、そして自由で競争の存在する選挙、――これは在職者が選挙資金や選挙運動などにおいて特権を与えられていない選挙を意味する――などを認めて自らの政治権力を危機にさらすことがない限り、債務を免除するべきではない。こうした自由や政治的競争が実現したのちに、債務免除を検討すべきである。少なくとも選挙の不正や自由の削減が疑われるならば、資金の流れを凍結すべきである。

海外援助は、前にみたように、小さな独裁者、援助を行う民主的市民、そして民主的指導者にとっては恩恵である。実際には、人々に援助を削減することで民主化を促進させようとすることは、非常に困難である。しかし、もし機会があれば、これも追求すべきである。債務免除や新たな融資とともに、海外援助を政治改革の約束ではなく、現実性に結びつけるのである。指導者が、自らを民衆によって追い落とされる危険におくとき、彼らは援助を受けるだけの価値をもつ。指導者がその会計監査結果を認め、汚職を明るみに出すとき、彼らは民衆の生活を改善させるための援助の、良き受け手の候補になりうる。競争ある政治や、汚職の公開と是正を拒否する者は、援助を盗み取る者であり、なにものにも代えがたい国家の安全保障によって正当化されない限り、援助を受けるべきではない。

指導者の交代がなされるとき、それが革命によるものであれ、予期せぬ死亡によるものであれ、あるいは権力者の引退によるものであれ、真の民主化への機会が開かれうる。在職者がその地位に就いて初期の頃が、もっともその地位を失う危険の高い時期であるということができる。このことは、とくに独裁者にあてはまる。実際、彼らはその初めの数年は民主的であろうとする。それは、在職期間中の初期においては、民主主義者の方が独裁者よりも生き残る可能性が高いからである。たとえば、ラウル・カストロがその兄フィデルの後継者となったキューバでの改革の事例をみてみよう。ラウルはその権力を統合させ、見返りを供給できる支持者を確実なものとし、そしてキューバ経済を成長させる必要があった。その解決策は、いくらか経済に競争を持ち込み、政治的活動の一部を自由化させることであった。今日、キューバの人たちは革命以降のいつの時代よりも私的ビジネスの恩恵を受けている。彼らは携帯電話を持ち、インターネットへの接続も一部認められ、情報の入手は拡大され、たとえ顔を合わせていなくても、キューバ人同士が協働する可能性が生まれている。しかし、この改革がラウル一代で終わるのか、あるいは新たにその座に就いた独裁者が金の流れと核となる盟友の忠誠とを掌握するのだろうか？　おそらく、国際社会がこの小さな機会を悪用しないならば、そうはならないだろう。経済支援を政治的自由化の確定へと結びつけることで、可能になるはずである。

これまで述べたすべての手法は、まさに自由主義的政府が民主的改革の定着を進めるために用いることのできるものである。しかし、彼らはそうする意思を持っているだろうか？　それは、悲しいことに、ありそうもないことである。そして、この問題について、我々はいまだ治療法を見いだせていない。

第9章

安全保障

軍隊で国内外の敵から身を守れ

War, Peace, and World Order

「戦争とは、他の手段をもってする政治の継続である」

歴史に残る人類最初の戦争は、旧約聖書に記されたシナル、エラサル、エラムそしてゴイムの王たちがソドム、ゴモラ、アデマ、ゼボイムそしてベラの王たちと戦ったというもので、天地創造から二五〇〇〇年後のことである。以来、世界では長く戦争が起こらなかったことはないように思われる。むしろ、平和が続いたことは少ししかなく、秩序は長続きせず、私たちの世界はいつも戦争の惨禍を被ってきたというべきだろう。なぜ、これほど多くの支配者が間違った助言を容《い》れて、国際問題を解決するのに、戦争という手段に訴えるのだろう。もしかしたら、政治的なサバイバルという文脈で戦争をみれば、私たちはより平和で、秩序ある天地を創造する方法をみつけられるかもしれない。

しばしば戦争は、日々の政治を超越した集団的な憎悪の衝突だといわれる。しかし、実際には戦争というものは、根源的に政治そのものである。一九世紀プロイセンの軍人で著名な軍事思想家でもあるクラウゼヴィッツは、「戦争とは、他の手段をもってする政治の継続である」という名言を残している。そして、みてきた通り、あらゆる政治の核心は、生き残ることにほかならない。

第一次世界大戦末期にフランスの首相を務めたクレマンソーは、「戦争は、将軍たちに任せておくには重要すぎる」という有名な言葉を残している。まさに、その通りである。確かに、政治家に比べれば将軍たちは、戦争という汚れ仕事に従事している。まったく直観的には、軍事組織を率いる軍人とそれに類した組織を率いる独裁者は、戦争をするということに関して民主的な政府を率いる文民政治家よりも悪質である。それ故、私たちにとっては、支配者たちが受ける、いつ、どのように戦争を始めるかという助言の中身を対照して精査することが重要なのである。それによって、独裁者と民主的指導者がまったく異なった助言を受け、それに従っていることが明らかになる。戦争を取り替えのきく者や盟友たちの文脈で考え、国益やパワー・バランスといった視点からみれば、国内政治としてもっともよく理解することができる。

二五〇〇年前、孫子はいかに戦争をするかという書物を著した。この本は何世紀にもわたって多くの支配者に影響を与えてきたが、アメリカを代表する外交・安全保障の担当者たちは、孫子の説く考え方には従ってこなかった。

レーガン政権の国防長官ワインバーガー、ブッシュ政権一期目の国務長官パウエル、そしてクリントン政権二期目の国務長官オルブライトは少し修正を加えたにせよ、アメリカはいつ、どのように戦争をするかという一貫した考え方を掲げており、それは、長年にわたって試されてきた孫子の教えとは大いに異なっている。

なぜ、孫子が二五〇〇年もの長きにわたって支配者たちに重用されてきたかといえば、彼が王や将軍、すなわち、彼の助言に従う者につねに正しい助言者であり続けたからに他ならない。最近に至るまで、数少ない例外を除けば、小さな盟友集団を頼みとするのが政府の主要な形態だった。一方で、大きな支持者集団に依拠する支配者にとっては誤った政策がある。民主国家、すなわち多くの者に拘束される支配者に開戦を促すときには、公共の福祉が強調される。他方で、孫子の教えは、小さな盟友集団を頼みとする支配者にとっては妥当である。この違いを孫子とワインバーガーの考え方の比較からみてみよう。

孫子は、呉の王、闔閭《こうりょ》に以下のように述べている。

戦さ上手といわれる智将は、繰り返し兵を徴募しないし、国から戦地に食糧を運ばせない。一旦、戦端を開けば時を移さず、増援を待たず、一気に敵に攻め込む。敵の先を行く時間の価値は、軍勢の多さや作戦の巧みさよりも肝要である。そして、敵兵を殺すということは奮い立った気勢によるものであり、戦利品を奪い取るのは兵への報償のためであり、捕虜も褒美として使う。兵は、各々自らの手柄のために勝利することを尊ぶのである。

こうした孫子の考え方とは対照的に、ワインバーガーは、以下のように述べている。

第一に、合衆国は、特定の目的が設定された場合か、我が国または同盟国の国益にとって不可欠と考えられる場合を除いて、海外で軍事行動をとらない。

第二に、特定の状況に対応するために軍事行動をとらなければならないと決定する際には、我が国は戦いに勝利するという確固たる意思をもって、真剣に然《しか》るべき決定を下す。

第三に、海外で軍事行動をとる際には、我々は明確な軍事的、政治的目的を設定した上で、いかにそれらを達成するかを検討する。そして、我々には海外に派兵し、所期の目的を達成するだけの軍事力がある。

第四に、達成すべき目的と軍——兵力、編成、配置——の関係は、つねに再検討され、必要に応じて変更される。紛争に対応する過程で設定された条件や達成すべき目的は一定不変で変更しないが、仮にそれらを変更する際には軍事行動の要否も再検討する。

第五に、合衆国が海外で軍事行動をとるには、事前にアメリカ国民と国民によって選挙された議会による相応の支持がなければならない。

結論的には、アメリカ軍による軍事行動は、最終手段であるべきである。

孫子の教えは、おおまかに言ってしまえば以下のように要約することができる。すなわち、①戦争において戦力が敵に優越していることは、機敏に用兵することほど重要なことではない。②戦争に動員する国力は、増援や本国からの大量の補給を必要としない短期決戦に充分であればいい。③褒美を与えることは、兵の士気を高める上で必要不可欠である。さらに孫子が言うには、もし当初から軍備が不足しているか、再三の補給が必要になるとすれば、指揮官が必要な資質を欠いているからである。そのような場合の孫子の助言は、国家の蓄えを食い潰すよりは、戦わずに退く方が得策であるという。

他方、ワインバーガーの考え方は、速やかに戦争に勝利することに重きを置かず、むしろ戦争に勝利するためにはいかに意思を傾注するかを強調し、この点はさらに強くパウエルの考え方に引き継がれた。ワインバーガーとパウエルが指摘したのは、勝利のための準備が充分でない場合は、アメリカはいかなる戦争にも関わるべきではないというものだった。この二人に加えてオルブライトも戦争のリスクを冒すことにはきわめて慎重な見方を示している。一旦、そのリスクを冒すことが決定されるときには、ワインバーガーとパウエルの認識の通り、アメリカは軍備を増強し、必要とあれば巨額の国費を投じる準備ができていなければならない。そして勝利する確信があり、それがアメリカ国民の利益にかなう場合にのみ軍事行動をとるべきというものだった。

一方で、孫子は、戦利品や捕虜が兵の士気を高めることを強調している。他方でワインバーガーが強調するのは、国庫を損なわない、という公共の利益である。孫子の考えでは、戦争の背後にある政治的目的や公共の利益に対する考慮は、兵の士気を左右する動機を決定づける上でいささかも重要なことではない。そうであるからこそ、孫子は「兵は、各々自らの手柄のために勝利することを尊ぶ」ことを強調するのである。

孫子が兵への報償に気を配り、ワインバーガーが国益という公共の利益に注目することは、体制が小さな盟友集団に依拠しているか、大きな支持者集団に依拠しているかの違いを反映している。政治に対する著者の観点からすれば、多くの支持者に依拠する支配者は、ほぼ確実に勝てるときだけ戦うことが読者にもわかるだろう。そうでなければ、彼らは国際問題を平和裡《り》に解決する途《みち》を模索する。これとは対照的に、少数の盟友を頼みとする独裁者は、必ずしも勝算がなくとも戦争を仕掛ける。民主的指導者は、困難な状況においても勝利のために奮闘し、独裁者は当初の周到な準備をしたつもりが不足していたとわかれば、速やかに退く。こうした戦略の違いは、一九六七年に勃発した「六日間戦争」(第三次中東戦争)をみれば明らかである。

「六日間戦争」の損得勘定

その名のとおり、「六日間戦争」は一九六七年六月五日に勃発し、六月一〇日に停戦したイスラエル対エジプト(当時の国名はアラブ連合共和国)・シリア・ヨルダンの短い戦争である。停戦までにイスラエルはエジプトのシナイ半島、ヨルダンのエルサレム、ヘブロン、ヨルダン川西岸地区、シリアのゴラン高原を占領した。アラブ側の空軍は壊滅し、エジプトは無条件停戦に追い込まれ、結果的にイスラエルはいとも簡単に敵をうち負かしてしまった。伝統的なパワー・バランスの理論からすればこれは実に驚くべき結果であるが、政治的サバイバルという観点からすれば、これからみてゆく通り、完璧に予測可能な結果である。

戦争と著者の説明の仕方を理解するために、読者にはまず当事国にまつわる基本的なことがらを把握してもらおう。開戦前夜の時点で、イスラエルの兵力は総動員時の一七パーセントにあたる七万五〇〇〇、これに対してアラブ側の総兵力は三六万に上り、アラブ側の国防費の総額は、全当事国の国防費の六一パーセントを占めた。開戦の時点でこの二つの数字は、大きな支持者集団に依拠する政府と小さな盟友集団に依拠する政府の根本的な違いを反映している点で重要だろう。アラブ側は、全兵力の八三パーセントを保有していながら、兵士一人あたりに対する支出は、イスラエルのそれよりも圧倒的に少なかった。

大きな支持者集団に依拠する政府の指導者は、国民に幸福を与えるように努めなければならないことを思い出してほしい。そして、兵士もまた国民である。戦争は兵士を危険に晒《さら》すものだから、民主国家では兵士の危険を和らげるためにできることをする。他方で、独裁国家では一兵卒に政治的重要性はなく、独裁者は彼らを守るために金をかけたりしない。

兵士一人あたりに対する支出は、兵士の数そのものよりも大きな違いを示している。イスラエル軍は、民主国家の軍隊一般と同じように兵士を守るために厚い装甲を施した装備の調達に巨費を投じていた。つまり、民主国家では、より良い訓練と装備を通じて個々の兵士が発揮するインパクトを大きくし、危険に晒す兵士の数を少なくしながら同時に軍事的目標の達成を可能にしている。一方でエジプト軍の戦車や兵員輸送車は、安っぽく装甲も薄かった。つまり、エジプト軍は、将軍や高官たちの忠誠を繋《つな》ぎ止めるためにバラ撒《ま》く見返りを重視したのである。

当時のエジプト大統領ナセル将軍は、国民によって選挙されたわけではなく、ナセル政権の命運と一蓮托生《いちれんたくしょう》の将軍たちに支えられていた。こうした理由から、ナセルは戦場で愛する夫や息子を犬死にさせられた妻や母親の嘆きや悲しみを一顧だにしなかった。他方で、イスラエルの首相たちがこうした妻や母親によって選挙されていたことは、最新兵器の導入、厚い装甲、兵士の訓練に反映された。我が軍に最善を与えよ、とは民主国家で繰り返される台詞である。これが、当初イラクとアフガニスタンでアメリカ兵の防弾装備が不充分だと評判が悪かった理由であり、たとえいくつかのケースでは装甲を強化した車両がほとんど運転できないほどに重くなったとしても、アメリカが弱点を補おうと躍起になった理由である。

少々似かよった理由から、戦争に勝つために余分に努力を傾注することは、イスラエルにとっては重々有意義なことであったが、アラブ側にはまったく意味のないことであったことがわかる。なぜ、イスラエルの首相エシュコルのような民主的指導者が戦争に勝つために奮闘し、エジプトのナセルのような独裁者が奮闘しなかったのかみてみよう。少数の盟友に依拠するナセルのような独裁者にとって、もしも盟友にバラ撒く見返りを犠牲にするコストと戦争に勝つためのコストが同様であるとすれば、たとえ戦争には負けるかもしれないとしても、取り巻きの将軍たちに見返りを与え続けることが戦争に勝つことよりも大いに意味のあることだった。

取り巻き支配の体制において、軍は二つの重要な機能を果たす。すなわち国内的には現政権を政敵から守ることであり、国際的には現政権を外国の脅威から守ることである。多数の支持者によって支えられる政府においては、軍が懸命に果たさなければならない任務は、後者だけである。確かに、ときには国内の大規模な社会不安を収拾することを命じられることもあるだろうが、軍の任務は統治システムを守ることであって、政府を動かしている特定のグループを守ることではない。軍の任務には、合法的な国内の政敵を排除することは含まれてはいないが、もちろん独裁者は政敵を合法的とは認めず、軍は独裁政治システムのなかで自らの任務を果たす。軍が自分たちを雇っている独裁者に銃を向けでもしない限り、孫子が雄弁に語ったように、兵は報償を手にするに違いない。読者はこのことを頭に入れておけば、上辺は驚くほど大きな国内総生産（ＧＤＰ）――人口二六〇万人のイスラエルのＧＤＰが四〇億ドルであるのに比べて、このちっぽけな国に敗れたエジプトは、一九六七年時点の人口は三〇〇〇万人でＧＤＰが五三億ドル――に支えられたより大きな軍の本質を理解することができるだろう。

イスラエル政府が、高く見積もって歳入の一〇パーセントを支持者への見返りに使っていると想像してほしい。また、エジプト政府が歳入の三〇パーセント――この数字はイスラエルよりも大きいが、本書が述べてきた多数の支持者によって支えられる体制と少数の盟友によって支えられる体制との比較においては、相応である――を見返りにバラ撒いているとしたらどうだろう。そして、イスラエルとエジプトの双方にとって、奮闘するという意味で余分な支出をすることを正当化し、戦争に勝たなければならないということにどれほどの価値があっただろうか。

日頃、御《ぎょ》しがたいほどに党派的対立の激しいイスラエルは、戦争の危険が迫っていることを予期して一九六七年五月に挙国一致政権を樹立し、来《きた》るべき戦争に国家を挙げて勝つべく備えた。同年イスラエルが国防費に三億八一〇〇万ドルを投じたことは、驚くべきことに三八〇〇万ドルの資金を政府の盟友にバラ撒くことができたことを意味する。もちろん、イスラエル、エジプト双方においてもっと多くの金をバラ撒くことが可能だっただろうが、一九六七年の国防費に絞ってみれば事態をより良く理解することができる。挙国一致政権であるということで、イスラエルの体制の支持者集団は非常に大きかったが、政府が政権を維持するには手堅く見積もって国民の二五パーセント、すなわち約六五万人の支持者がいればいい。この数字を頭に入れた上で、イスラエルの国防予算から政府の支持者集団にバラ撒かれる見返りの潜在的な額を計算すると、一人あたり六〇ドル以下であったことがわかる（国防費三億八一〇〇万ドルの一〇パーセントを六五万人に支払うとすれば、一人あたり五八・六二ドル）。

イスラエルの体制支持者一人ひとりには、個人的に見返りを受け取るか、その金を戦費に回すかという選択肢がある。戦費が増えれば、支持者一人ひとりが犠牲を払ってわずかばかりの個人的な利益を相殺するに足る、勝利というすばらしい公共の利益を得る可能性が高くなる。そこで、六五万人のイスラエルの政権支持者は、わずか五八・六二ドルの金よりも戦争に勝利することに大きな価値を見いだしたのである。

この計算を、ナセル政権を支持したエジプト人に当てはめてみよう。著者は以前に一九五五年から二〇〇八年までの各国政府の盟友集団の規模についての調査を行ったことがある。ある専門家によれば、一九六七年当時のエジプト政府の盟友集団は少なく見積もって八人、多く見積もっても六五人であった。この幅というのはどのような事情があるせよ非常に小さい。著者らは専門家が盟友集団の規模を過小評価しているかもしれないと疑い、手堅く見積もって盟友集団を軍の高官と必要不可欠な文民の幹部公務員一〇〇〇人とした。著者の推計をもってしても、もし国防費のなかから見返りに回せる金を戦争に勝つための計画的な増額努力をする代わりに、盟友に回していたら、見返り額は一人あたり一五万ドルにも上った（国防費五億ドルの三〇パーセントを一〇〇〇人に支払うとすれば、一人あたり一五万ドル）。イスラエルの体制支持者たちが、国が戦争に勝つのを助けるためにわずか六〇ドルの犠牲を払ったことを考えれば、エジプトの盟友集団たちは、戦争に勝つのを助けるために一五万ドルもの大金をフイにしなければならなかったということである。また、もしも、権力の中枢にいる取り巻きから一人あたり一五万ドルもの金を取り上げて戦費に投じたとすれば、ナセルは彼ら多くの熱心な盟友集団を失わなければならなかっただろうことも明らかである。実際、戦争に勝つために懸命に努力したことに対して軍がクーデタを起こし、ナセルを失脚させる可能性は高かっただろう。ナセルの盟友たちは、戦争に勝利することと一五万ドルもの大金を失うことを天秤《てんびん》にかけなければならなかったのだろう。勝利はすばらしいが、多くの人々にとってはすばらしいものではないのかもしれない。他方で、イスラエルの首相エシュコルは、そのような問題に直面しなかった。彼の支持者たちは、勝利を五八・六二ドルよりもはるかに価値があると考えたのだろう。

独裁者は、大切な財産を戦場で無駄に使うことはない。そして、最新の装備を与えられた精鋭部隊は、限定的な外敵と戦うよりも国内の反体制派を叩《たた》きつぶすために使われる。シリアの大統領アル＝アサドもまさにそのようにした。一九八二年二月、アサドはイスラーム原理主義組織ムスリム同胞団の蜂起に対抗して兵力約一万二〇〇〇の精鋭部隊を投入し、ハマーの町を包囲した。三週間にわたる戦闘で町は破壊され、何万人もの市民が犠牲となった。

民主国家が奮闘する条件

必要とあれば、民主国家は奮闘するが、大抵はその必要もない。民主国家は実に弱い者いじめにおいては名うてで、弱小国を悩ませては手頃な相手と対立したときにはいつでも交渉に持ち込む。すなわち、アメリカはグレナダ、パナマ、ドミニカといった対立する弱小国とすでに戦争をし、多くの民主国家は弱小国を植民地化しては、その影響力を世界に拡げてきた。しかし、対ソ連にかぎっては、アメリカとその民主国家の同盟であるNATO（北大西洋条約機構）は、キューバ、ヨーロッパその他の地域での紛争について交渉してきた。実に、冷戦が熱い戦争にならずに冷戦であり続けたのも、明らかに大きな支持者集団によって支えられた体制であるアメリカが、格段の努力にもかかわらず勝利を確信できなかったからに他ならない。努力によって勝利がもたらされるなら、イラクを大混乱させたときのように、民主主義者は奮闘する。

第二次世界大戦前にイギリスとフランスがヒトラーの譲歩を引き出そうとしたときのように、不幸にして交渉が決裂することもある。彼らは、ドイツがオーストリアとチェコスロヴァキアのドイツ語圏を占領するのを許し、ポーランドに侵攻したときにさえイギリスには対独戦争には後ろ向きな者がいた。しかしながら、ヒトラーにとっては、イギリスとフランスに対して譲歩しないことさえ、増え続ける人口に見合うだけの領土を確保するという貪欲《どんよく》な「国民生活圏」の主張を満足させるものではなかった。この状況はイギリスとフランスを厳しい戦争に巻き込み、とりわけイギリスにとっては苦しい戦いとなった。これとは対照的に、ドイツは戦争終盤になってヒトラーとその取り巻きたちの体制の存続――そして彼ら自身のサバイバル――が危うくなるまで、国家経済を戦時体制に移行させることはなかった。

戦争が、目にみえて当初の目論見よりも難しいものになったケースもある。アメリカによるベトナム、イラク、アフガニスタンへの介入である。困難に直面したこうした戦争では、民主国家は勝つために奮闘した。ベトナムでは、アメリカは北ベトナムと事態収拾に向けた交渉に入る前に、勝利のために必要な国力を繰り返し査定し続け、アメリカが撤退したまさに翌年には、パリ協定が破棄されるに至った。イラクとアフガニスタンでは、アメリカは長年にわたって信頼されてきた孫子の教えにではなく、ワインバーガーの助言を容れたために、派兵の目的を設定する前に軍を展開しなければならなかった。独裁者は、自分たちの命運が戦場での勝利よりも盟友の忠誠にかかっていることをわかっているから、たとえ戦争に勝つために必要であったとしても、国力を投入する努力には波があり、一般的に言えば、勝つために余計な努力を傾注しない。

こうした考え方のいい実例が第一次世界大戦である。第一次世界大戦の発端は複雑で異論を差しはさむ余地も多いので、ここでは一連のできごとを述べるにとどめよう。戦争は、一九一四年にオーストリア＝ハンガリー帝国の皇位継承者であったフランツ・フェルディナンド大公がセルビア人民族主義者によって暗殺されたことで生じたオーストリアとセルビアの対立に端を発する。セルビアの同盟国ロシアの介入によって、オーストリアは戦争勃発を恐れ、オーストリアと同盟を結んでいたドイツは動きを活発化させた。ドイツにとってロシアとの戦争はすなわちロシアの同盟国フランスとの戦争を意味したため、ドイツは、一八七一年の普仏戦争のときと同じように速やかにフランスを打ち負かすべく、電撃的にフランスに侵攻した。このフランス侵攻はベルギーの領土を侵犯して行われたため、ベルギーを独立させ、その中立を保障していたイギリスの参戦を招くこととなった。

なんと複雑に絡み合っていることか！　多くの国が関わっているが、この戦争は基本的にはオーストリアとドイツという中央同盟国とフランス、ロシア、イギリスの協商国（連合国）の間の紛争である。戦争はダイナミックに始まり——大方の予想ではクリスマスまでには終わるだろうといわれていたが——やがて膠着《こうちゃく》し、とりわけ西部戦線では塹壕《ざんごう》戦へと移った。一九一七年にはボルシェヴィキの蜂起を受けてロシアが戦争から離脱した。このためロシアは広大な西部の領土を割譲されるという高い代償を支払ったが、レーニンには戦争を継続するよりも支持者に回す国力を温存しておいた方が政治的に得だということがわかっていた。さらに一九一七年四月にはアメリカが連合国に加わって参戦した。結局のところ、戦争は一九一八年一一月一一日一一時に戦闘を停止することを決めた休戦協定によって連合国の勝利に終わった。

図9－1は、第一次世界大戦における主要国の国防費である。主要な参戦国のうち、ロシアは貧しい大国であったので国民一人あたりの国防費が他の国々よりも低い。他方で、主要参戦国のうちイギリスとフランスだけが民主国家だった。一九一四年の戦争勃発以後、すべての国で国防費が跳ね上がっているが、一九一五年以後、独裁国家では国防費はたいして上昇せず、戦争が長引くなかで支出は横ばいを示している。一九一七年になってドイツの支出が上昇しているのは、敗北が体制の崩壊を意味することが明らかになったためである。オーストリアやロシアのような独裁国家において努力が乏しい反面、民主国家では勝利を達成するまで国防費を増加させ続けた。

孫子の呉王に対する助言——彼らは勝つために援軍を送らない——は、第一次世界大戦における独裁国家の態度を予言するものであった。同時に、民主国家が払った努力は、ワインバーガーの助言と

図9-1　第一次世界大戦における軍事支出

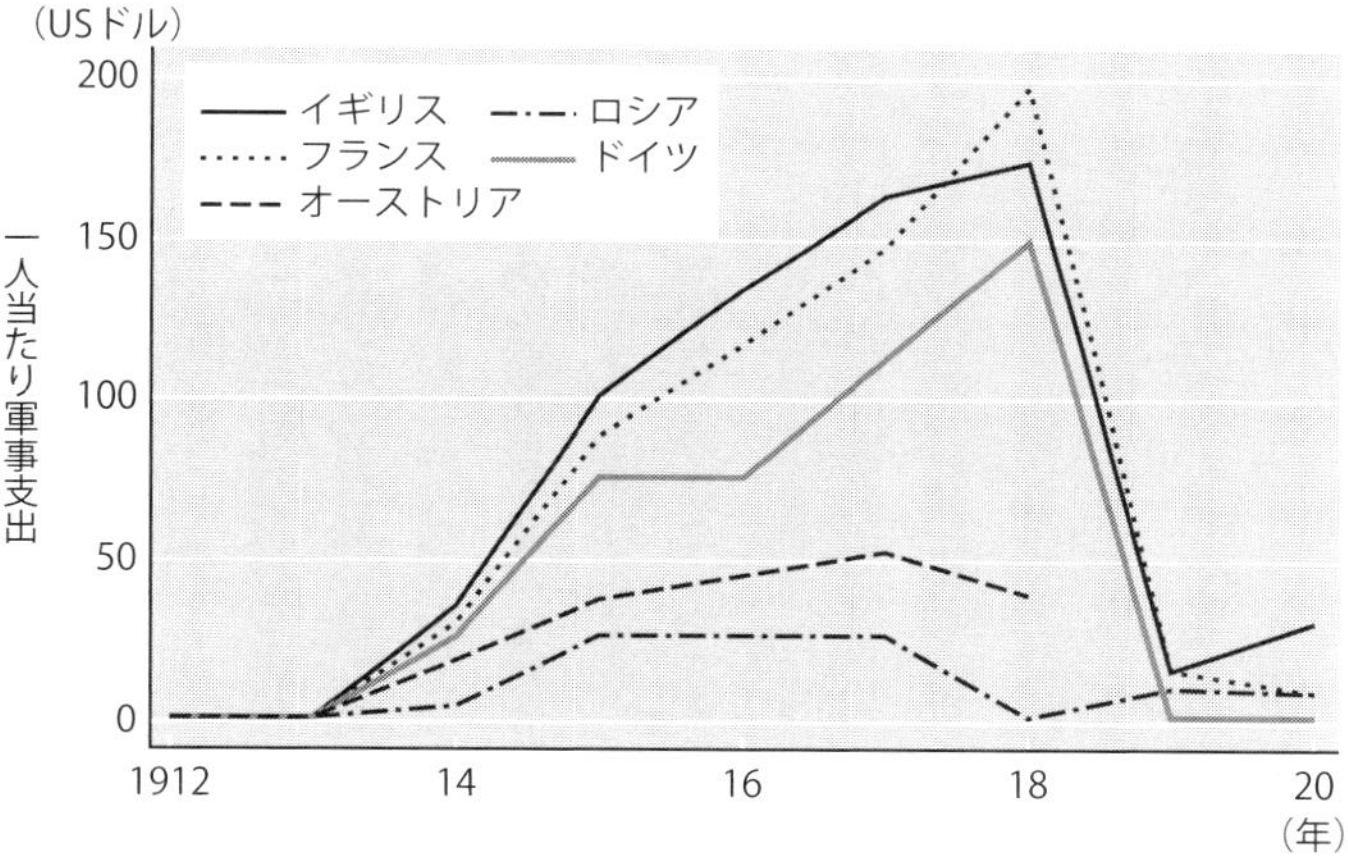

歴代の国家安全保障担当補佐官が大統領に言ってきたこと――緒戦で勝てなくても、目的達成のために戦い続けるしかない――を暗示している。

戦争をする際、少なくとも国家制度の問題はパワー・バランスの問題でもある。民主国家が奮闘する意思について説明することは、なぜ、弱小と思われる民主国家がときに強大と思われる独裁国家に勝つことができるかを説明することにつながる。アメリカは、かつては弱小国だったが、米墨戦争（一八四六～一八四八年）のときは、より強大で、訓練を受け、優位だったメキシコ軍を打ち破った。また、非常に小さなヴェネツィア共和国は、一七九七年にナポレオンに征服されるまで一〇〇〇年以上も続いた。領土は小さく、国力も限られているのに、ヴェネツィアは中世を通じて強国と戦い続け、第四回十字軍ではコンスタンティノープルを攻略するのに主要な役割を果たし、戦利品としてビザンティン帝国の財宝からもっとも大きな分け前を得た。小さいながら民主的だったビスマルク時代のプロシアは、一八六六年に、大国であらゆる点でプロシアよりも優位だったオーストリア帝国を普墺《ふおう》戦争（七週間戦争）で打ち破った。これに続いてプロシアはルイ・ナポレオン（ナポレオン三世）の第二帝政フランスを普仏戦争（一八七〇〜一八七一年）でも打ち破った。小さなイスラエルが大きな隣国をたびたび破ってきたことをみるにつけ、歴史は、少年ダビデが巨人ゴリアテを破ったように、小さな民主国家が大きな独裁国家を打ち負かすことの繰り返しのようである。

湾岸戦争という政治的サバイバル劇

独裁者と民主的指導者は、ある意味、同じ目的すなわち権力の座にとどまるために戦う。他方で、彼らが戦う動機は異なってもいる。民主的指導者は、独裁者よりも政治的妥協を引き出すためのあらゆる手だてが尽きたときに戦う。それとは対照的に、独裁者はもっと気安く、領土や奴隷や財宝を得るために戦争を起こす。

そこには重要なことが含意されている。孫子が言ったように、独裁者は、奪えるものを奪ったら引き上げる。他方で、民主的指導者は、近くにおいてであろうとはるかに遠方においてであろうと政策上の関心があれば戦う。その上、民主的指導者は、一旦勝利を収めれば、政策的な決着をつけることを画策する。大抵の場合は、戦争に敗れた政敵をさらに掃討するか、自らに代わって政策を実行する傀儡《かいらい》政権を樹立するかのどちらかである。

対外援助にまつわる議論に立ち返れば、民主的指導者にとって戦争とは、単に対外援助を使って達成できなかった目的を達成するためのもうひとつの手段に過ぎない。対外援助で政策を買うことも戦争でそれを実現するのも同じことであって、いずれの方法をとるにせよ、自国民が望む政策を実行すると思われたがる民主的指導者が、選挙民の信託に応えなければならない外国の民主的指導者によって採用された政策に思い切って乗るよりも、思うがままに使える独裁者を権力の座に据えること（たとえば、民主的指導者が望むような結果が保証されている選挙といったような、一見民主的にみえるインチキな仕掛けを使って）の方が大いに好みだということである。

民主的指導者も独裁者も自らの政治的サバイバルを賭けて戦うという捉え方は、良く言っても恐ろしく皮肉なことで、悪く言ってしまえば、まったくもって腹立たしいものかもしれない。にもかかわらず、私たちはこれが大なり小なりの政治の世界で通用している流儀だということは明らかだと信じている。そして、そのことは湾岸戦争をみれば疑いの余地もなくはっきりとわかる。

一九九〇年以前、イラクとクウェートの間の摩擦は、長い間御しがたいほどに悪化していた。イラクは、クウェートが効率的で近代的な油田施設を使ってイラク領の地下から石油を採掘していると主張し、ことあるごとに侵攻すると脅しては賠償を求めていた。アメリカ大統領ブッシュの曖昧《あいまい》なシグナル（前回イラクがクウェートを威嚇した際にアメリカはペルシャ湾に艦隊を派遣しながら、同時にイラクがクウェートで何をしようとアメリカは介入しないと説明した）を読み誤ったフセインは、一九九〇年八月に軍をクウェートに侵攻させて占領した。フセインの目的は、まさに独裁者による戦争の典型ともいえる、自身と盟友のためにクウェートが石油で儲《もう》けた金を奪うというものだった。しかしながら、当初の曖昧なシグナルとうって変わって、アメリカはこれを看過せず、ブッシュは有志連合を募って多国籍軍を編成し、一九九一年一月にイラク軍をクウェートから排除すべく「砂漠の嵐」作戦を開始した。

湾岸戦争における両者の目的と行動は、まったく違う。フセインの目論見とは対照的に、ブッシュは、支持者のために石油利権を手中に収めようとはしなかった。戦争反対派のスローガンは「石油のために血を流すな！」だったが、むしろ、彼の目的は中東地域の安定の促進と石油の確実で円滑な流通を回復することだった。大手《メジャー》石油会社やアメリカ政府の中東政策担当者でもなければ、エネルギー政策は大した《メジャー》問題ではないが、兵士の命は、石油と引き換えにできるものではない。作戦の目的は、世界経済の歯車を回している石油の流通を確保するためであり、個人的な利益ではなくて世界経済を安定させることこそが、作戦の目的だった。念のために言っておくが、アメリカをはじめとする多国籍軍の犠牲者は極めて少なく、イラク派遣部隊九五万六六〇〇人のうち死者は三五八人で、その半数は戦闘外での犠牲者だった。それに引き換え、イラク側は、何万人もの犠牲者を出した。この犠牲がフセインから、戦利品ではなく妥協を引き出した。

　戦争の仕方も、政治的なサバイバルの方法そのままのパターンだった。当初、アメリカはイラク軍に撤退するよう交渉を試みた。交渉が決裂するとアメリカは、高度に訓練され、優れた装備を与えられて圧倒的に強力な多国籍軍を編成した。フセインの側にも、訓練と装備については多国籍軍に勝るとも劣らない共和国防衛隊という精鋭部隊があった。しかし、フセインはこの精鋭部隊を多国籍軍と対峙《たいじ》させずに安全圏まで撤退するように命じた。そうして共和国防衛隊はイラクを防衛するよりも、フセインを守ることができたのだった。その代わり多国籍軍の猛攻の矛先は、貧弱な装備しか与えられていない未熟な徴募兵の部隊に向けられた。犠牲者の数が示すように、こうした部隊が被った損害は甚大だった。

　フセインは、多国籍軍がバグダッドに侵攻し、彼を排除する可能性が出てきた二月二八日になってようやく停戦に同意した。アメリカは、フセインが停戦の同意を履行するのを見届けるために湾岸地域に軍を駐留させ続けたが、飛行禁止空域の設定、外交的孤立、経済制裁にもかかわらず、フセインは国内では命脈を保ち、一旦は呑《の》んだ停戦を繰り返し破ろうとするのを押しとどめることはできなかった。フセインが軍事的に敗北を喫したあと、北部のクルド人や南部のイスラーム教シーア派をはじめとするいくつものグループがフセインに反旗を翻したが、彼らにとって不幸だったのは、フセインが最強部隊を温存し、盟友集団の忠誠を買うだけの金を持っていたことだった。蜂起は、何万人もの犠牲者と何十万人もの避難民を出して鎮圧され、二〇〇三年のイラク戦争でアメリカによって捕らえられるまで、フセインは権力の座にとどまり続けた。

　フセインは、命脈を保っている間も一人ではなく、戦うための資金も充分に持っていた。独裁者は、戦争に勝つことでさらに富を手中に収めることができるなら、戦争に勝ちたがるが、独裁者にとっては、その地位にとどまることは富を追い求めることよりも優先すべきことである。一九七四年にエチオピア皇帝ハイレ・セラシエを倒し、共産主義を奉じて権力の座に就いたメンギスツは、見事にソ連から見返りを得た。メンギスツは一五年以上にわたってソ連から約九〇億ドルに上る資金を与えられ、その多くは独立を求めるエリトリアの武装勢力と戦うための軍事援助であった。巨額の援助をつぎ込んでもエリトリアとの戦争が首尾良く運ばなかったのは、メンギスツがソ連の金を戦争を成功裡《り》に遂行するためよりも自身を金持ちにし、自身の政治的サバイバルの手段だと考えたからだろう。後述するように、彼は自国の兵隊を一顧だにすることはなかった。

　メンギスツにとって不幸だったのは、ソ連の崩壊はすなわち彼にとってもボロい儲け口を失うことを意味していたことである。一九八九年、ソ連は崩壊し、メンギスツは新たな援助国を探す必要に迫られた。何とかピンチを脱しようとしてメンギスツは、軍事援助と引き換えにエチオピアに住むユダヤ人（ファラシャ）を引き渡して、アメリカとイスラエルから血の贖《あがな》いとして金を受け取ることはできないかと考えた。ファラシャは北アフリカで一〇〇〇年以上の歴史があり、紀元前五八六年のバビロン捕囚の末裔《まつえい》だと考えられている。この人々を移住させるためにアメリカは二〇〇〇万ドルを払い、イスラエルは五八〇〇万ドルの支払いに応じた（実際に払われたのは三五〇〇万ドル）といわれている。金が振り込まれるのを待って、ファラシャは救出され、イスラエルに移住した。しかし、この金は、メンギスツが盟友の忠誠を繋ぎ止めるには充分ではなく、かつてソ連が毎年分け与えていた金額にははるかに及ばないものだった。メンギスツは、エチオピア軍がはるかに弱いはずのエリトリア軍に敗北を喫すと、五〇人ばかりの取り巻きと家族を引き連れてジンバブエに逃れ、贅沢三昧の暮らしを送っている。

独裁国家は勝敗に鈍感

民主的指導者は、独裁者よりも戦争の帰趨《きすう》についてははるかに神経質である。実際のところ、戦争での勝利は政治的サバイバルを保証してはくれない。フセインとの戦いに費やした一年半の間、八〇パーセントの国民は戦争を支持したが、ブッシュは一九九二年の選挙ではクリントンに敗れている。同じように、第二次世界大戦で卓越したリーダーシップを発揮したチャーチルも有権者によって首相の座を追われている。他方で、戦争での勝利が政治的サバイバルに明らかに奏功することもある。イギリスの首相サッチャーは、一九八二年のマルビナス紛争（フォークランド紛争）でアルゼンチンを破ったことで政治的な命運を一八〇度変えている。サッチャー政権の経済改革と労働組合との対決姿勢は、不況と高い失業率の原因となっていたので、戦争前にはサッチャーは極めて不人気で、一九八一年末の時点で彼女の支持率は二五パーセントだった。戦争後、支持率は五〇パーセントに跳ね上がり、さらに一年後の選挙では、一年半前にはまったく無理だとみられていたような圧勝を収めた。

民主的指導者にとって、軍事的な成功は権力を握り続けるのを助ける反面、敗北した場合にはほぼ確実に退陣を余儀なくされる。ベトナム戦争に勝利できなかったアメリカ大統領ジョンソン然《しか》り、フランスの首相ラニエル然りである。ラニエル政権は、一九五四年にフランス軍がディエン・ビエン・フーの戦いでベトナム軍に大敗した後に崩壊した。イギリスの首相イーデンも、一九五六年にエジプトのスエズ運河地帯への侵攻に大失敗して辞任に追い込まれた。

これに引き換え、独裁者は敗北することにいささかもこだわらない。フセインは湾岸戦争で敗北し、イラン＝イラク戦争（一九八〇～一九八八年）では巨額の戦費を費やして中途半端な結果に終わったにもかかわらず、四代にわたるアメリカ大統領（カーター、レーガン、ブッシュ、クリントン）よりも長く権力の座に居続けた。イラク戦争だけがフセインの地位に関わるものとなったが、そもそもイラク戦争の当初の目的がフセインを排除することだった。独裁者は、政策的譲歩を求める民主的指導者に負けなければ、国力を温存した上で軍事的に敗北を喫したとしてもたいがいの場合は命脈を保つことができる。たとえ、膨大な数の犠牲者を出したとしても独裁者は生き残るが、それとは対照的に民主的指導者は、勝利への過程で多くの将兵を死なせてしまえば、責任をとって退陣に追い込まれる。おそらくこのことが、民主的指導者が独裁者よりもはるかに兵士を守るための手だてを尽くす理由だろう。

ナチス・ドイツでヒトラーのナンバー2だったゲーリングは、戦争を始めるのは指導者で戦争で血を流すのは国民だという言葉を残したことからして、このことをよくわかっていたのだろう。

市井の人々が戦争をしたがらないのは自然なことだ。しかし、何と言っても民主国家であれ、ファシスト独裁政権であれ、議会制であれ共産主義のプロレタリア独裁であれ、国家の政策を決定するのは指導者で、国民をその政策に巻き込むのはいつも大したことではない。指導者がなすべきことは、国民に、攻撃されていると告げ、不戦論者を、愛国心に欠け祖国を危険に晒す者だと糾弾することであり、これはどこの国でも同じである。

兵士一人を救うために軍隊を投入する

ゲーリングの言うことはまさにその通りである。どのような指導者も軍を動かすことができる。しかし、民主国家の指導者は部隊を進軍させることに責任を負い、兵士を無謀な戦いに投入しない。仮にもそうしなければならないときには、兵士を守るために充分な手だてを講じる。兵士の命の価値は、大きな支持者集団に依拠する体制と小さな盟友集団に依拠する体制とでは雲泥の差がある。数年の間隔をおいて同じ「アフリカの角」と呼ばれる地域で実際にあった二つの戦闘の比較を通して、この悲しい真実をみてみよう。

アメリカは、軍事作戦で兵士を戦場に置き去りにしないという理念を掲げている。この理念をめぐる正確で血みどろのドラマとして、一九九三年一〇月三、四日のモガディシオでの戦闘を描いた、リドリー・スコット監督の映画『ブラックホーク・ダウン』（二〇〇一年）を観ることをおすすめする。当時、アメリカは国連による人道支援の一翼を担ってソマリアに部隊を派遣していた。当のソマリアは、一九六九年から一九九一年まで、政治を自らのサバイバルの二の次であるべきと考え、「私は、イスラームも、社会主義も部族主義も、大ソマリ主義も汎《はん》アフリカ主義も信じない。私が信奉するイデオロギーは、政治的サバイバルのイデオロギーだけである」と言って憚《はばか》らない大統領バーレに支配された破綻国家だった。こうした考え方のおかげでバーレはサバイバルに成功し、「アフリカの角」を苦しめた数々の紛争をくぐり抜けた末に追放されるまで、二二年間にわたってソマリアを支配した。バーレの失脚後、国家としてのソマリアは崩壊し、住民を殺戮《さつりく》する私兵をともなった氏族指導者に分断支配された。ムハンマド・ファッラ・アイディードに率いられたハーバー・ギディル氏族は、その中でもっとも大きな勢力の一つで、対立する勢力の後ろ盾となっているとおぼしきアメリカがソマリアに軍を駐留させていることに強く反対していた。アイディードの捕獲・暗殺作戦にたびたび失敗したアメリカは、遂にアイディードとその盟友たちが一軒の民家に集まるとの情報を察知し、ヘリコプターで精鋭部隊を空から突入させ、アイディード派幹部を拘束したのち、陸路で車列を組んで現場を離脱するという作戦を立てた。

しかしこの作戦は、不幸にして無残な結果に終わった。最新鋭の武装ヘリコプター、ブラックホーク二機が撃墜され、ほかにも二機が損傷し、地上部隊は、通りにバリケードを築いて待ち構える何千人ものソマリア人武装勢力のわなにはまった。撃墜されたヘリの乗員と地上部隊の多くが包囲されて一晩中攻撃に晒され、翌日にならなければ彼らを救出することはできなかった。結局のところ、作戦そのものは大失敗に終わったが、アメリカは兵士救出のためにしっかりと行動した。兵士の生命がとても尊いと考えられている通り、アメリカは撃墜されたヘリの乗員を救出して帰還するために部隊を投入した。

読者は、こうした行動は当然のことと思うかもしれないが、これは独裁者にはみられない態度であることを、「アフリカの角」におけるエリトリアとエチオピアの紛争を例に、説明しよう。

アファベトの戦闘（一九八八年三月一七〜二〇日）は、エチオピアからの分離独立を目指すエリトリアにとって、数十年来の戦いのターニング・ポイントとなった戦闘だった。すでに述べた通り、エチオピアは、ソ連からの軍事援助であり余るほどの装備を持った五〇万の強力な軍を保有していた。一方、エリトリア側の装備はといえば、実質的にエチオピア軍から奪ったものに過ぎなかった。

エリトリアの武装勢力（エリトリア人民解放戦線、ＥＰＬＦ）は、通常のゲリラ戦法から正面攻撃に戦術を変えることを決定してエチオピア軍に挑んだが、エチオピア軍は一六時間にわたって頑強に抵抗した。ＥＰＬＦのメスフィン司令官は、再三にわたって退却するように進言されたが攻撃を強化し続けた。逆にエチオピア軍の指揮官たちは要塞化されたアファベトの町まで退却することを決定し、七〇輛の車輛で車列を組んだ。彼らにとって不幸だったのは、退却中にアド・シルム街道という細道を通過しなければならなかったことだった。先回りしたＥＰＬＦの戦車が車列の先頭のトラックを攻撃し、エチオピア軍の車列は立ち往生した。

エチオピア軍司令部は、重火器が敵の手に渡ることを恐れた。エチオピアは、幸いにもかなりな規模の空軍を具《そな》えていたので、立ち往生している同国人と友軍将兵の救出を試みる代わりに、二時間にわたる空爆を敢行し、すべてを灰燼《かいじん》に帰した。エチオピア軍のモットーは「使える兵器を置き去りにするな」で、エチオピアの将軍に言わせれば「退却するときには、兵器は破壊する方がいい。これは戦争の鉄則というものだ。もしも、兵士が兵器から離れることができないなら、双方まとめて爆破してしまえ」ということになる。

エチオピア軍の犠牲者がおそらく一万八〇〇〇人ほどに上ったこの戦闘について、知っている読者は稀《まれ》だろう。それに引き換えアメリカ人なら、一〇〇〇人のソマリア人武装勢力を殺害しながら、アメリカ兵一三人の犠牲者を出した大失態のことは、よく知っているだろう。

民主国家の本音

民主国家同士は滅多に（決して、という論者もいるかもしれない）戦争をしない。このことは、民主国家が平和愛好国家だと言っているわけではない。民主国家は他国と戦争をするのを尻込みするわけではない。しかし、民主国家同士が静かに平和を保っている裏の事情は、どうすれば世界をもっと平和にすることができ、そしてなぜこの目標を達成することがとても難しいのかを理解する糸口になるだろう。

民主的指導者は政策を成功させる必要があり、さもなければその地位を失う。こうした理由から、彼らは勝利が見込める場合にだけ戦争をする。もちろん著者が引き合いに出して論じてきたケースのように指導者が見込み違いを犯す場合があり、そのような場合には戦況を好転させるべく、彼らはさらに賭けに打って出る。これはまさにベトナムで起きたことで、アメリカは利のないところに膨大な数の兵士と巨額の戦費を投じた。長く、金のかかる年月を経た末に、ようやくアメリカが交渉によって達成した和平といえば、ベトナムをすっかり北ベトナムの社会主義体制に塗り替えてしまうものだった。

もしも著者の見解が正しいなら、大きな盟友集団に依拠する国同士は、ほとんど滅多に戦争をしない。著者がそう言う理由は、民主主義者はほぼ確実に勝てると信じる場合にだけ戦争をするからである。しかし、どうすれば敵味方双方がこうした確実性を信じ続けることができるのだろうか。みてきた通り、独裁者は確実な勝利にこだわる必要はない。その代わりに、大したことはない敗北によって自分が被る帰結に比べれば、かけがえのない盟友たちに報いてやれなかった場合に自分が被る帰結という、もっと大きなリスクを賭けるだけの大義名分がある。そこで、もう少し政治的サバイバルの論理に沿って考えてみれば、二人の民主主義者が互いに戦争をしたがらないという理由だけで、一方が他方に対して武力を行使しないとは言い切れない。大きな盟友集団に依拠する体制では、一方が他方に対して武力行使をすれば、確かに対立する相手と交戦する準備ができているかもしれない。そのときはどうなるのだろう。

大きな盟友集団に依拠する指導者は、紛争が不幸にして戦争にまでエスカレートすると考える限り、事態を一部エスカレートさせる階段を一段上って敵に譲歩を迫るか、自ら譲歩してみて、もしも相手が戦う準備をしており、こちら側に戦争を正当化する勝利の可能性があまりに小さいと判断したときには交渉の道を選ぶことができる。さて、紛争の両当事国がともに大きな盟友集団に依拠する民主国家の場合を想定してみよう。大きな盟友集団に依拠する体制の政治的論理は、大きな盟友集団に依拠する体制は相手が充分に弱く、反撃するよりも交渉する方を好むと予想される場合に限って、相手を攻撃するというものである。攻撃を受けた民主国家は、反撃の道を選択した場合には懸命に奮闘するだろうから、攻撃を仕掛けた民主国家は、圧倒的な軍事的優位を備えているか、備える能力をもっていなければならない。あるいは、相手方が勝利を信じるに足るだけの国力を持っていないという確信がなければならない。したがって、攻撃を仕掛けた民主国家は、相手が勝利するはずがないことを確かめておかなければならない。この点は、民主国家間の軍事的正面衝突においてはもっとも重要なことである。一九六五年にジョンソン政権下のアメリカがドミニカ共和国を攻撃して民主的に選挙されたボッシュ政権を倒したような、アメリカが脆弱《ぜいじゃく》な民主国家を攻撃した歴史、一九二三年のフランスによるワイマール共和国侵攻などこの手の事例には枚挙に暇《いとま》もないほどである。

民主国家同士が戦わないというのは、まさにその通りである。むしろ、民主的大国は、相手が民主的であろうとなかろうと、反撃してこないかあっぱれな戦いをしないことを予測して対立する弱小国に狙いを定める。事実、そうしたことは民主国家が帝国主義的あるいは植民地主義的な拡大の過程で、ほとんど勝ち目のない弱小国と交戦してきた歴史のすっきりとした説明と見なされている。

こうした弱い敵を痛めつけるという民主国家の悪癖は、なにも今に始まったことではない。過去二〇〇年あまりの戦争をみれば、民主国家は自らが仕掛けた戦争の実に九三パーセントに勝利し、これとは対照的に、非民主国家は自ら仕掛けた戦争の約六〇パーセントにしか勝利できていない。

一九九四年の一般教書演説においてアメリカ大統領クリントンは、「民主的体制同士は戦争をしない」のだから「我々の安全を保障し、平和を維持する最良の戦略は、外国の民主主義の発展を支援すること」だと宣言した。これはアメリカ大統領に共通のテーマだが、不幸なことに行動が理屈に伴っていない。もっと不幸なことは、未だに問題は大統領のレベルにではなく「我ら、人民」のレベルに横たわっていることである。

民主主義において政策に失敗した指導者は有権者によって排除される。民主的指導者なら、自分は外国の人々が自らの将来を決定する権利に関心を払い、実際にそのようにすると言うかもしれないが、もしも指導者の地位にとどまりたいなら、まずは有権者が望む政策を実施するだろう。さきに著者はいかにして民主国家が外国援助を使って政策を左右するかを検討した。もしも、民主国家が外国援助を使って政策を左右するのに失敗するか、あまりにも費用がかかる場合には、軍事力の行使は常に次のオプションとして存在する。軍事的勝利は、勝者に政策を選ばせるのである。

私たちは、温情主義に基づいて、また外国人が長年にわたって最良のものと心に抱いてきた政策を実施しているというふりは、すべてやめてしまうべきだろう。政策はそういうものではない。政策は、民主的体制の支持者の利益のために実施され、ときには不愉快なものでさえある。たとえばアヘン戦争（一八三九〜一八四二年、一八五六〜一八六〇年）は、イギリスが中国からの輸出品の購入代金をインドで栽培したアヘンによって調達しようとしたことからこの名前がついた。中国は、アヘン中毒国家になるのを渋ったので、イギリスは武力を行使して中国をアヘン市場にし、香港をイギリスが公然とアヘン貿易をするための拠点とした。アヘン戦争の終結は、公式には南京《ナンキン》条約と北京《ペキン》条約とされているが、中国人はこれらを不平等条約の典型とみなしている。

政策的解決を模索するのにともなう問題の一つは、民主国家の軍隊が撤退した後に征服された国民が約束に背くことであり、湾岸戦争がそうであったように解決策の実施に膨大な費用がかかるかもしれないことである。よくある解決策は、フセインに対しても使われた指導者の首の挿《す》げ替えである。外国民主国家は、自分たちに都合の悪い外国の指導者を排除して意のままになる傀儡に挿げ替える。外国の侵略の後にトップに上り詰めた指導者は、得てして勝者によって据えられた指導者である。民主的に選挙合意を履行すると民主国家が信用できない厄介な指導者は、往々にして排除される。民主的に選挙されても、ベルギーやアメリカ政府の気に入る政策を実施しなかったコンゴのルムンバは、いつの間にか死に、アメリカやベルギーが好む路線に従うように準備された、どうしようもない後継者に挿げ替えられた。フランスもその点では変わりはない。どちらかと言えば、リビアやアラブに友好的な政府の代わりにフランスの友好的な政府を樹立するために、かつての植民地だったチャドに侵攻した。

民主的指導者は、民主化することを求めていると口にする。しかし、現実には彼らが民主化に興味を示したことは滅多にない。外国において、権力の支持基盤が大きくなればなるほど、操り人形を操る国のではなく、自らの国民の求める政策を実施することを指導者は余儀なくされる。もしも民主的指導者が、自らが指示した政策を実施するように外国の指導者を従わせようとするなら、傀儡を民主的な民意の圧力から自由にする必要がある。これはつまり、征服された国における権力支持基盤を小さくするということである。そうすれば、より安い費用で、より容易に傀儡政権を操り、政策を買うことができる。アメリカの外交政策は、アメリカの国益に合致しない政策を進めようとしたという理由で、公然とあるいは秘密裡に民主主義の発展を切り崩した事例に溢れている。一八九三年のハワイ女王リリウオカラニ、一九七三年のチリのアジェンデ、一九五三年のイランのモサデク、一九五四年のグアテマラのアルベンスはみな、こうした悲運に見舞われた。

海外の民主主義は、理論上はすばらしいと信じるに足ることである。しかし実際には、おそらくそれは「我ら、人民」が望むものではないだろう。そこで、エジプトとイスラエルの紛争、そして民主化に話を戻そう。西欧の民主国家は、かつては断固としてではないにしてもムバラク政権下のエジプトでの不正な選挙を非難していた。ムバラクが失脚した今日、彼らはエジプトにおける真の民主主義がイスラエルの友人たちの利益に反するのではないかと懸念している。ムバラク政権下でエジプトが援助資金と引き換えにイスラエルとの和平を保ったことは、確かに金のかかる話であったが、エジプトで民主化が進展することは、少なくともエジプトに民主主義が根付くまでに、さらに平和の維持にコストがかかり、またエジプトが成熟した民主国家になったときには、その指導者は勝利を確信した暁にはイスラエルと戦うようになるだろう。私たちは民主化されたエジプトと民主的なイスラエルが長期にわたる相互信頼と理解、寛容を醸成することを希望することができる。しかしながら、イスラエルがこの長期にわたる期間を生き延びることができない可能性もある。

民主国家が戦争を仕掛けるとき

一般に民主国家同士は戦わないということが真実であるにもかかわらず、私たちは民主国家が一方的な紛争を仕掛け、ときにそうした紛争が弱い方の無条件降伏に終わることを知っている。仮に民主的なエジプトが軍備を整えて軍事行動を開始したら、ちっぽけなイスラエルはアメリカかＮＡＴＯがイスラエル防衛のために多大な努力を払わないかぎり、持ち堪《こた》えられる望みはない。ただ、民主的なエジプトがイスラエルを攻撃することを想像するなどとは、一八〇〇年代に勢力を広げつつある合衆国に、平原に住むアメリカ先住民が取引をもちかけるくらいあり得ない話だろう。民主化は、原理として聞き心地がいいだけに過ぎない。

もちろん、著者がシニカルすぎると思う読者は多いだろう。民主化を唱える人々は、好んで成功例を挙げる。ただ、こうした成功例――ドイツ、日本、韓国、台湾――は、国民の価値観がおおむね、数十年にわたって巨大な共産主義の隣国に抵抗するというアメリカの価値観に一致した国々で起こっている。

海外の民主化にまつわる問題は、「我ら、人民」の前に横たわり続けている。大抵の場合、私たちは外国が、彼らがしたいようにではなくて、私たちがしたいように行動してくれることを好むだろう。しかしながら、もしも利害が一致すれば、とりわけ、政策に影響を及ぼすことを願っている対抗勢力が存在するときには、民主化はもっとうまくゆきそうである。第二次世界大戦後の民主化の成功事例は、まさにこのカテゴリーに属するものである。一般論として、西ドイツと日本の国民は、ソ連が提唱するヴィジョンよりもアメリカが望むことの方を好んだ。共産主義に抵抗する強力な国家を建設し、奮闘努力することはアメリカの利益のひとつだった。アメリカ、イギリス、フランスは、占領国としてドイツを民主化の方向に向けたかもしれないが、ドイツが民主化したのは彼らにとって都合が良かったからに過ぎない。外国から民主化を押しつけるのに、こうした利害の一致は珍しいことである。

孫子が、長い間戦争についての研究で影響を及ぼしてきたのは、明らかに彼の助言が小さな盟友集団に依拠して支配する王や専制君主にとって正しい助言だったからである。他方で、ワインバーガー・ドクトリン――最近ではパウエル・ドクトリンに取って代わられたようだが――がアメリカの安全保障政策に影響を及ぼしてきたのは、それが大きな盟友集団層に依拠する指導者にもっとも適切な行動を推奨しているからである。

私たちはこれまでのところ、比較的大きな盟友集団に依拠する体制では戦争をするかどうかの決定はきわめて選択的であって、小さな盟友集団に依拠する体制ではそうでないことを見てきた。民主国家では交渉が成果を上げられず、自分たちの軍事力が圧倒的に優位なとき、あるいは戦わなくては政治的なサバイバルの可能性が極めて乏しいときにだけ戦う。さらに、戦争が不可避的になったとしても、大きな盟友集団に依拠する体制では、苦戦を強いられれば、さらに勝つための努力を傾注する。小さな盟友集団に依拠する指導者は、もしもっと奮闘すれば、取り巻きの忠誠心をつなぎ止める見返りにバラ撒く国家予算の多くを使い果たしてしまいそうなら、そんなことはしない。そして戦争が終わったときには、大きな盟友集団に依拠する指導者は、平和の回復と、占領するか傀儡政権を樹立するかして、戦争までして追求してきた政策目標を達成するためにさらに努力を傾注する。小さな盟友集団に依拠する指導者は、大概の場合は仲間内で山分けするために金目のものを持ち去ってしまうか、征服した地域を自国の領土に併合し、長期間にわたって勝利がもたらした経済的成果を享受する。

クラウゼヴィッツは、戦争を正しく捉えた。戦争というものは、おそらくは日々の国内政治と何ら変わらないのだろう。「単なる戦争」をめぐる哲学的なあらゆる話にしても、あらゆる力の均衡と国益をめぐって戦略を練るにしても、結局のところ戦争とは他のすべての政治と同じように、権力の座にとどまり、できるだけ多くの資源を恣《ほしいまま》にすることなのである。このように推論し、戦争を著者が論じてきた様々な政治の病理と同じように常態と見ることで、戦争というものを理解し、明確にすることが可能になる。

第 10 章

民主化への決断

リーダーは何をなすべきか

What Is To Be Done?

今の苦境は変えられる

人には、何をするにしても二つの理由がある。
ひとつは口実、もうひとつは本当の理由である。

——J・P・モルガン

一九〇一年の末、レーニンは『何をなすべきか』という革命的な論文を発表した。この本で、彼は、人民の前衛としての共産党を結成する正当性を問いかけたが、私たちはレーニンの問いかけの背景よりも、その問いかけ自体に大いに興味をもち、同時に、三年後に発表した論文で彼が意図しないままに出した（まったく別のコンテクストで書かれたにもかかわらず、まことにふさわしい）『一歩前進、二歩後退』という答えにも好奇心をそそられる。現実の政治とビジネスの世界では、一歩前進、二歩後退で問題に対処し、結果的に直面する問題に対して何の進歩もないことがやたらと多すぎる。リーダーが資金を恣《ほしいまま》に利用することを許すのは今日に至る既存のルールだから、後戻りというのも、リーダーが問題に対処する、そして処理すべき方法のひとつだろう。政治を操る新しい方法を拙速に採用するなど、リーダーにとっては打倒されるリスクを高めるだけのことかもしれない。

これまでの九つの章にわたる、著者の政治をめぐるシニカルな——しかし、正確かどうか心配な——政治についての考察をふまえて、そろそろレーニンの最初の問いかけ——何をなすべきか——に真剣に向き合うときが来たように思う。そして著者は、これまでの支配をめぐる教訓をふまえたうえで、レーニンよりもすばらしく、かつ民主的な答えを出したいと思う。

　控えめにいったところで、世界を変えるのは難しい。そうでなければ、世界はとうに良くなって、悲惨な事態もとうの昔に解決されていただろう。経営者が金持ちになる一方で、株主が一文無しになるようなことは、昔の話になっていただろう。しかし、変革にともなう難題は、一部の人々の暮らし向きが良くなれば、それ以外の人々が困窮するということであり、また人々が直面する問題を解決するためには、リーダーのクビを挿《す》げ替えなければならないということである。変革によって傷つくのがリーダーや経営者――最初に変革をリードした人物――だとしたら、放っておけばこの先、変革など起ころうはずもない。

　本書の冒頭から、どうあるべきかではなく、どうなっているのかということに着目しなければならないと書いたが、ここからは、どうあるべきかについて少し論じたいと思う。まず念頭に置くべきことは、完璧を求めても少しも改善に結びつかないということである。万人にとってのユートピアを夢見るなど時間の浪費であって、多くの人々のためにより良い世界を築くという難事業に取り組まないための口実に過ぎない。

　人が求めるものは千差万別なのだから、万人にとってすばらしい世界などあり得ない。リーダーからみて取り替えのきく者、影響力のある者、そしてかけがえのない盟友にとっての善を政治の世界に求めることは、すなわちリーダーとその支持者にとっての善をその他すべての人々にとっての善とするに等しく、あり得ない話である。万人が同じものを求めているのなら、世界中で悲惨な事態は起こらないはずである。つまり、私たちは、世界を良くしようと頑張っているにせよ、政治の現実に足を取られているのである。このような苦境は、変えられないものではない。きっと、私たちにできることは、変革を求める人々のニーズを満たすことに違いない。希望的観測を持つことは、思考停止することではないし、完璧な解決策は、私たちの目標でもよく頑張った人の目標でもない。統治における小さな改善であっても、それは結果として多くの人々や株主にとっての大きな進歩になるかもしれない。

曲げられないルール

世間の注目を浴びる企業の株主が抱える問題、民主国家と第三世界の独裁国家に住む国民の生活の質、これらには世界を良くする、ある共通の原理が存在する。著者は、特定の状況における特定の問題に取り組む前に、これらの共通点について明らかにしておく必要があるだろう。

読者が本書から学ぶことがあるとすれば、それは人の振る舞いの背後にある動機に対する疑念だろう。理屈のうえの原理原則や権利といったものは、所詮、上辺の動機に過ぎない。J・P・モルガンは、そのことをよく理解して、個人が利益と、何であれ地位を守るには、何らかの原則的な方法があるといっている。たとえば、アメリカは、チャベス政権下のベネズエラや金正日《キムジョンイル》政権下の北朝鮮のような国で、政府に抗って自分たちの未来を自分たちで決めたいという国民の叫びを支持している。その一方で、バーレーンやサウジアラビアのような友好国や同盟国では、民衆が政府の打倒を叫べば、アメリカ政府は政治的安定の維持を呼びかける。つまり、自由や政治的安定というのは、現に権力の座にある者を好ましく思っているという本当の理由から選択的に抜き出した表向きの理由、すなわち口実にすぎない。世界に蔓延《まんえん》する邪悪さについて考えるときには、まずは、その主役たちが何を求め、どんな政策や変革が彼らの福祉に影響を及ぼすかを見極めることである。変革しようとする者なら、人々の上辺だけの台詞を聞けば、彼らの変革が行き詰まることがわかる。

誰しも変革に関心を示すが、リーダーからみて取り替えのきく者、影響力のある者、かけがえのない盟友、そしてリーダー自身が何を変革するかという点で、一致しないことが往々にして起こる。リーダーの好みは、多くの取り替えのきく者と少数の影響力のある者とわずかなかけがえのない盟友という取り合わせである。だから、ビジネスの世界では数百万人の株主と少数の大口投資家と一握りの役員が、経営者に対していかに会社を傾かせたかに関わりなく、気前良く高額の報酬を約束するような会社がいくらでも存在する。というのも、人類の歴史上、人道主義的な行為の多くは、貧しい人々から金を奪って金持ちをもっと金持ちにするケチな暴君によって支配されてきたからである。

民衆は――有権者集団の一員だろうが、公民権を剥奪《はくだつ》されていようが――、自分たちが属する取り替えのきく者の集団は大きい方がいいと考えるのと同時に、他の集団も大きいに越したことはないと考える。民衆がより良い暮らしを手に入れる絶好の機会は、リーダーの盟友集団と影響力のある集団の規模の拡大によってもたらされる。あわよくばそうした集団に潜り込む機会を得て、たとえ盟友集団には入れなかったとしても、リーダーがもたらすおびただしい公共財のお零《こぼ》れにあずかることである。すでにみてきた通り、革命組織が通りで民衆の支持を獲得するためのデモを行い、その結果、民衆の取り分が良くなる兆しがある。しかし、このような大きな盟友集団方式においても、民衆は、いつも欲しいものすべてを手に入れることができるとは限らない。彼らが望むのは、一時に多くを得ることである。

改善を持続させるという観点から、もっとも興味深い願望を持っている集団は、リーダーにとってかけがえのない盟友たちである。ときに彼らは事を起こすことのできる集団である。彼らは、自分たち自身が切り捨てられるかもしれないような、盟友集団をさらに小さくするような考え方は好まない。しかし、同時に、かけがえのない盟友集団をより小さくすることが最終的には自分たちの取り分を増やし、巨万の富をもたらすこともわかっている。政治の中枢にいる者が、どのようなときに制度的変革を模索するかは複雑であるが、彼らが支持する、あるいは支持しない変革を理解するためには、彼らが何を欲しがっているかを理解しなければならない。

権力の座にある者に取って代わろうとする挑戦者が少なければ少ないほど、少数の有権者集団のような盟友集団の一員の幸福は長続きするのだから、彼らはリーダーの小さな権力存続基盤を好む。頂点に君臨するリーダーも、自分の取り分を増やすために大したことのない支援者と盟友のクビを挿げ替えるなどというあからさまな手を使うことはできない。このことがリーダーと彼の盟友集団の間に微妙な緊張関係を生み出す。リーダーは、クビを挿げ替えるための新しい支援者を盛んに取り込めるような、レーニン式の不公正でインチキな選挙制度の導入を願い、盟友集団は、盟友集団に新たに参入することのできる貴族階級、聖職者、エリート軍人を厳格に選別できるような君主制的、神権政治的あるいは軍事政権的な組織編成を好む。

リーダーとそのかけがえのない盟友たちは、少なくともその人数が少ない限りは、ともにその小さな盟友集団に依存することを好む傾向がある。しかしながら、盟友集団の人数が増加すると、リーダーの願望と盟友集団の欲求の間に楔《くさび》が打ち込まれる。この楔が充分に大きくなれば、独裁的支配に逆戻りすることのない、安定し、成熟した民主主義が出現したという説明が成り立つ。盟友集団が拡大するにしたがって起こる私的財の減少と公共財と社会的生産性の増加の結果、盟友集団の制度的変革の欲求も変化する。

盟友集団は縮小すべきか拡大すべきか

私的財の減少と引き換えに公共財が増加するというややこしい話を理解するには、本書が焦点を当ててきたリーダーシップの強化をめぐる視点に特定の人数を当てはめた構図が役立つだろう。人口一〇〇人、支配層として当初樹立された政府を構成するのは二人という国を想定してほしい。盟友集団は、政府の二人、他方で実に多くの取り替えのきく者（九八人）がおり、税金は高く、勤労意欲と生産性は低く、その結果、国民の総所得も低い。国家の歳入は一〇万ドルで、その半分が政治家のポケットに入り、残り半分が国民の衣食住その他を賄うために支出される。頂点に君臨するリーダーの取り分を無視すれば、盟友集団の二人は無課税の所得のほか政府の歳入から五万ドル、すなわち一人二万五〇〇〇ドルを手にすると仮定する。つまり、盟友集団は、どのような職であれ支配層に属さないで働く者よりも稼ぐことにほかならないというのが状況設定である。

さて、盟友集団が拡大していった結果を描いてみよう（図10－1）。当初から盟友集団だった二人が手にした見返り（私的、公的双方から得た利益）を新たに盟友集団に加わった人々が手にしたそれと比較している。盟友集団に加わった者の税額は、〇・五一パーセント減少する（三人の場合は、税率は五〇パーセントから四九・五パーセントに減少する）。国家の歳入は、盟友集団が一人増えるごとに一パーセント増加する。公共財のための歳出は、盟友集団が一人増えるごとに二パーセント増加する。すなわち、盟友集団の人数が増えるにしたがって、税率は下降し、生産性は上昇し、公共財に支出される政府の歳入の割合は、私的見返りを犠牲にして増加する。このことは、前章までで著者が説明してきた一般的なパターンである。

ここからわかることは、当初、盟友集団が増大するにつれて、彼らの福祉は後退するということである。新たな支援者が盟友集団に加わるにつれて私的財は大幅に減少するのだから、従来の盟友集団は損をすることになる。しかし、盟友集団がかつてないほどに大きくなると、公共財の減少の程度は穏やかになる。大まかな予測では、当初の二人の盟友集団が手にしていた見返りは、人口の三分の一が加わることでそれぞれ三分の一減少する。この減少分は、公共財を利用する可能性が大きくなることによって、また社会の生産性が向上することで埋め合わされるが、社会から得るものと引き換えに私的に大きな損失を被ることになる。こうした転換は、当初から盟友集団が多い場合には、異なる作用をする。では、ふたたび大まかな予測だが、盟友集団が六人いる場合を想定して費用対効果を検討してみよう。ここに七人目の盟友が加わった場合、当初の盟友集団は社会的利益と引き換えに個人的な利益の七分の一を失うことになる。個人的見返りの損失分は、盟友集団の人数が増えるにつれて減少し、盟友がその拡大に反対し続けることはなくなり、さらなる人数の増加を支持するようになる。以上のことから、この簡単な例からわかることは、盟友集団の人数が七人程度になったあたりから、盟友集団はその人数が増え続けることを好むということである。そして、彼らは「盟友集団は、少数に保て」という権力を維持するための「第一にルール」を守り続けている彼らのリーダーとの間に不協和音を生じさせる。

フセインの失脚から、成熟した民主主義の安定化にいたる制度的変革の論理をめぐる特徴を多く読

図10-1　かけがえのない者と一般市民の福祉

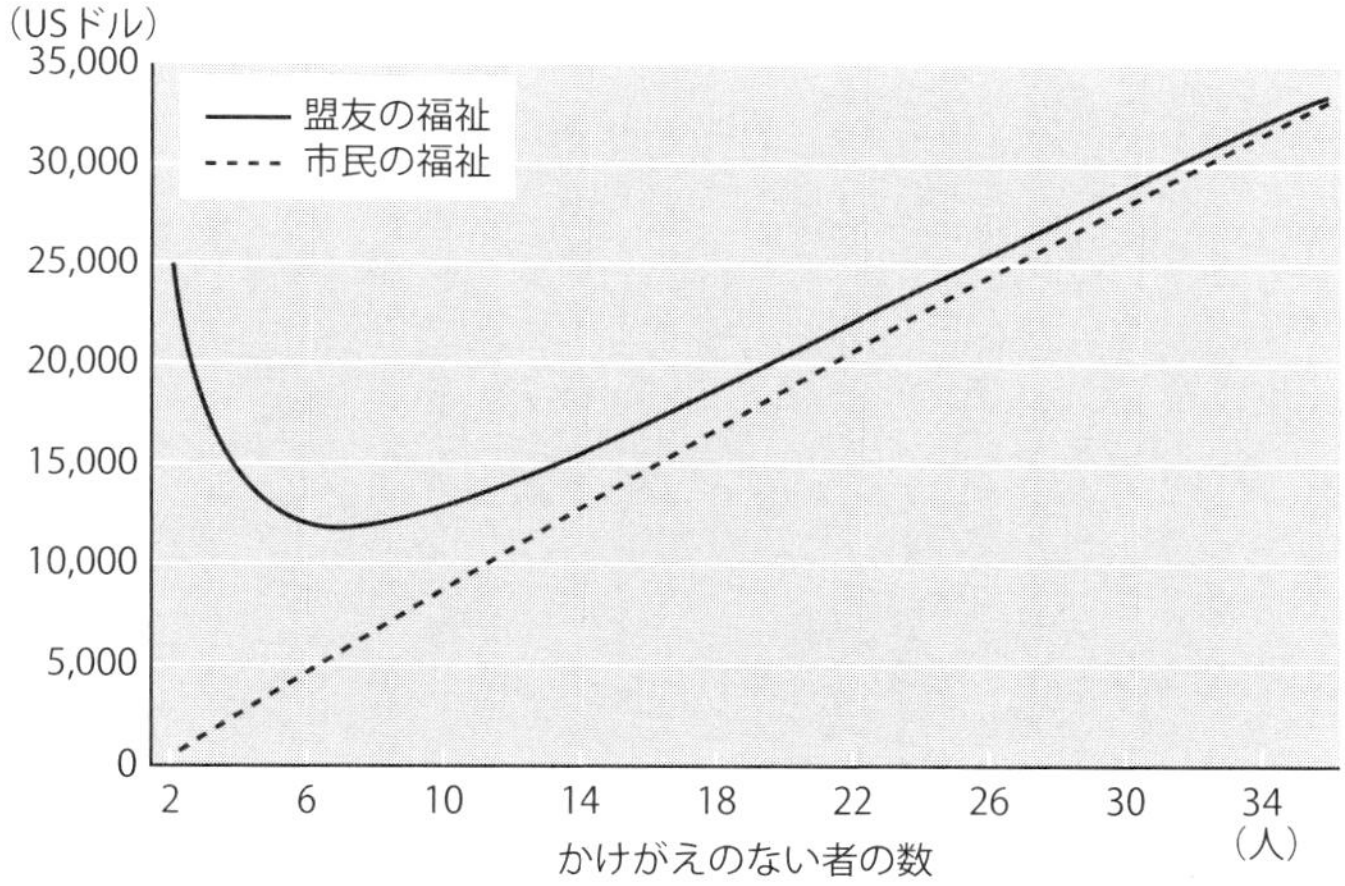

み取ることができる。小さな盟友集団がいるところでは、リーダーは、他の構成員を粛清することで、既存の構成員からの忠誠を強化することができる。これは、盟友集団が一人から六人の部分に相当する。もちろん、自分が生き残る見込みがなければ、誰も粛清なんて望まない。サダム・フセインによる粛清をまのあたりにして、バース党員が恐怖におののき、フセイン失脚後、生き延びた者たちが喜びあったのは、まさにそういう理由からだった。フセイン失脚後も盟友集団が生き残ったことは、彼らがもっと多くの私的な見返りを手に入れたことを意味した。

もしも、盟友集団が六人以上に当たるように、人数が当初から多かったとしたら、粛清やクーデタを企むことはますます難しくなる。現在のリーダーであれ、それに取って代わろうとする潜在的なクーデタの首謀者であれ、盟友集団を減らすのについてきてくれる支持者を獲得するのはますます困難になることはわかっている。たとえば、粛清の前からいた構成員が、盟友集団をあえて三人に縮小するような粛清の後も得をするのなら、当初一〇人の盟友集団をもつリーダーが、そのなかから粛清の後に得をする支持者をみつけることは可能である。そして、こうした粛清の汚れ仕事に当然のご褒美として、粛清の実行犯は、自分の名前が抹殺されるべき人物のリストに載らないことを強く確信する。

盟友集団の人数が多くなったら、リーダーが盟友集団に粛清をさせたり、ライバルがクーデタを画策したりすることはほぼ不可能になる。これが、成熟した民主主義の安定性である。たとえば、一旦、盟友集団の人数が二七人を超えたら、たとえリーダーが盟友集団をあえて二人に縮小するような話を言い含めることができたとしても、リーダーは、支持者に対して見返りを与えられなくなる。

政治生命を保つのに必要不可欠なことは、人々が政治生命の維持に最善を尽くすことである。そこでリーダーは、逼迫《ひっぱく》した状況下に追い込まれでもしない限り、庶民が民主化を求めようが、かけがえのない盟友が強く求めようが、盟友集団を拡大しないことである。かけがえのない盟友集団は――クーデタや粛清によって――地位を保持し続ける盟友集団の数が減ることで得をする。彼らは民主化によっても得をするから、すばらしく建設的なものであれ、恐ろしく破壊的なものであれ、変革にもっとも大きな期待を寄せる集団である。彼らには「一歩前進」する可能性も「二歩後退」する恐れもある。盟友集団からはずれる恐れによって、彼らは二歩後退の犠牲者となる危険を冒すよりは一歩前進の途《みち》を選ぶ。盟友集団の顔ぶれが変わる恐れが高いタイミングと環境でこそ、政治の中枢にいる者の間に民主主義に対する共感を生み出すものである。

贅沢な暮らしを満喫する小さな盟友集団は、他方でリーダーが盟友集団の数を減らしたいと思い、自分たちが切り捨てられるかもしれないという恐れに駆られ、自分たちの特権が目減りしても盟友集団を大きくしようとする。たとえ、特権が目減りするとしてもすべてを失う危険よりはましである。そこで、国民であれ、株主であれ、多くの人々の生活を改善したいという主張を盟友集団や株主がもっとも受け入れやすいタイミングは二つある。ひとつは、リーダーが就任したときであり、もうひとつは、リーダーが残された時間が少ないほど老いぼれたときである。こうした環境の下では盟友集団は現在の地位を保ち続けることを当てにはできない。しかも、リーダーが権力の座に就いたときと権力の座から降りるときは、盟友集団が切り捨てられる危険がもっとも高く、同時に、盟友集団がもっとも変革を受け入れやすいときである。もっとも効果的な変革は、盟友集団が自らの勢力を拡大することで、それは、現在権力の中枢にいる者も含めてみんなが次のリーダーに必要とされる絶好の機会となるだろう。

盟友が民衆と手を結ぶ前に

いつ、変革に踏み切るのかというタイミングだけが問題ではない。国民に歓迎され、福祉を改善することのできる変革には周囲の環境というものがある。リーダーが深刻な経済危機に直面しているとき、盟友集団は豪華で壮麗な生活に終止符が打たれようとしていることを肝に銘じておかなければならない。これは、ときに企業が詐欺的行為に手を染める動機のひとつである。CEOや重役たちは、経営に失敗したら自分たちは会社を追い出されることを理解しているので、窮地を挽回するために経営陣が手を拱《こまね》いていたことを隠蔽《いんぺい》し、保身を図る。最初の年は、こうした方便の嘘《うそ》はうまくいくだろう。それでも状況が好転しなければ、毎年つく嘘は少しずつ大きくなって、果ては経営報告がまったくの作り話になり、遂には、経営者が詐欺罪に問われる。

すでに学んだ通り、リーダーの目からみて国の経済が大きな問題を抱えているときというのは、リーダーが盟友集団の忠誠を繋《つな》ぎ止めるだけの充分な金を持っていないことを意味する。リーダーにとってかけがえのない盟友たちが享受してきた特権が失われ始めれば、彼らは変革の可能性を考え始めるだろう。彼らは、金をより効率的に使うためにリーダーが盟友集団を切り捨てたがることもわかっている。そこで彼らは、自分が切り捨てられたくないばかりに、将来の身の安全と生活の安泰のために、特権を他人に譲り渡して自分たちの集団の拡大を図る。盟友集団は、環境に応じてルールを変えたがる人々ではない。経済危機がことのほか深刻で（援助国も手を引いてしまったら）、リーダーだって盟友集団が自由化を模索するかもしれないと考えるに違いない。民主化は、長期にわたる彼らの安泰な将来を危険に晒《さら》すが、今日支持者に見返りを与えておかなければ、明日の選挙に勝てないかもしれないというのは、決して現実離れした考えではない。

愚か者が国や企業を支配することは滅多にない。大概のリーダーは立派で、盟友集団を繋ぎ止めておくための金を失うような経済環境にあっても身に迫る危険を察知することができる。このような環境の下では、リーダーさえも政治的に生き残るには変革が最善の手だと確信するかもしれず、リーダーは何か問題はないかと改めて洗い直してみる。蔣介石《しょうかいせき》は、なぜ中国においてよりも台湾で経済政策が大きな成功を収めることができたのか、よく考えてみよう。非常に貧しいものの、蔣介石とその盟友集団を金持ちにするに足るだけの多くの人間が中国にはいたからである。蔣介石とその支持者が台湾に渡ったときに引き継いだのは、島の比較的少ない人口とわずかばかりの資源だった。そして、蔣介石には経済的成功だけが、盟友集団に見返りを与える術《すべ》だった。おそらくはかけがえのない仲間《クローニー》たちの圧力によってか、アメリカの圧力によってか、経済的成功を収める過程で、彼は徐々に盟友集団を増やした。

盟友集団は、変革の機が熟せば、すなわち、もしも公共財や公共の福祉をめぐって必要に迫られて行動を起こさなければ、誰かが先に変革に踏み出すことを自覚しているにちがいない。成功の見込みが充分で、反抗コストを差し引いても見返りが大きければ、誰かが反抗し、頑迷な盟友集団とそのリーダーは四面楚歌《しめんそか》に陥るだろう。チュニジア、エジプト、イエメンその他の中東・北アフリカ地域でみられたように、またHPによるコンパック買収をめぐってカーリー・フィオリーナが展開したプロキシ・ファイトのように、人々は自らの取り分を増やすために大きな危険を冒す。何らかの変革が避けられないと悟ったとき、人々は明晰《めいせき》な盟友たちが大いに好む変革と同じことを主張して勝負に出る。

そこで、抜け目のない盟友たちは、勢力拡大を促すために民衆と手を結ぶ。民衆の側からすればそれは公共財を拡大することを意味し、盟友集団にしてみれば権力の座から放逐される危険を低減することを意味する。たとえば、二〇一一年初頭、ムバラク政権の中枢にあった軍の幹部たちはこのことをよく理解していたようである。彼らは、民衆の運動に屈してそれまでの地位を失う危険に晒されるよりも、民衆の運動を支持して自らの勢力を拡大することで将来のエジプトにおいても確固たる地位を保ち続けることを約束された。

では、変革について学んだ教訓は何だろうか。まずもって、リーダーの盟友たちは、おそらく切り捨てられることに用心深く、鋭い感受性をもっているのだろう。新しいボスが現れたとき、ボスが死にかけているとき、そしてボスが財政破綻しかけているときを思い起こしてほしい。そのようなとき、かけがえのない盟友集団は、自らの勢力拡大を図るために公共心に富んだ政策や民主主義、万民の利益を発展させる誘因を作り出すような主張を展開し始めるだろう。用心深くやればライバルを排除する企みは成功するのだから、権力の座に絶対的に近いわけでもないずる賢い盟友たちは、思いがけない社会の動乱から上手に身を守るために報道の自由や言論の自由、そして集会の自由を主張するだろう。そして、不幸にして他の者に取って代わられたとしても、そうした主張は、自らの身の安全を図るクッションとなるだろう。権力の外にいる者も同じこの教訓からヒント――民主的な変革や企業の経営責任の向上を促す外部からの介入は、リーダーが権力の座に就いたときか、リーダーが死にかけているときに起こる――を得るくらいの賢さは持ち合わせているだろう。

人が何を欲しがっているのか、どのような条件の下で彼らは変革に反対するのか、またどのような環境の下でリーダーの盟友集団は変革を支持するのか、まずはビジネスと企業のガバナンスにおけるアイデアを具体的に見てみよう。

グリーン・ベイ・パッカーズの教訓

ウィスコンシン州の寒冷地に本拠を置くフットボール・チーム、グリーン・ベイ・パッカーズは、ファンへの忠誠という点で注目に値する。試合に勝っても負けても、実にパッカーズのファンはいつもご機嫌である。一九六〇年以来、ホームでの試合はいつも満員、しばしば襲ってくるぞっとするような天気の日でも、観客の来場率は九八・八パーセントに上る。パッカーズは、数多いＮＦＬのチームの中で随一のシーズン通し券のキャンセル待ちリストの長さを誇り、人口一〇万人足らずのグリーン・ベイという市場の小ささにもかかわらず、大都市に本拠を置くチームよりも熱心で、厚いファン層を抱えている。実は、パッカーズが多くのファンを魅了するのは、試合での強さによってではなく、その組織構造によってである。

パッカーズは、アメリカのプロスポーツ界において唯一、非営利の市民球団である。一一万二一二〇人の株主は、主に地元ファンである。発行済み株式は四七五万株に上るが、球団の規約は少数の株主による支配を禁止し、一人二〇万株以上の保有を認めていない。ちなみにパッカーズの役員の定員は四三人であるが、少数の株主が大金を投じて金儲《もう》けのために役員会で圧倒的株式数を占めることは容易ではない、いわば小口の株主を基盤としたチームである。

パッカーズの役員会をカーリー・フィオリーナ時代のＨＰのそれと比較してみよう。ＨＰの役員の定員は一〇人以上一四人以下であったことを思い出してほしい。ＨＰは二二億株を発行していたから、役員は一人あたり一億八五〇〇万株を代表していたことになる。一方、パッカーズの役員は、一万株を代表していることになる。つまりパッカーズには名目上の有権者集団（すなわち発行済み株式総数）の規模に対して比較的大きなリーダー集団――ＨＰの約一七〇〇倍――が存在する。そしてこれはＨＰよりも絶対数でも大きい（四三人対一二人）。会社（チーム）に大いに満足しているパッカーズの株主が、ＨＰにどのような情を抱くかは推して知るべしだろう。

パッカーズの例から導き出せる教訓は、もしも、企業がより大きなリーダー集団を当てにするなら、彼らは株主の利益に奉仕するために、より良い仕事をするだろうということである。しかし、どうすれば経営者が株主の利益に奉仕するガバナンスに関心を向けるのだろうか。

株主にとって何が困難かを考えてほしい。そこには二つの問題、すなわち第一に、大企業には何百万人という小口の株主と一握りの大口機関投資家、わずかばかりの役員株主がいるものである。何百万人という小口の株主は組織化されておらず、その中の誰かが大人数をとりまとめる犠牲を払うのは算盤《そろばん》に合わないのだから、何百万人という小口の株主はいないに等しい。第二に、会社の経営状況に関する情報は、主に二つの情報源、すなわち会社それ自体とマスコミから発信される。証券取引委員会（ＳＥＣ）の年次報告書に目を通す株主はほとんどおらず、大問題でも起こさないかぎり、ニュースが特定の一社に長時間を割くこともない。以上のことから、大抵の場合、株主が社運を賭けた間一髪の事態の収拾に乗り出すには手遅れになってしまう。

ところで、私たちはネットワークの時代に生きている。株主はいつもは使っていなくても、いざとなればツイッターやフェイスブックの「友だち」とのチャットで容易にコミュニケーションを図ることができる。会社を特定したフェイスブックやサイトを立ち上げるのも簡単なことである。ウェブサイトを開設し、頻繁《ひんぱん》に更新している企業がある一方、会社を興したオーナー社長は、膨大な人数の小口株主を組織するために同じようにして意見を交換しようとはしない。何でも書きまくるブロガーはいるが、株主になっている会社についての意見やアイデアを交換している株主交流サイトはないだろう。もしもこうしたサイトがあれば、影響力のある人間、すなわち情報を知らされた株主の数は増すだろう。そしてまず、役員は真に株主によって選任されるようになり、役員会は、多数の小口株主に対して責任を負うようになる。インターネットで盟友集団の人数を増やすというわずかばかりの変革が、世界的なＡＩＧグループや、バンク・オブ・アメリカやゼネラル・モーターズやＡＴ＆Ｔを一握りの重役のための会社から何百万人もの小口株主のための会社へと変容させた。

重役たちは、こうした努力に反対すると考える向きもあるだろう。彼らはずっとそうしてきたように、株主総会を株主に不便なところで開催し、株主が反対意見を言えないほど短時間にすませ、遂には、委任状を取り付けて何百万人という株主を一握りの役員の側につけさせてしまう。こうした安上がりで簡単な方法で意見交換を始めた何百万人という小口株主を抑え込めるものではない。彼らは株主総会を意見を戦わせる場にもお飾りの年中行事にもすることができる。すでにこうしたソーシャル・ネットワークが革命を引き起こして政府を倒す時代になっているのだから、ガバナンスを変革するなどはるかに容易《たやす》いことである。

企業は、意見を異にする者を殴りつける軍隊をもっているわけではない。繋がり合って情報をもった株主の動向を見れば、良くも悪くも株主がCEOの報酬を減額し、良くも悪くも社会的期待に沿うように会社の態度を変えさせ、良くも悪くも従業員に優しい会社か株主に優しい会社にするかがわかるだろう。何百万人もの株主が決めたことは、何であれ避けられないものである。独裁者よりも民主的指導者が市民の欲することをするために多くの制約を受けるように、経営陣は、株主に従わざるを得ない。

ガバナンスが改善しなかったということにもう少し触れておきたい。エンロンの事件が世間を騒がせたとき、アメリカ議会は、表面上は良くなるようにガバナンスを規制することを決定した。読者はすでにご承知の通り、政治家の関心は株主、いわんや市井の人々の暮らし向きを良くすることではない。彼らの関心は、自分たち自身の暮らし向きを良くすることである。議員たちが導入したガバナンス規制が有権者に大変好評だったのは、企業と利害のない者は規制によって傷つくことはなかったからだし、規制は、ガバナンスを良くするものでもなかった。二〇〇二年に採択されたサーベンス＝オクスレイ法は、経営者の欲望を抑えて株主の利益に応えるはずだった。しかしながら、研究に次ぐ研究の結果、そうはならなかったことがわかっている。たとえば、イェール大学のロベルト・ロマーノ教授によれば、統計的にみてサーベンス＝オクスレイ法は、その意図したことを実現していないばかりか、しばしば事態を悪化させているというのである。たとえば、わかりやすい変革——独立した監査役会の設置——でさえ、利益に結びつかない結果に終わっている。コストがかかった割にはガバナンスや経営の改善はみられなかった。しかし、企業が直面する何らかの問題に正しい答えを出すという利害を共有して繋がり合った株主の願いは、政策立案者が腐心する選挙の見通しを良くすることではなく、ビジネスをより良くすることだったろう。

民主主義を定着させる

民主的体制の下では市民の暮らし向きは良いが、そのこと自体は将来もっと良くなることを約束するものではない。本書の冒頭で著者は、私たちは民主的体制下とそれ以外の体制下における権力の盟友集団の人数の間に些細《ささい》な区別をつけようとすべきではないと書いた。また民主主義と独裁政治の間の区別が修辞的に過ぎないともたびたび指摘してきた。このような区別を考える習慣は無駄ではないが、ときとしてこのような大雑把なとらえ方は、大切な区別を見えなくしてしまう危険性がある。著者のアプローチは、私たちが注目する三つの次元において規模の些細な組織的違いに依ることである。

アメリカ合衆国には独立の時点で一三の州があり、同じ選挙ルールに従っていたが選挙結果には大きな違いがあった。政治制度は合衆国憲法に従っていたので、違いは何かほかに由来するものであると考えるのは安易で、実際には政治制度は州によって違っていた。ゲイであることを公表していたハーヴェィ・ミルクが二度の落選を経て、サンフランシスコの市会議員に当選してアメリカ政治史を塗り替えることができたのは、立候補と選挙区割りの規則の些細な改正のおかげだったことからもわかる通り、些細な違いが各州の経済発展と社会発展に大きな違いをもたらしてきた。

北部諸州が南部諸州よりも急速に発展したのは、総じて伝統的には気候の違いと奴隷制の有無によると説明されているが、精緻な研究によって、州ごとの政治制度の違いが発展に影響を与えたことが明らかになっている。この合衆国建国当時の歴史は、今日の民主主義をいかに良くするかという課題にもヒントを与えてくれる。

独立当初の合衆国において誰が投票できるかということは州によって異なっていた。奴隷にはもちろん参政権はなく、二〇世紀に至るまで女性にも参政権は与えられなかった。州によっては財産の多寡や教育水準も有権者資格に盛り込まれた。選挙区割りは郡の境界に沿うのが典型だったが、不適切な議席配分のせいで、当選するのに別の選挙区よりもかなり多くの得票が必要な選挙区もあった。こうした違いは、政治家がかなり異なった数の有権者（取り替えのきく者）に説明責任を負う結果となって現れた。

リーダーを支配するルールは、人口に対して高い比率の支持を要する政治家のいる州では運河や鉄道や道路網が整備されて急速に発展し、さらに高等教育の普及も盛んで、移り住むには打って付けの土地となることを予感させる。一方で、政治家が人口のうち低い比率の支持で当選できる州は、前者に大きく水をあけられる。人口あたりの年収もまた然りで、総じて政治家が人口に対して高い比率の支持層を要する州ほどうまくいっているといえる。

そして、ここから得られる教訓は、はっきりしている。あらゆる州に名目上は同じ規則が適用されるのだから、選挙区割りと立候補の基準が政治制度における競争性と州の発展度合いに違いを生じさせるということである。言い換えれば、選挙区割りと立候補の基準によっては、アメリカは今よりもすばらしい国になることができるということにほかならない。

ゲリマンダーと呼ばれる、立候補者に都合の良い選挙区割りは、とりわけ有害な操作である。これは以下のような二つの相矛盾する結果をもたらす。平均的なアメリカ人は、議会のすることに不満を覚える一方で、地元選出の議員には満足している。後者についてはそれもそのはずで、地元は過半数を得た与党の政治家によって建設され、言い換えればどこの選挙区であれ、有権者の過半数は恩恵を被るだろう。しかしこれこそがガバナンスを悪用していることにほかならない。つまり、数百万人の有権者が自分たちの代表を選ぶ代わりに、少数の議員が選挙民を選んでいるのである。政治家が有権者を選ぶのだから、再選されることは容易く、その結果、選挙民に説明責任を果たさないことは驚くには当たらない。

ゲリマンダーはアメリカにおいてはおおむね一〇年に一度現れる。代表制民主主義を採る多くの国ではもっと頻繁に現れ、代表制の弊害をまき散らしている。現に現れているか、稀《まれ》に現れるかに関わりなく、有権者がその原因を指摘し、戦いさえすれば、ゲリマンダーを退治することは容易いことである。

多くのアメリカ政治の研究者が、現行制度よりも良い選挙区割りの方法を模索してきた。共通のテーマ——選挙区の境界線引きを、有権者をある選挙区に押し込んだり、他の選挙区に押し出したりするために操作すべきではない——をめぐってさまざまな方法が試されてきた。境界線は、大きな山や川といった地理的な原則と地形的な制約に沿うべきである。ひとつの考え方として、選挙区割りを、固有の選挙区の事情を反映するかわりに、ある種のコンピューター・プログラムと、あらゆる選挙区にわたって適用される共通で公正な代表制の原則を立案できる政治学者に委ねれば、ゲリマンダーは大幅に減らすことができる。

カリフォルニアでは、有権者主導ですでにこの方法が取り組まれ始めている。政党から独立した委員会に選挙区割りを委ねようというのだから、政党から独立してどれほどうまくいくかは注目に値する。選挙区内の支持政党の分布を無視したコンピューター・プログラムの導入も、選挙の平等を求めた最高裁判決のみならず公正と不偏不党の精神を実現するにはもってこいだろう。

移民の効果

ところで、移民政策はアメリカと多くのヨーロッパの民主国家において議論の的になっている。どこで起こっている議論も――アリゾナ州のフェニックスだろうが、フランスのパリだろうが、イギリスのシュロップシャーだろうが、カリフォルニア州のサンフランシスコだろうが――理由は、似たり寄ったりである。移民政策には三種類ある。移民が容易に市民権を取得できる場合、移民は外国人労働者として歓迎されるが市民権は得られない場合、そして三つ目は、移民はおよそ歓迎されない場合である。いずれの移民政策を採用するにしても住民集団の規模に大きな影響を及ぼし、結果として政府は自らを維持し、人民を統治するために一定の結論を下すことになる。

市民権を持たない移民は国内の非有権者層の規模を拡大する契機となる。移民は、反抗しなければ、公共財のための需要に応えるための重要な源である。彼らはリーダーからみて取り替えのきく有権者集団の範疇《はんちゅう》にはなく、影響力のある者にも、ましてや、かけがえのない盟友にもなれない。外国人労働者移民政策は、まさに移民をそのような境遇におくものなのである。少数が多数を支配することに影響を及ぼさないので、中東の君主国はこの種の政策を好む。もしも移民が何かしでかしたら、追い出せばいいだけのことである。

移民に同様の制約を課す国は、民主国家のなかにも見受けられる。たとえば、日本では移民が市民権を得ることは、きわめて難しい。移民の波は何世紀にもわたって日本に押し寄せているにもかかわらず、市民権の賦与に制約を課されることで、移民は有権者集団に加われない。

イギリスのような国ではインドやパキスタンといった英連邦諸国からの移民は容易に入国し、市民権を得ることができる。このことは、彼らがただちに権力存続基盤に加わることを意味する。というのも、民主国家においては支配層の規模は、少なくとも間接的には有権者数に応じて決まるからである。このことはまた、支配層の拡大をも意味する。そしてその影響は、自由裁量で使える金を少なくするのだから、自ずと政治家の不興を買うことになる。支配層の拡大は、見返りの減少を招くので、市民のうちでもとりわけ与党支持者には評判が芳しくないかもしれない。しかし、民主的体制の支配層で先見の明がある者や、選挙で敗北した野党に投票した市民にとって移民の増大は、政府に公共財を創出する圧力を増すことを意味する。これは誰しもにとって、とりわけ支配層の中核を占めていない者にとっては良いことである。

権利を賦与された移民が増加し、それにともなって支配層は拡大し、公共政策は改善される。しかし、この過程で短期的にコストが増加するので、多くの利益集団が移民に反対する。そして、移民政策の変革は難しくなる、ということにはならないだろうか。

万人に長期的な福祉の向上を約束するという単純な決定は、とりもなおさず移民に優しいということにほかならない。不法移民の恩赦――アメリカの政界で使われる汚い表現――は、一定期間働いて歳入を増加させる能力があり、税金を納め、国の政治と経済ひいては社会に貢献する子どもを育てる者を選別するメカニズムである。ニューヨークの自由の女神像の台座に刻まれたエマ・ラザラスの詩ではないが、貧しき者を我に与えよ、彼らがより良い暮らしを送るのを見届けよう。疲れし者を我に与えよ、彼らがもっと公共財の創出に熱心に活動する政府を樹立することを通じて、活力を取り戻すのを見届けよう。身を寄せ合い、自由を切望する者を我に与えよ、子どもたちがここに上陸したときよりも強く、平和で繁栄した社会の礎に育つのを見届けよう。

何世代にもわたる合衆国への移民の波は、私たちの支配層を大きく、良くしてきた。貧しく、疲れ、身を寄せ合っていた彼らは現代アメリカのサクセス・ストーリーへと変貌《へんぼう》した。こうしたことは、時と場所を選ばずに起きることである。またこうしたことは、市民権取得の容易さの直截《ちょくせつ》な結果でもあり、盟友集団の拡大は、より良いガバナンスをもたらしている。

苦難を終わらせる変革のために

発展途上国で状況を好転させる変革は、数ある変革のなかでもっとも困難なものである。苛烈《かれつ》な貧困、たびたび露見する財政破綻、長く続く独裁政治、これらすべてが変革を阻んでいる。しかし、南アフリカ、チュニジア、台湾、メキシコで見られたように、変革は起こすことができる。変革を起こすことができるとすれば、そこには国内の政治的反抗か外部からの脅しという二つの契機がある。この二つの間の違いは、外部からの脅しは大きな犠牲を払わなければ、充分な成功を収めることは困難だろうということである。アメリカの大統領とヨーロッパの首脳たちは、長い間、民主的な世界の構築を呼びかけ、充分な成功を収めた例もいくつか喧伝《けんでん》してきた。五〇年前に比べれば、世界は大いに民主化されたが、私たちの自由を求める叫び――効果的な支援を受けることは滅多にない――が、独裁者を自由愛好者に変貌させたわけではないだろう。最近の中東諸国の事態をみてもわかる通り、変革の気運というものは、地元から高まるものである。一〇年近くにわたって、アメリカ政府は一一〇億ドルを上回る巨費をイラクとアフガニスタンでの戦闘と国家建設に投じてきた。それでもなお、これら二つの政府は、国民の福祉を向上させるというニーズからはほど遠い段階にある。他方で、中東諸国の市民たちは大した犠牲を払うこともなく、数週間でこうした変革をやってのけてしまった。そしてもしも、こうした変革が支配者が生き残るための、影響力のある盟友の参加によって、しっかりしたものであるのなら、彼らは意義深い民主化を成し遂げる契機を摑《つか》むだろう。

二〇一一年の冬、反抗の波は中東、北アフリカ諸国を覆った。チュニジアやエジプトといった国では、教育を受けたのに職のない若者がこの動きを軌道に乗せた。二五歳以下の若年層の実に二五パーセントから三〇パーセントが失業しているといわれるこれら二つの国では、反体制派の規模は小さく、他方で、体制派は強固であったにもかかわらず、比較的わずかな暴力行為であっという間に反体制派は勝利を勝ち取ってしまった。同時に、両国では政府打倒を目指す大規模な民衆蜂起が起こった。リビアとバーレーンでも同様の蜂起が起こったが、結果は大違いだった。教育を受けた若年層の失業は、前述の両国やオイル・マネーで潤う近隣の中東諸国と大差なかった。しかし、彼らは勤労によってではなく石油によって生活の糧を得ていたので、失業は彼らの旗印にはならなかった。権利の侵害という点からみれば、最初に反抗が起こったのがチュニジアだったというのが、いささか腑《ふ》に落ちない。というのも、少なくともチュニジア政府は国民の面倒をよくみており、報道の自由や集会の自由も比較的保障されていた。しかしながら、革命は自由を奪われた国においてではなく、すでに自由を手にしている国で起こったというのが大きな特徴だろう。

観光に経済の大部分を依存し、おそらくは思惑を上回る自由を認めざるを得なかったチュニジアの元大統領ベン・アリにとって、圧政は運命の分かれ道であった。観光客が変革を引き起こすなどとは夢にも思わなかっただろう。観光客が落とす金目当てに政府は国民に大幅な自由を認めなければならなかったのだから、観光がチュニジア政府を転覆の危機に陥れたといえよう。自由の内実とは、教育と情報へのアクセスとその手段としてのインターネットである。言い換えれば、反体制派が仲間を募り、活動を調整し、ネット上で自由に集まるのは、街頭での大規模集会に等しかった。観光に依存するエジプトでも似たり寄ったりだろう。ムバラク大統領は国内でしばしば暴力的な圧政を敷いたが、ミャンマーの天然ガス成金タン・シュエやカンボジアの殺人鬼ポル・ポトといった世界的な暴君ほどに無慈悲な支配を行ったわけではない。ムバラクがそこまでできなかったのは、アメリカからの援助の減少にともなって、観光収入がもっと必要だったから、わずかばかりの慎みをみせたのである。こうした慎みは、リビアのカダフィ大佐にはみられず、潤沢なオイル・マネーで雇い入れた金目当ての兵士は、カダフィ政権に盾突く反体制派を殺戮《さつりく》することを厭《いと》わなかった。

民主化の目標となる国を見つけるのに、国の経済を観光に依存しているところ――観光立国を目指しているケニアやフィジーやパレスチナなど――に目を付けるというのは、おそらく名案だろう。観光を当てにする理由はただひとつ、反体制派が組織を作り、立ち上がるに足る自由を、独裁者が容認するだろうからである。抜き差しならない経済の低迷は、政治的忠誠を繋ぎ止めるのに充分な資金がないという点で反体制派には好都合である。

反体制指導者が、いかに蜂起するかを考えるなら、残された問題はそのタイミングである。蜂起の絶好の機会は、リーダーが交代するとき、病気のとき、そして財政破綻したときである。たとえば、チュニジアのベン・アリの場合には重病――おそらく前立腺癌《ぜんりつせんがん》――が噂され、エジプトのムバラクの場合も八〇歳を過ぎて病気がちといわれた。反抗を試みる者はタイミングを図り、海外から民主主義が花を咲かせるのを見守る者は、そのときに備えて下地を準備することができる。これは思った以上に簡単なことである。

携帯電話とインターネットの普及は、人々の暮らし、発展途上国の貧しい人々の暮らしさえも一変させた。穀物の市場価格のような単純な情報さえ、農家の収入に計り知れない違いをもたらし、もっと稼げるならもっと働こうという気にさせている。こうしたモバイル・テクノロジーによって発展途上国の人々が金融や保険といった、先進国に住む私たちには当たり前のサービスを受けられるようになっている。携帯電話は決済に使われることも増え、農家が農薬を発注し、穀物代金を受け取るのも携帯電話を介してである。こうしたテクノロジーによって、人々が政治的に得られる恩恵は、経済的な利益をはるかに凌ぐものである。こうしたテクノロジーが普及することで、リーダーは、権力維持のための税収を得るのに必要な商業活動や経済活動の手段を切ってしまえないのと同じように、市民が繋がり会う重要な手段を切ってしまうことができなくなる。経済が、独裁者への資金の流れが国民に逆流しても、手をこまねくしかない状況に陥ったとき、独裁者はまさに立ち行かなくなる。テクノロジーの切れ目が忠誠を繋ぎ止める金の切れ目になるのであり、テクノロジーの普及を看過すれば、人々が独裁者を打倒するために繋がり合うことを許す結果を招くだろう。このような状況の下で、リーダーが賢明なら、のちのち追放されるか、投獄されるか、殺されるのが嫌なら先を見越して自由化に取り組むだろう。しかし、こうしたことはＳＩＭカード式の携帯電話が、一台一〇〇〇ドルもするビルマでは起こりえないし、ガーナ経済が破綻したときにローリングス大統領が自由化に踏み切ったこととも符合しない。

ローリングスは、横暴な独裁者から民主主義者に変わったといわれている。ローリングスが自由化に踏み切ったのは、数十年にわたる独裁にともなう破滅的な経済政策が、国民に充分な食糧を約束できないほどにガーナ経済を落ち込ませ、歳入を生む国民の勤労意欲を削いでしまったからである。国民を労働に勤《いそ》しむようにした経済の自由化は、ローリングスが盟友集団を繋ぎ止める資金を得る唯一の方策だった。経済の自由化は、彼の権力維持には役立ったが、自由化にともなう政治的自由の拡大は、国民のエンパワーメントを促す結果となった。

民主化を目指す動機

民主化は、リーダーが慈悲深いことを要しない。慈悲深い者はリーダーにはなれないし、なったとしても失敗するだろう。ローリングスは「嫌々ながらの民主主義者」だったが、民主主義者になったことには違いがない。経済的なニーズは、国民の活性化にとって不可欠であり、外国からの援助は、リーダーの財政的逼迫を和らげるものでしかない。当初、ローリングスは恭《うやうや》しく外国に支援を求め、それに失敗して市場変革に乗り出した。彼の経験から導き出せるのは、最新のテクノロジーの力との結合という重要な教訓である。

ローリングスは、経済危機に先立って、正しく反応した。嫌々ながらの民主主義者にはなれても、すべてのリーダーが同じようにできるとは限らない。経済危機に直面してもリーダーが自由化を準備していなくても、個人の自由と経済的自由の方向に舵《かじ》を切ることができ、そして自由化することがリーダーに利益をもたらすと説得する援助国というのはいくらでもある。外国援助を使って全国にインターネットのワイヤレス・アクセス網を張りめぐらし、貧しい国民に携帯電話を持たせることで、援助の影響を受ける四者にとってwin-winの状況を作り出せる。リーダーは、商業活動の改善によって自由裁量で使える歳入が増えて得をする。援助国の企業は、援助で提供する最新のテクノロジーを被援助国政府に売って得をする。援助国の政治家は、民主的援助者として再選される可能性が高まって得をする。そして、被援助国の国民は、多くの援助がそうでないのとは裏腹に、インターネットを利用できるようになって得をする。まず、彼らは、より良い暮らしを手に入れるチャンスを摑む。第二に、彼らは、インターネットを介して自由に集い、より大きな自由を求めて、より大きな権力支持基盤を頼りに、より大きな自由を求める。そしてすでに述べた通り、資金の循環から利益を得る賢明なリーダーは、ときを置かずにテクノロジーを受け入れ、自由化を図って権力の座に居座り続ける。

最新のテクノロジーの導入を拒否したリーダーも、自由を求める主張を手助けすることになる。最新のテクノロジーの導入にノーということは、国民の相互扶助を促し、彼らはリーダーが譲歩しないことをはっきりと理解する。援助国は、資金をそのようなリーダーにつぎ込むような真似はしたくないから、どこの国民であれ、国であれ、誰であれ、経済的利益のために政治的危険を冒すことを厭わないリーダーに援助資金を振り向けようとする。もしも政策的な譲歩が成立すれば、援助は、経済的で、援助国と被援助国双方のある種の関心を満たすことができ、援助国の支持層と私たちが助けてあげたいとリップサービスする貧しい人々の願いにも適《かな》うものとなる。リーダーが、安全保障上の理由、すなわち保身から妥協を図ろうとしたいなら、援助は、悲しいかな、これまで同様に続けられるだろう。しかし、そうして安全保障上の理由から妥協したリーダーも、地場産業の面倒を見る一方で、競争相手の携帯電話メーカーにどれほどビジネス上の優位を図ってやれたかを考えるかもしれない。

最後に、たとえ援助が安全保障上の理由から供与されたとしても、より効率的に利用されなければならない。すでにみてきた通り、援助の多くは貧しい人々にとって好ましいものではない。たとえ政策的な譲歩を引き出すにしても、少なくとも援助国の側からみて、援助はより良く作用させることができるはずである。被援助国が、政策を変更するのを約束するのと引き替えに援助資金を供与する代わりに、援助資金を一定の条件が成立した後に、相手に引き渡す未完捺印《なついん》証書の会計に繰り入れて、独立して管理することもできるはずである。そして援助は、明確な業績評価基準に沿って使われる必要がある。こうした基準に合致すれば、援助資金は被援助国に支出され、援助が基準に合致しないか、事前に合意した効果の水準に達しなければ、援助資金は援助国に返される。世界の援助国は、たとえ支出が援助国の態度の変更のためには適切でなかったとしても、自らのほしいものを手に入れるために金を出すのだから、大金を好ましくないことに投じたくはない。思い起こしてほしい、このことは巨大な被援助国と化したパキスタンをどう扱うかを提案するときに出した答えのひとつである。

もっとも頑なに改善を拒み続けるのは、天然資源に恵まれた国王や独裁者だろう。こうした国では国民は虐げられ続け、国王や独裁者は伝説的な金持ちになり、反抗する者に容赦はしない。しかし、こうした国でも、石油成金のカダフィに刃向かった人々が味わったような、ぞっとするような結果を招くことなしに変革を実現する仕方はある。国際社会と国内にできるだろう反体制派は、独裁から民主主義への平和裡《り》な移行のための、適切な基盤を構築することができる。ではまず、押し売り——国際社会——について考えることから始めてみよう。

南アフリカ大統領のマンデラは、悲しいかな、あまり顧みられなかったが、権力の座に就いたときに重要な教訓を与えてくれた。アパルトヘイトを推進した政権を打倒した後、マンデラは「真実和解委員会」を立ち上げた。確かに国連は、反体制運動に直面した独裁者が平和裡《り》に権力を民衆に委譲するための、国際法上の機関を設置することができたし、独裁から民主主義への移行プロセスをすすめることもできた。同時に、国民に自由を与えるように迫られた独裁者を、国家指導者として犯した犯罪によって訴追する代わりに一定の短い期間——せいぜい一週間——を与えて、国を離れることを要求することもできたが、「真実和解委員会」は、恩赦と引き換えにアパルトヘイト反対派を弾圧した人々に自らの犯罪を告白することを求めた。こうした方針の裏には、はっきりとした優先課題があった。証言した者を刑事免責するというのは、一般に行われていることである。しかし被害者は、凶悪犯が処罰されないことに憤りを感じるに違いない。不幸にして独裁者には、権力の維持を賭けてさらなる殺人行為に突き進むか、亡命するほか選択肢はほとんどない。確かに、失脚した独裁者をみすみす逃がすのは筋が通らない。しかし、最終的な目標は、免責を交換条件に独裁者を失脚させるのと引き換えに、自暴自棄な独裁者に苦しめられた多くの国民が命をながらえ、より良い生活を送ることにあるべきだろう。

リーダーにその地位を手放すことを決断させる誘因は、ただちに辞任するのと引き換えに、違法な手段で手に入れた莫大な財産を引き続き保持する権利を与えられるといったような勢力を維持すること、前国家指導者として身の安全が保障され、家族も生涯安泰に暮らせるような亡命先が約束されることかもしれない。リーダーの側からこうした取り引きをもちかけることは、リーダーにとって何が自己実現かということの証だろう。一旦、リーダーがこうした取り引きを始めたと思い込めば、たとえリーダーが国にとどまって徹底抗戦をしようにも、盟友集団たちはそれに見向きもしないでリーダーの後釜を探し始める。徹底抗戦するよりも、報復を受けることになるからというのは、リーダーに降伏して亡命を勧める口実としてはうってつけである。カダフィはこうした機会に恵まれず、究極の選択――虜囚の辱めを甘受するか、討ち死にするか――を迫られた挙げ句、リビア国民と人間性を信じる人々が被る被害を顧みずに、徹底抗戦する途を選んだ。

ほかにも選択肢がある。絶対王政から立憲君主制に移行したイギリスが、その好例である。リーダーは、その地位にしがみつき、金の亡者となるものである。しかし、その地位が金と引き換えだと言われたら、どちらを選ぶだろうか。イギリス王室は、一旦は地位と富の双方を手中に収めたが、他の多くの国々と同じように、地位と富の両方を失うような存亡の危機に瀕《ひん》した。ロシアの皇帝一族やフランスの王家にも降りかかったように、スチュアート朝時代のイギリス王室にとっては、革命に直面するのも同じだった。そこで思い出してほしい。彼らは王冠を守ることを選択する代わりに、イングランド王ウィリアム三世とメアリー二世をはじめとするハノーバー家の末裔がしたように、手続きに沿って選挙された人民の政府に権力を譲り渡した。その代わりに彼らは王室財産を保持する権利を与えられたばかりか、長い一定の期間――一〇〇年もの間――国庫から収入を得ることを保障された。

立憲君主制の下で莫大な富をもった名目上のリーダーに移行することは、サウジアラビアやヨルダンやアラブ首長国連邦の王族にとって、反体制派を叩《たた》き潰すのを試みるよりもはるかに考慮に値することかもしれない。昨今の革命は、失敗するかもしれないが、リーダーが穏便な解決の途を模索する機会は、一度逸したら二度とはないだろう。

「自由で公正な選挙」——偽りの自由

有益な変革をもたらす行動がある一方で、進歩を妨げる行動もある。それらのうちでもっとも当てにならない解決策のひとつが選挙である。危機に直面したリーダーは、自由で公正な印象を与えるために、しばしば詐欺的な選挙という手段に訴える。言うまでもないが、インチキな選挙で、国政が良くなり人々がより自由になるわけはない。むしろインチキな選挙は、影響力のある者と盟友集団の人数に何らの影響を及ぼすことなしに、取り替えのきく者の層を増やすことでリーダーを活気づかせるものである。

確かに、意味のある選挙を実施すること自体が最終目標かもしれないが、決して彼ら自身の利益のために選挙が目的化されるべきではない。国際社会は、選挙がどれほど意味のあることかを慎重に考えることなく、その実施を推進しようとする。そうした選挙によって達成されるのは、汚い政権をより堅固にすることだけである。たとえば国際的な選挙監視団は、あたかも自由で公正な選挙が実施されたかのように、有権者が自由に投票所に赴いたかどうか、投票用紙が正確に開票されたかどうかを評価する。しかし、たとえば、政権側が先に強敵になるような政党の活動を禁止し、政権与党にとっては都合良く、野党にとっては不利になるように選挙運動を制限しておけば、有権者が投票所に赴くのを妨害したり、投票用紙をごまかす必要はない。ロシアのリーダーは、投票用紙をごまかさないし、有権者が投票所に赴くのを阻止したりはしない。彼らはただ、野党がマスコミと自由に接触するのを邪魔し、街頭でデモを行うのを禁止しているに過ぎない。私たちには、これでは自由も公正もあったものではないとわかるのに、選挙監視団は安易に狭い意味での自由で公正な選挙が行われたという結論を下している。

最後に言わせてもらえば、選挙は広範な自由の下で行われるべきであって、選挙が広範な自由を実現してくれるなどと思ってはいけない。

ときとして世界が抱える問題は、私たちの解決能力をはるかに超えているかに思われる。しかし、世界から貧困と抑圧の多くを撲滅する方法は、難しいことではない。自由を謳歌《おうか》して暮らしている人々が貧困に貶《おとし》められたり、抑圧されることは滅多にない。人々に言いたいことを言い、書きたいことを書く権利を与えれば、彼らは何が欲しいのかアイデアを出し合うだろうし、そうすれば、必ずや、身の安全と財産が守られ、満足な暮らしを送る人々を目の当たりにするだろうし、金持ちや無一文になろうとしている人々の姿を見せつけられるだろう。さらに、物質的のみならず、精神的にも肉体的にも不自由な人々をも目の当たりにするだろう。たしかに、シンガポールや中国の一部の地域のように、自由が制約されても物質的に豊かになることができる。しかし、圧倒的に多数の証拠によれば、これらは例外であって毎度のことではない。経済的成功は、民主的な時代の到来を先送りにすることはできても、それに取って代わることはできない。

一国における自由の度合いは、そのリーダーによって決まる。世界的な苦悩と抑圧の裏側には自分たちを金持ちにしてくれるリーダーに忠誠を誓い、リーダーにはかけがえのない盟友集団が操る政府がある。他方で、自由と繁栄を謳歌する世界には、取り替えのきく者たちのうちから影響力のある者として選抜された集団に支えられる政府がある。世界の貧困と抑圧は、権力の座に居座り続けるために国庫から金を掬《すく》い取っている軍事政権や独裁者と堅く結びついている。つまり、政治と政治制度が人々の生活の上限を決定づけるのである。

これまでのところ、政治を左右する自然の摂理が存在するといってよかろう。そして、それは曲げることのできないいくつかのルールから成り立っている。それらは変えることはできないものの、その枠組みの下でより良い途が見つからないというわけではない。

著者は、これまでこのルールに従いながら、いい結果を出す方法を提示してきた。しかし、それらが問題を解決する際に完璧に適用できるとは思っていない。なぜなら、頑なな思考は、問題へのアプローチを難しくしてしまうからである。たとえば、多くの人は外国援助の削減を残酷で無分別なことだと思うだろう。そして、一人の子どもの命が救えるなら、外国援助には価値があると反論するだろう。しかし、わずかばかりの子どもを助けるための援助が、まず自らと自らにとってかけがえのない盟友集団の面倒をみてからでないと国民を顧みないリーダーを支えた結果、どれほど多くの子どもたちがネグレクトされて死を宣告されたか、思い起こしてほしい。しかし、世界を良くするのを失敗した廉《かど》で民主的な指導者を責める前に、なぜ彼らがそのような政策を選択したのかを思い起こす必要があるだろう。民主的指導者は、明確に「我ら、人民」が望むことをするのが、就任時に誓いを立てた責務である。

私たちは、まさに世界中の人々の自由と繁栄を願っているが、他方で、私たちの生活様式や利益や福祉を脅かすほどに自由で繁栄することを願っているわけではない——そして、そうあるべきだと考えている。これこそが、民主的指導者を支配するルールである。民主的指導者は、その支持者が望むことをしなければならない。民主的指導者は、外国の同盟政権にではなく、権力を負託した人々にこそ従っている。私たちが、私たちにもできる取り組みを怠る方便として、世界中の人々の自由と繁栄という、ある種のユートピアの実現を民主的指導者に頼むなら、それは偽りに過ぎない。

著者は、本書の冒頭で、罪を犯すのは宿命のせいではなくて、人のせいだというカシウスがブルータスにユリウス・カエサルの独裁政治に反抗するように説得するシーンを紹介した。著者は、罪が我々自身にある理由は、「我ら、人民」が自分たちについてはたいそう気を配る割に、世界を支えているものには少しも気を配らないからであるということを控えめに付け加えておきたい。しかし、未来への希望はある。小さな盟友集団を頼みとする政府や組織は、生産性や起業家精神をひどく蝕《むしば》まれ、その結果、腐敗と非効率性の重圧に耐えきれずに、崩壊する危機に直面しているということである。こうした絶好の機会を捉えて暴君に追いすがれば、些細《ささい》な変革がすべてを変えてしまうことができる。

私たちはすでに有権者集団や影響力のある者、そして盟友集団が回している政治のすべてについて学んできた。それらすべてを拡大すれば、取り替えのきく者たちも盟友集団ほどには利口になるし、あらゆることが圧倒的多数の人々にとって良くなるように変わるだろう。解放された人々は、自分たちが教育を受け、健康になり、豊かになり、幸福になり、自由になるために額に汗して働くだろう。税金は下がり、平均寿命も劇的に延びるだろう。私たちは、本書で分析した苦境から変革のきっかけをより早く摑むことができるが、遅かれ早かれ、すべての社会は、小さな盟友集団対大きな有権者集団、すなわち大多数の有権者にとっての悲劇と平和と豊穣との間の分断を超克するだろう。少しばかりの骨折りと幸運があれば、これらはどこでも起こすことができるし、そうなれば私たちすべてがその恩恵にあずかることができる。

謝辞

本書は、過去二〇年近くにわたる、リーダーが行動を起こす動機と行動を思いとどまる制約についての研究の集大成である。著者は、何が世界を動かしているのかをより深く理解するのを助け、どうすれば世界がもっとスムーズに動いてゆけるかという洞察を与えてくれたのは、友人、同僚、研究仲間、批評家のお陰だと深く感謝している。

研究者の間では、著者らの業績は「セレクトレート・セオリー（Selectorate Theory 権力支持基盤理論）」として知られるようになった。著者らが、他の二人の発案者、ランドルフ（ランディ）・シルヴァーソンとジェームズ・モローとともにこの理論の包括的な解説書 *The Logic of Political Survival* をマサチューセッツ工科大学出版から上梓したのは二〇〇三年のことである。五〇〇ページを上回るこの本は、数理的なモデルと統計的な分析で埋め尽くされている。著者らは、この本が容易《たやす》く読めるものではないことを率直に認めなければならないが、この本こそが、権力支持基盤理論の包括的な解説書である。しかも、この本は、権力支持基盤理論をめぐる最初の本でも最後の本でもない。

権力支持基盤理論の起源は、ブルース・ブエノ・デ・メスキータとランディ・シルヴァーソンが戦争の終わった後にリーダーには何が起こるかを考え始めたことに由来する。驚くべきことに、それまで戦争に勝つこと、あるいは負けることが一国のリーダーにどのような影響を与えるかを系統的に研究した者はいなかった。国際関係論を専門とするランディとブルースは、戦争にまつわるトピックを追い続け、さらにジェームズ・モローとアラスター・スミスを引き込んで研究チームを立ち上げ、仲間の名前の頭文字を繋いで、研究チームをBbM^{2}S^{2}と名付けた。一九九九年、四人は*American Political Science Review*誌に"An Institutional Explanation of the Democratic Peace"を発表した。この論文は、当時の国際関係において主要なテーマであった、なぜ民主国家同士は戦争しないのかという疑問に答えるものであった。既存の理論の多くは、民主主義者と独裁者は、それぞれ異なった規範に基づいた動機に従っていると主張していた。しかし残念ながら、民主主義者はすべて、それも大概の場合は、気高いと思われる価値に反する行動をとっていた。これとは対照的に、権力支持基盤理論は、指導者は同じ目的——権力を維持し続けること——を持っているとみなした。民主主義者と独裁者が違うとすれば、それは前者が大きな支持者集団に依拠していること、つまり国家の資源を戦争に勝つことに振り向けるということである。これに対して独裁者は、たとえ戦争に負けようとも蓄え込んだ資源を仲間《クローニー》に分け与えることによって、自分の政治的生き残りを図ろうとするのである。なぜ、民主国家同士は戦争しないのかを明らかにしたいという初めの欲求は、国家はいかに、そして何をめぐって戦うのかという答えにまで行き着いた。科学というものは、ある問題に対する答えが他の問題に対する答えとなり、挙げ句の果てに新たな疑問の山を築くことになるものである。

二〇〇二年、BbM^{2}S^{2}は、権力支持基盤理論を数理的に表現した"Political Institutions, Policy Choice and the Survival of Leaders"を*British Journal of Political Science*誌に発表した。我々は

さらにこのモデルに磨きをかけ、結果を検証した素材が、*The Logic of Political Survival* の土台となった。この本の出版以来、我々はさらに権力支持基盤理論の発展に努めた。二〇〇七年には *Journal of Conflict Resolution* 誌に、二〇〇九年には *International Organization* 誌に論文を発表し、様々な国でいかに海外援助が政策的譲歩を引き出すのに利用されているかを分析した。最近では、この数理的モデルを発展させて革命運動に当てはめて、二〇〇八年には *Journal of Politics* 誌に、二〇〇九年には *Comparative Political Studies* 誌に、二〇一〇年には *American Journal of Political Science* 誌に論文を発表した。

権力支持基盤理論は、説得力があり使い勝手の良い政治分析のモデルを提案するものである。たとえば、一国の指導者が他の国の指導者をいかに制裁するかを分析した *Punishing the Prince* は、この理論を下敷きにしている。フィオナ・マクギリヴレイとアラスター・スミスの共著によるこの本は、指導者が代表する国家ではなく、指導者その人を制裁の標的とするに際して、制裁を発動する側の指導者は、三つの方法によって制裁の実を上げようとすることを論証する。まず、制裁というメカニズム自体が、国家間の関係を修復するための明確な手段であり、次に、制裁を発動する側は、制裁を受ける側の国民に、両国間の関係を修復するために自国の指導者を排除することを唆《そそのか》す。そして、制裁を発動された指導者が失脚するのを恐れるのを利用して、所期の国際的な義務に従うように促すというのである。国際協力を国家間の関係のみならず指導者間の関係として焦点を合わせることで、フィオナは、我々の国家間関係の理解に豊かな示唆を与えてくれた。研究者のならいで、彼女は、誰も思い浮かべないような疑問を思いつき、それらに鮮やかな答えを提示することで研究に新たな方向性をみいだしていた。たとえば、そのうちのひとつとして国家間の貿易と指導者の交代の関係に関する分析を挙げることができる。この分析を通じて彼女は、独裁者の交代が仮説通りに貿易に影響を及ぼすことを実証した。

Punishing the Prince は、二〇〇八年、フィオナが亡くなる数日前に出版された。彼女は、彼女を知る人すべて、とりわけアラスターと三人の子どもたち——アンガス、ダンカン、モリー——に今も慕われている。彼女は、我々のもっとも熱心な支援者であり、もっとも辛辣《しんらつ》な批評家だった。フィオナは、長く苦しい闘病生活に耐え、最期までユーモアを絶やさず気をしっかりともっていたが、臓器移植の順番がめぐってくる前に亡くなった。だから、読者の皆さんにはどうかドナー登録をしていただきたい。コロンビア・プレスビテリアン病院の先生方と看護師の皆さんには、我々が彼女と過ごすことのできる特別な時間を与えてくださったことに感謝申し上げたい。フィオナは、アラスターの人生に圧政を敷いたが、善意の独裁者を体現していたと言えよう。

権力支持基盤理論を発展させることと本書の執筆は、著者にとって経験したことのない孤立無援の膨大な作業だった。シルヴァーソンとモローは、当初からの研究仲間で、この本で述べた数々のアイデアも著者同様、彼らが思いついたものである。どんな研究にも資金援助は欠かせないが、権力支持基盤理論の初期の発展にはナショナル・サイエンス・ファンデーションからの惜しみない援助を受けた。また、ニューヨーク大学アレキサンダー・ハミルトン記念政治経済学センターのロジャー・ヘルトグの支援に感謝申し上げたい。

世界銀行タンザニア事務所の前チーフ・エコノミスト、ハンス・フーゲヴェンには、権力支持基盤理論を適用して、なぜタンザニアにおける世界銀行の努力が望んでいたほどに実を結ばないのかという説明を補強する研究を統括していただいた。この研究は、著者自身が権力支持基盤理論の考察を深めるのに役立ったし、人種的、言語的、地理的、職業的であれ、人間の集まりが利害を構成するという著者の見解を前進させるのに不可欠な実証の絶好の機会になった。ハンスの要請によって取り組んだ仕事は、著者にとって貴重な刺激となり、ハンスが支援を惜しまず、貴重な機会を与えてくれたことに深甚の謝意を表したい。著者の現在の職場であるニューヨーク大学は、著者の研究と教育に支援を惜しまないすばらしい研究教育機関である。イェール大学フーヴァー研究所とセントルイスのワシントン大学から受けた援助にも感謝申し上げたい。これらの機関の手厚い配慮のお陰ですばらしい研究補助を受けることができた。この本を執筆するために資料を準備してくれたアレクサンドラ・ベアーとりわけミッチェル・ハラリに感謝申し上げたい。

同僚、学生、友人の皆さんはいつも何かしらの励ましを与えてくれた――支援者として、そして批評者として――。この本もそうした励ましの成果の例外ではない。日々、教訓を与えてくれる研究者と友人のすばらしいネットワークに恵まれたことは、著者にとってまさに幸運であったとしか言いようがない。ニール・ベック、イーサン・ブエノ・デ・メスキータ、ジョージ・ダウンズ、ウィリアム・イースタリー、サンディ・ゴードン、ミック・ラヴァー、ジム・モロー、リサ・ホーウィ、ジェフ・ジェンセン、ヤンニ・コツォニス、アレックス・キィロス＝フローレス、シナシ・ラーマ、ピーター・ローゼンドルフ、ハリー・ルンデル、シャンカル・サティヤナット、ジョン・スカイフ、ランディ・シルヴァーソン、アラン・スタム、フェデリコ・ヴァレッセ、ジェームズ・ヴリーランド、レオナルド・ワンチコン、その他大勢の人々との会話が、この本を執筆する手助けになった。

著者のこれまでの業績の多くは、研究者に向けたものであった。「読みやすい」本を書くというのは、まったく趣を異にする取り組みであった。幸いにも著者の編集者であるエリック・ルプファーは、包容力のある人物だった。彼は倦《う》むことなく本の構成、スタイル、表現について著者と議論を重ね、すごい出版物に仕上げてくれた。パブリック・アフェアーズ社は、出版のプロセス全般において丁寧に対応してくれた。同社のスタッフが著者の手を取るように手助けしてくれたことに謝意を表したい。同社のブランドン・プロイアのお陰で、この本は、一層読みやすく、わかりやすく、焦点の絞られた本に仕上がった。リンゼイ・ジョーンズ、リザ・カウフマン、ジャミー・レイファー、クリーブ・プリドル、メリッサ・レイモンド、アニース・スコット、スーザン・ワインバーグそしてミッシエル・ウェルシュ＝ホルスト（以上、アルファベット順）の一人ひとりがこの本を良くするために多大な貢献をしてくださった。それでも残念なことに良くし損なった点があるとすれば、それは彼らが責めを負うべきものではなく、著者の責任であると申し上げておきたい。

著者が検討の対象にしたあらゆる組織の中でもっとも注目したのは、家族であった。そこには著者に人生を輝かせてくれる人々——イーサン、レベッカ、エイブラハム、ハンナ、エリン、ジェイソン、ネイサン、クララ、グエン、アダム、イザドール、アンガス、ダンカン、モリー——がいる。そして誰よりも、アレーンとフィオナに感謝し、この本を捧げたい。

著者の心からの望みは、独裁者の台頭を阻止しようとする人々の健康と成功である。

訳者あとがき

本書の著者であるブルース・ブエノ・デ・メスキータとアラスター・スミスは、ともにニューヨーク大学政治学部の教授でアメリカきっての国際政治学者である。この二人にランドルフ・シルヴァーソン（カリフォルニア大学政治学部デーヴィス校名誉教授）とジェームズ・モロー（ミシガン大学政治学部教授）の二人を加えた四人の研究チーム（メンバーのイニシャルからBbM²S²と名乗っている）が構想してきたのが、権力支持基盤理論（Selectorate Theory）である。彼らの理論は、一言で言えば、支配のありようを支配者とその権力の存立を左右する基盤となる人々との関係から解き明かそうとするものである。彼らは、いわゆるゲーム理論や数理的、計量的な手法を駆使してこの構想の理論的、実証的研究に取り組み、すでに数々の学術論文を発表している。彼らの研究の発展については、本書の「謝辞」において言及されているので、関心のある読者は、これを参考に著者自らが「容易く読めるものではないことを率直に認めなければならない」という学術論文にも挑戦していただきたい。

本書は、ブエノ・デ・メスキータの著作としては二〇〇九年にアメリカで出版され、その翌年に邦訳された *The Predictioner's Game*（田村源二訳『ゲーム理論で不幸な未来が変わる！』徳間書店）

に続く二冊目の訳書である。前著は、ゲーム理論を応用して科学的な未来予測の可能性を示した著作である。他方で、本書は、前述の権力支持基盤理論を前面に押し出して、過去と現在の独裁者の行動を説明しようと試みたものである。本書が、読みやすい作品に仕上がっているのは、権力支持基盤理論の論理的思考と科学的検証を踏まえながら、誰が、どのように独裁的支配をやってのけたか、そして、その成功の秘訣と失敗の原因は何なのかという根本的な問いかけに明快に答えているからである。本書の特徴は、第一に、時代も国も地位も異なる数多《あまた》の独裁者とその取り巻きを登場させていることにある。著者は、世界史の授業で聞き覚えのある歴史上の英雄から世界を震撼《しんかん》させた稀代《きだい》の暴君、そして、昨日のニュースにも取り上げられた政治家とその取り巻きによる良き政治——すなわち悪しき振る舞い——の数々を紹介し、彼らの振る舞いの動機と結果をわかりやすく解き明かしている。第二に、著者は、選挙、税金、国家の歳入と歳出、海外援助そして汚職の活用術に加えて、反乱の予防と反逆者への対処法、戦争、災害までをも権力を握り、それを維持するための支配者のツールとして位置付ける。なぜ、海外援助や災害までもが支配を強めるツールになるのか、そして、ツールの使い方の成功例と失敗例を挙げながら、また、独裁国家と民主国家の比較を織り交ぜながら、独裁者が権力を握り、支配を強化するための方法を説得的に解説する。さらに、著者は、支配者が権力の座から引きずり下ろされたくなければとらざるを得ない行動を「支配者を支配するルール」として五つの行動規範に定式化した。政治の力学を支配者の権力欲から捉え直し、その支持基盤との関係から分析することで独裁政治や民主主義を説明しようとする点で、彼らの試みは斬新で面白い。

ところで、訳者の浅野宜之はインドの、四本健二はカンボジアの、いずれも法律分野の研究者である。国際政治学の専門家ではない私たち二人が、本書の翻訳に取り組むことになったのは、まったくの偶然と少々の学問的好奇心による。

私たちアジア法研究者にとって研究対象国への調査旅行は、研究上欠くことのできない仕事であり、楽しみの一つでもあるが、長時間にわたる空港での乗り継ぎ待ち時間が面倒なのは、他の旅行者と変わりはない。あるとき、四本がバンコクの空港で待ち時間を潰すべく、出発ロビーの書店にぶらりと立ち寄って、偶然に本書の原著を見つけた。ロビーで腰を下ろして読み始め、日本に向かう機内でも読み続け、翌朝、日本に着いたときにはほぼ読み終わっていた。あまりの面白さから帰国後に翻訳の企画書を作り、独りでは時間がかかるからと三〇年来のつきあいのある浅野を誘って本格的に翻訳に着手した。その成果が、本書である。

独裁者による抑圧と圧政をめぐる問題は、まさに世界が直面している今日的な課題である。「アラブの春」でムバラクが失脚したエジプトでは、後に選挙で選ばれたモルシ大統領が軍によってその座を追われた。シリアでは世襲で政権を担ってきたアサド大統領と寄せ集めの反大統領派との間の内戦が長期化・深刻化し、双方を支持する大国が事態を複雑化させている。ロシアでは反プーチンと目された政治家や市民が様々な口実で投獄されている。ミャンマーでは議会両院に軍人の「指定席」が定数の四分の一も占めているにもかかわらず、民主化したと喧伝されて海外からの投資熱が文字通りヒートアップしているが、その恩恵はビルマ族の手に独占されているようである。

浅野が専門とするインドにおいては、インディラ・ガンディー政権期の強権政治時代を除けば、周辺諸国と異なりクーデタも発生せず、政権交代が選挙によって行われてきたことから、「世界最大の民主主義国家」ともいわれてきている。しかし、近年では地域政党を含む複数政党による連立政権を立てることを余儀なくされる状況が続き、政治的不安定さの原因ともなっている。これに対し、同じ南アジアにあるパキスタンやバングラデシュなどではしばしばクーデタが起き、その後民政に移管したとしても、インドとは異なった政情の不安定さをみせている。

四本が専門とするカンボジアでは、内戦の終結から二〇年を経てカンボジア人民党による事実上の一党独裁体制が揺らいでいる。小政党が乱立するのを助長する政党法と比例区の得票数が大政党に有利な議席配分につながる計算式を盛り込んだ選挙法とを組み合わせて、政権与党がより多くの議席を占められるようにする巧妙な選挙制度にもかかわらず、二〇一三年の総選挙では野党が躍進した。

このように私たちの学問的関心は、多様な地域性や政治状況を背景とした民主主義国家や、軍政と民政のくり返しの中で国家運営がなされている国々、さらには政権交代を阻んで権力の担い手の固定化を合法化している各国の法制度の分析にある。その意味で本書は、私たちに発展途上国における法律研究に新しい示唆を与えてくれた。

かつて小説家で釣り好きの開高健は、釣りの要諦は「運」、「勘」、「根」であると評したことがある。この本との偶然の出会いは、私たちにとっては幸「運」であった。今の厳しい出版事情の下で社会科学系の翻訳企画を引き受けてくれる出版社を見つけるのは決して容易ではない。本書に惚れ込んで翻訳出版を即断してくださった松戸さち子さんの「勘」には敬意を表さなくてはならない。担当編集者の植田太郎さんと土肥雅人さんには「根」を詰めて私たちの作業にお付き合いいただいた。記して謝意を表したい。

【ま】

【や】

【ら】

【わ】

【た】

【な】

【は】

〈事項索引〉

【ま】

【や】

【ら】

〈人名索引〉

[著者略歴]

ブルース・ブエノ・デ・メスキータ　Bruce Bueno de Mesquita

政治学者。ニューヨーク大学政治学部教授、アレキサンダー・ハミルトン記念政治経済学センター所長、スタンフォード大学フーヴァー研究所シニア・フェロー。専門は国際関係論、外交政策。1971年にミシガン大学大学院を修了（政治学博士）。研究のかたわら、ニューヨークでコンサルタント会社を設立し、アメリカ政府の国家安全保障問題アドバイザーを務めるほか、企業に各種交渉の展開分析、結果予測についてのアドバイスを提供している。また、国際学学会（ISA）会長、アメリカ芸術科学アカデミー、外交関係評議会会員などを務めた。

著書に、『The Predictioneer's Game』（『ゲーム理論で不幸な未来が変わる！』田村源二訳、徳間書店）などがある。

アラスター・スミス　Alastair Smith

政治学者。ニューヨーク大学政治学部教授、スタンフォード大学フーヴァー研究所フェロー。専門は国際関係論。1995年にロチェスター大学大学院を修了（政治学博士）。2005年には、40歳以下の国際関係研究者に贈られるカール・ドイッチュ賞を受賞した。

[訳者略歴]

四本健二　よつもとけんじ

法学者。神戸大学大学院教授。1961年、大阪府に生まれる。専攻はカンボジア法。関西学院大学法学部卒業、名古屋大学大学院国際協力研究科博士課程を経て、カンボジア司法省にJICA専門家として勤務。また、1998年にはカンボジア議会総選挙国際合同選挙監視団員を務めるなど、カンボジアの民主化・法整備に関わる活動を行っている。

著書に『カンボジア憲法論』（勁草書房）、訳書に『カンボジア大虐殺は裁けるか』（スティーブ・ヘダーほか著、現代人文社）などがある。

浅野宜之　あさののりゆき

法学者。関西大学政策創造学部教授。専攻はインド法、比較憲法。1967年、島根県に生まれる。1999年に、名古屋大学大学院国際開発研究科博士課程修了。博士（学術）。聖母女学院短期大学、大阪大谷大学を経て現職。著書に、『インドの憲法』（共著、関西大学出版部）がある。

独裁者《どくさいしゃ》のためのハンドブック

著　者　ブルース・ブエノ・デ・メスキータ
アラスター・スミス
訳　者　四本健二《よつもとけんじ》
浅野宜之《あさののりゆき》

2013年11月21日　第1刷発行
2025年 8 月 5 日　第6刷発行

発行所　株式会社亜紀書房
東京都千代田区神田神保町 1-32　〒101-0051
電話 03-5280-0261
振替 00100-9-144037

装丁・装画　大島武宜
図版作成　朝日メディアインターナショナル株式会社
印刷・製本　株式会社トライ https://www.try-sky.com

ISBN978-4-7505-1331-7
乱丁本・落丁本はお取り替えいたします。

デイヴィッド・フィンケルの本　古屋美登里訳

帰還兵はなぜ自殺するのか

本書に主に登場するのは、五人の兵士とその家族。一人はすでに戦死し、生き残った者たちは重い精神的ストレスを負っている。妻たちは「戦争に行く前はいい人だったのに、帰還後は別人になっていた」と語り、苦悩する。戦場でなにがあり、なにがそうさせたのか。

二〇一三年、全米批評家協会賞最終候補に選ばれ、日本でも大きな話題を呼んだベストセラー。

2500円＋税

兵士は戦場で何を見たのか

心臓が止まるような作品――ミチコ・カクタニ（文芸評論家）

『イーリアス』以降、もっとも素晴らしい戦争の本――ジェラルディン・ブルックス（ピュリツァー賞作家）

二〇〇七年、カンザス州フォート・ライリーを拠点にしていた第十六歩兵連隊第二大隊がイラクに派遣される。勇猛な指揮官カウズラリッチ中佐は任務に邁進するが、やがて配下の兵士たちは攻撃を受けて四肢を失い、不眠に悩まされ、不意に体が震えてくる……

ピュリツァー賞ジャーナリストが、イラク戦争に従軍したアメリカ陸軍歩兵連隊に密着し、若き兵士たちが次々に破壊され殺されていく姿を、目をそらさず見つめる衝撃のノンフィクション。

2300円＋税